Minerva Shobo Librairie

# すべての子どもに寄り添う
# 特別支援教育

村上香奈/中村　晋
［編著］

ミネルヴァ書房

## は じ め に

　日々，教育や臨床に携わっていると，子どもたちがどのようなことに困難さを覚え，悩むのか，また，それらが日々の生活や成長にどれだけの重みをもつかは周囲（保護者や教員等）の状況や考え方によって異なるということを痛感させられます。そして，子どもたちには自分の中にある困難さや悩みを抱えながらも，周囲の人たちの支援を受け，誰もが自分らしい人生の歩みを進めてほしいと願っています。

　それでは，"障害がある""障害はなくても配慮を必要とする"（以下，配慮を必要とする）とは，どのような困難さや悩みを生じさせるのでしょうか。配慮を必要とする子どもたちと関わる中で，生きていく上で想像に難くない困難さや悩みを目の当たりにし，どのような支援をすればよいのかと悩み迷うことがあります。その一方で，「このようなことに困難さを覚えるのか」「（困難さは）このような気持ちを生じさせるのか」と考えさせられる場面に遭遇し，気づかないでいることの多さを思い知らされることもあるのです。気づかないということは，自分の中にある基準で物事を判断し，知らないうちに傷つけてしまったり，我慢をさせたり，無理をさせてしまうということにつながります。だからこそ，私たちは，真摯に「知る」ことから始めたいと思うのです。そして，「知る」ことをきっかけとし，配慮を必要とする子どもたちが，今を，これからを自分らしく，主体的に生きていくために，私たちには何ができるのかを考えながら，共に歩みを進めていきたいと思います。さらに，配慮を必要とする子どもたちの目線に立って支援や教育が行われたなら，すべての子どもが今よりも生きづらさを解消することができるのではないかと考えています。

　このような想いを込め，本書名を『すべての子どもに寄り添う特別支援教育』とし，第Ⅰ部～第Ⅲ部の章題には「知る」という言葉を入れ，それぞれ「理解」「支援」「寄り添い共に生きる」という視点からまとめました。これにより配慮を必要とする状態や支援について学んだうえで，生涯発達の視点に立

ち，「寄り添い共に生きる」ために今，どのような支援ができるかについて考える構成にしました。また，「寄り添い共に生きる」という言葉には，教育や支援に携わる者としての在り方だけでなく，このような想いをもっている人が周囲にいるよという子どもたちへのメッセージも込めています。

本書は教職課程コアカリキュラム「特別支援教育（特別の支援を必要とする幼児，児童及び生徒に対する理解）」に対応したテキストです。教員を目指す学生のみなさんが本書に収められている内容や想いを受けとめ，『すべての子どもに寄り添う特別支援教育』の実現のために，実践につなげてくれることを期待しています。

なお，本書の表記に関する留意点として，児童生徒全般を指す場合「子ども」，必要に応じて学校教育法に則り，小学生を「児童」，中学生・高校生を「生徒」，また，法律等の文書を載せている場合は原文のまま記載しています。さらに，診断基準についてはDSM-5を基本にしていますが，引用先によって表記が異なる場合がありますことをご了承ください。


本書作成にあたっては，研究者としてだけではなく教師や心理師・心理士といった立場から教育に携わる先生方にご執筆いただきました。専門性をいかんなく発揮していただきましたこと，そこから見えてくる子どもたちへの愛情や教育に対する熱意に心から敬意を表し，御礼申し上げます。また，ミネルヴァ書房編集者の浅井久仁人さんには企画当初からご賛同いただき，ご支援を賜りました。心から感謝申し上げます。

最後に，誰もが尊厳のある一人の人間です。そのことを尊重し，寄り添うことができたなら，すべての人たちがもっと生きやすくなるのではないでしょうか。本書に込めた私たちの想いに寄り添ってくださる方が一人でも増えることを願っています。

2023年1月吉日

村上香奈・中村　晋

すべての子どもに寄り添う特別支援教育　**目　次**

はじめに

## 第Ⅰ部　障害のある子どもに寄り添い共に生きる①
### ──5障害──

**コラム**

# 序 章
# 特別支援教育の理念の理解

　2007（平成19）年からスタートした特別支援教育は，これまでの特殊教育の成果を継承・発展させ，共生社会の形成に向けたインクルーシブ教育システムの構築を目指す教育です。

　本章では，特別支援教育の理念や成立に至る経緯・制度の理解を通して，この教育の対象がこれまでの盲学校，聾学校，養護学校といった限られた場で学ぶ子どもたちの教育（従来の特殊教育）ではなく，小学校，中学校，高等学校等の通常の学級に在籍する子どもたちも包含している教育であることについて整理します。また，特別支援教育における一人一人の教育的ニーズに応じた指導・支援の在り方をより深く理解するために，領域「自立活動」の指導やICF（国際生活機能分類）といった障害に関わる国際的な動向について解説し，「生きることの困難」と「障害」について考えます。

## 1　特別支援教育を知る

### （1）特別支援教育が目指すもの

　我が国では，2007（平成19）年4月1日付で文部科学省が「特別支援教育の推進について」を通知し，「特殊教育」から「特別支援教育」へと転換を図りました。そこで示された特別支援教育の理念は以下のとおりです。

> 　特別支援教育は，障害のある幼児児童生徒の自立や社会参加に向けた主体的な取組を支援するという視点に立ち，幼児児童生徒一人一人の教育的ニーズを把握し，その持てる力を高め，生活や学習上の困難を改善又は克服するため，適切な指導及び必要な支援を行うものである。また，特別支援教育は，これまでの特殊教育の対象の障害だけではなく，知的な遅れのない発達障害も含めて，特別な支援を必要とする幼児児童生徒が在籍する全ての学校において実施されるものである。さらに，

1

特別支援教育は，障害のある幼児児童生徒への教育にとどまらず，障害の有無やその他の個々の違いを認識しつつ様々な人々が生き生きと活躍できる共生社会の形成の基礎となるものであり，我が国の現在及び将来の社会にとって重要な意味を持っている。

特別支援教育は，すべての子どもに寄り添い一人一人の学びや育ちを大切にした教育であるといえます。従来の「特殊教育」では，視覚障害，聴覚障害，知的障害，肢体不自由，病弱および，言語障害，情緒障害などの障害がある子どもを対象とし，障害の種類や程度に対応して教育の場を整備し，手厚くきめ細かい教育を効果的に行うという視点で展開してきました。具体的には，盲学校，聾学校，養護学校の他に障害の状態によって通学が困難な場合には，教員が家庭等において必要な支援を行う訪問教育，小学校，中学校等に就学して教育を受ける障害のある児童生徒に対しても，障害の状態に応じた適切な教育を行うための特殊学級または通常の学級に在籍して一部特別の指導を受ける通級指導教室による指導が行われていました。

一方，通常の学級に在籍するLD，ADHD，高機能自閉症により学習や生活においての特別な支援を必要とする児童生徒に対する教育的対応については，必ずしも十分に対応できていない状況にあったことから，特別支援教育では，これまで特殊教育の対象ではなかった発達障害を含めることになりました。

特別支援教育の理念において重要なことは，対象となる児童生徒を障害の種類や程度の範囲を単に広めたことだけではなく，「障害による困難」に応じた教育から「学ぶこと（生きること）の困難」に応じた教育へと視点を転換したことです。このことは，障害の有無にかかわらず，学習や生活のつまずきのあるすべて子どもの持てる力を高め，自立と社会参加に向けた主体的な取り組みを支援することを目的とした教育であることを意味しています。

ここでの「一人一人の教育的ニーズ」とは，さまざまな原因による困難を軽減し，子どもの主体的な学びを支えるために必要とされる支援の手立てと捉えることができます。その際，教育的支援を行う関係者は，主体的な学びを実現するための本人の「願い」や「意思」を尊重するという視点をもつことが重要です。本書のタイトルである「すべての子どもに寄り添う特別支援教育」とは，

特別支援教育が個々の困難を克服するための教育であると同時に，子ども自身が自らの意思で学習や生活に向かい，「今とこれから」の社会へ主体的に参加することができるようエンパワメントする教育であるといえます。

　我が国が目指す社会は，障害の有無にかかわらず，誰もが相互に人格と個性を尊重し，支え合う共生社会であり，このような特別支援教育の理念や基本的な考え方が国民全体に共有されるべきことであるとされています。

## （2）特別支援教育に至る経緯

　2007（平成19）年4月1日に施行された学校教育法の一部改正によって特別支援教育が位置付けられるまでには，さまざまな検討がなされてきました。

　2001（平成13）年には，21世紀の特殊教育の在り方に関する調査研究協力者会議（文部科学省）が「21世紀の特殊教育の在り方について〜一人一人の教育的ニーズに応じた特別な支援のあり方について〜（最終報告）」をまとめました。報告では，ノーマライゼーション*の理念の実現に向けて，教育と福祉，医療，労働等の各分野が一体となって社会全体として，障害のある児童生徒等の自立と社会参加を生涯にわたって支援するための体制の整備が必要であることが述べられています。同時に学習障害（LD）児や注意欠如／多動性障害（ADHD）児，高機能自閉症児等，通常の学級の特別な教育的支援を必要とする児童生徒に積極的に対応することの必要性が提言されました。

　　＊障害者と健常者のお互いが特別に区別されるものではなく，社会生活を共にすることが正常なことであり，本来の望ましい姿であるという考え方のこと。

　これらの検討は，特別支援教育の推進に関する調査研究協力者会議に引き継がれ，2003（平成15）年に「今後の特別支援教育の在り方について（最終報告）」としてとりまとめられました。この報告によって，障害の種類や程度に応じて特別な場で指導を行う「特殊教育」から，障害のある児童生徒一人一人の教育的ニーズに応じて適切な教育的支援を行う「特別支援教育」への転換を図るといった基本的方向と具体的な取り組みが示されました。その後，中央教育審議会が2005（平成17）年に取りまとめた「特別支援教育を推進するための

制度の在り方について（答申）」では，特別支援教育の理念と基本的な考え方が示されました。特別支援教育を推進する上での学校の在り方としては，盲・聾・養護学校を障害種にとらわれない学校制度（特別支援学校）への転換，地域における特別支援教育のセンター的機能の体制整備，小・中学校における特別支援教育の体制を確立するとともに，特殊学級や通級による制度の在り方を見直すこと，さらには教員等の専門性を強化するための免許制度の改善の必要性が指摘されました。このように，答申に至るさまざまな検討を経て，現行の特別支援教育の制度に移行していきました。

### （3）特別支援教育の制度

　特別支援教育がスタートする2007（平成19）年に向けては，さまざまな法律の成立や改正による法的位置付けが明確にされました。2006（平成18）年には教育基本法が60年ぶりに改正され，第4条の2には「国及び地方公共団体は，障害のある者が，その障害の状態に応じ，十分な教育を受けられるよう，教育上必要な支援を講じなければならない。」と示されています。これにより，障害の有無にかかわらず，すべての子どもは，ひとしく，その能力に応じた教育を受ける機会が与えられ，教育上差別されないことが明文化されたことになります。

　2007（平成19）年の学校教育法の一部改正では，第8章に特別支援教育の規定が新設されました。本項では，特別支援教育がどのような仕組みで展開しているのかについて解説します。

---

学校教育法　第72条［特別支援学校の目的］
　特別支援学校は，視覚障害者，聴覚障害者，知的障害者，肢体不自由者又は病弱者（身体虚弱を含む。以下同じ。）に対して，幼稚園，小学校，中学校又は高等学校に準ずる教育を施すとともに，障害による学習上又は生活上の困難を克服し自立を図るために必要な知識技能を授けることを目的とする。

---

　特別支援学校における教育は，幼稚園，小学校，中学校，高等学校に準ずる教育であることは従来の特殊教育と変わりありませんが，ここで「障害の特性

によって生じる学習上又は生活上の困難」を支援する教育が特別支援学校の目的であることが明確にされました。

---

学校教育法　第81条［特別支援学級］
特別支援学級の対象について，以下第81条②の抜粋
　　1　知的障害者
　　2　肢体不自由者
　　3　身体虚弱者
　　4　弱視者
　　5　難聴者
　　6　その他障害がある者で，特別支援学級において教育を行うことが適当なもの

---

　第80条に規定する特別支援学校の設置義務に加え，第81条には，特別支援学級の設置とその対象が規定さています。「6　その他の障害がある者」については，自閉症や情緒障害，言語障害のある児童生徒が含まれています。

　通級による指導は，通常の学級に在籍している児童生徒に対し，各教科等の指導の大半を通常の学級で受けながら，一部の授業について障害に応じた特別の指導を行う教育形態として1993（平成5）年に制度化されました。2006（平成18）年には，「学校教育法施行規則第140条の規定による特別の教育課程について定める件の一部を改正する告示」によって，それまで対象ではなかった学習障害（LD）者，注意欠如／多動性障害（ADHD）者が対象に加えられ，情緒障害者の分類が見直されて自閉症者が単独で対象となりました。

　さらに2018（平成30）年からは，高等学校における通級による指導が同条文に位置付けられたことによって，特別支援教育の一層の推進と充実が図られることが期待されています。

---

学校教育法施行規則　第140条［障害に応じた特別の指導 - 通級指導］
通級による指導の対象について，以下第140条の抜粋
　　1　言語障害者
　　2　自閉症者
　　3　情緒障害者
　　4　弱視者

通級による指導において，特別の教育課程を編成する場合には特別支援学校
幼稚部教育要領小学部・中学部学習指導要領（平成29年）第7章に示す領域
「自立活動」の内容を参考とし，具体的な目標や内容を定めて指導を行うもの
とされています。その際は，効果的な指導が行われるよう，各教科等と通級に
よる指導との関連を図るなど，教師間の連携に努めるよう小学校学習指導要領
（平成29年）に示されています。

小学校・中学校学習指導要領（平成29年）および高等学校学習指導要領（平成
30年）には，第1章総則「特別な配慮を必要とする児童（生徒）への支援」の
中で「障害のある児童（生徒）などへの指導」について同様の内容が示されて
おり，障害の有無にかかわらず「学習上及び生活上の困難」のあるすべての子
どもを対象にした教育として特別支援教育が位置付けられています。

### （4）特別支援学校等の児童生徒数の状況

近年，特別支援教育の対象は増加傾向にあり，2009（平成21）年には特別支
援学校および小学校・中学校特別支援学級と通級による指導を受ける児童生徒
が25万1,000人であったのに対し，令和元年度には48万6,000人まで増加してい
ます。義務教育段階の全児童生徒数が平成21年度の1,074万人から令和元年度
には973万人と減少しているにもかかわらず，特別支援教育の対象が占める割
合は2.3％から5.0％へと増加傾向にあることがわかります（表序‐1）。

通常の学級における発達障害の可能性のある児童生徒の在籍率は，2012（平
成24）年度の調査で6.5％とされていますが，文部科学省が2022（令和4）年に
実施した「通常の学級に在籍する特別な教育的支援を必要とする児童生徒に関
する調査」では，小中学校が8.8％となり，高等学校では2.2％在籍しているこ
とが明らかになりました。

表序-1　特別支援教育の児童生徒の増加の状況挿入

| | | | 平成21年度 | 令和元年度 |
|---|---|---|---|---|
| 義務教育段階の全児童生徒 | | | 10,740,000人 | 9,730,000人 |
| 特別支援教育の対象児童生徒 | | | 251,000人 | 486,000人 |
| 特別支援学校 | 小学部・中学部 | 視覚障害　知的障害　病弱・身体虚弱　聴覚障害　肢体不自由 | 62,000人 (0.6%) | 75,000人 (0.8%) |
| 小学校・中学校 | 特別支援学級 | 視覚障害　肢体不自由　自閉症・情緒障害　聴覚障害　病弱・身体虚弱　知的障害　言語障害 | 130,000人 (1.3%) | 278,000人 (2.9%) |
| | 通級による指導 | 視覚障害　肢体不自由　自閉症　聴覚障害　病弱・身体虚弱　学習障害（LD）　言語障害　情緒障害　注意欠陥多動性障害（ADHD） | 54,000人 (0.5%) | 133,000人 (1.4%) |
| | 通常の学級 | 発達障害（LD・ADHD・高機能自閉症等）の可能性のある児童生徒（平成24年文部科学省調査） | 6.5%程度の在籍 | |

出所：文部科学省「特別支援学校等の児童生徒の増加の状況」資料（2021年）をもとに作成。

　文部科学省が調査した国公私立の小・中・高等学校において通級による指導を受けている児童生徒数＊は，2019（令和元）年5月1日時点で13万4,185人（前年度12万3,095人）と前年より1万1,090人増加しています。2018（平成30）年から通級による指導が制度化された高等学校および中等教育学校（以下「高等学校等」という。）において通級の指導を受ける生徒は，787人（前年度508人）と前年より279人増加しました。同年に国公私立，全日制，定時制または通信制の過程の別にかかわらずすべての高等学校等を対象とした実施状況の調査では，通級による指導が必要と判断した生徒数2,485人のうち，1,006人に対して実際に指導が行われました。指導を行わなかった生徒の理由別の人数では，「本人や保護者が希望しなかったため」が337人，「指導体制が取れなかったため」が1,085人，「その他」が57人でした。この調査から，高等学校等における発達障害等の生徒の特別な教育的支援の体制整備は，十分に整っていないことがうかがえます。

　＊令和2年度特別支援教育資料（令和3年）文部科学省初等中央教育局特別支援教育課

## 2 「生きることの困難」と「障害」を知る

### （1）特別支援教育と自立活動

　特別支援学校幼稚部教育要領小学部・中学部学習指導要領（平成29年告示）には，特別支援教育の中核的な領域である「自立活動」が設けられています。小中高等学校学習指導要領には「自立活動」が位置付けられていませんが，第1章総則には，特別支援学級および通級による指導を行う場合においては，児童生徒の実態に応じて自立活動の内容を指導することと示されています。

　学校教育法第72条「特別支援教育の目的」に明記されている「障害による学習上又は生活上の困難」という表現は，自立活動の目標にも示されています。このことから，特別支援教育においては，自立活動が中核的な指導として重要であることがわかります。以下，目標を示します。

> 自立活動の目標
> 　個々の児童又は生徒が自立を目指し，障害による学習上又は生活上の困難を主体的に改善・克服するために必要な知識，技能，態度及び習慣を養い，もって心身の調和的発達を培う。

　「自立活動」は，1971（昭和46）年に「養護・訓練」として創設され，1999（平成11）年の学習指導要領改訂で現在の名称に改められています。1970（昭和45）年教育課程審議会（答申）では，「心身に障害を有する児童生徒の教育において，その障害からくる種々の困難を克服して，児童生徒の可能性を最大限に伸ばし，社会によりよく適応していくための資質を養うためには，特別の訓練等の指導がきわめて重要である。」として「養護・訓練」が提言されました。

　その後，障害者の人権の尊重，人間の尊厳と価値を再確認した「国連『障害者の権利宣言』」（1975年），ノーマライゼーションの理念である「完全参加と平等」が掲げられた「国際障害者年」（1981年）といった国際的な取り組みが進展する中で「障害者の主体性，自立性の確立」や「自立と社会参加」を支援する体制整備が国内においても検討されていきました。こうした国際的な動向を

背景に，学校教育現場においても「養護」と「訓練」という表現の見直しや，内容の検討が進められ，1999（平成11）年の学習指導要領改訂では，「養護・訓練」が一人一人の幼児児童生徒の実態に対応した活動であることと，自立を目指した主体的な取り組みを促す教育活動であることなどを一層明確にするため，名称を「自立活動」に改めています。また「心身の障害の状態を改善し，又は克服する」という目標は，「自立を目指し，障害に基づく種々の困難を主体的に改善・克服する」という表現となり，さらに2009（平成21）年の学習指導要領の改訂では，学校教育法第72条の改正を踏まえて「障害に基づく種々の困難」が「障害による学習上又は生活上の困難」に改められました。

　こうした自立活動の名称や目標の改訂は，ICIDH（「国際障害分類」1980年）からICF（「国際生活機能分類」2001年）に至るWHO（世界保健機関）による新しい障害観を背景に検討されてきました。

　自立活動の内容については，個々の状態や発達段階に応じた課題に対応できるよう，また障害の重度・重複化，多様化に対応し，適切かつ効果的な指導を進めるために，「健康の保持」「心理的な安定」「人間関係の形成」「環境の把握」「身体の動き」「コミュニケーション」の6区分に27項目が整理されています。

### （2）障害のある状態とは

　特殊教育による「障害」のある子どもの教育は，特別支援教育として新たな体制となりました。これにより，「さまざまな困難さ」のある子どもの教育へと大きく転換が図られました。ここからは，「生きることの困難」と「障害」がどのように異なるのかについて整理していきます。

　「障害」は，その原因が個体側にあるという捉え方と，個体を取り巻く環境側にあるという捉え方があります。前者を個人モデル（医学モデル），後者を社会モデルといいます。「障害のある人」は，個体がもつ心身機能や身体構造に何らかの欠損や，諸機能が十分に発揮できない状況によって，さまざまな能力の発達や身体の成長に影響を受けます。一方，本人がもつ能力を発揮できる環境や支援があることによって社会の障壁を取り除くことができれば，主体的

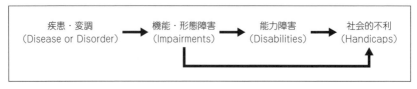

**図序 - 1　ICIDH「国際障害分類」**

な社会参加は可能となります。「障害」は，個人の特性と環境との相互作用によって「障害のある」状態から「障害のない」状態へ，また「障害のない」状態から「障害のある」状態へと変化するものと考えることができます。

　ICF は，こうした個人モデルと社会モデルを統合したモデルとして個と環境の相互作用によって生じる「生きることの困難」を捉える点において特徴的なモデルです。特別支援教育は，この ICF の考え方に基づいて，障害の有無にかかわらず「学ぶこと」と「生きること」の困難さを抱えたすべての子どもを支える教育であるという点が特殊教育とは大きく異なります。

### （3）ICIDH から ICF へ

　「生きることの困難」を捉える ICF モデルの意義を理解するためには，まず ICIDH（図序 - 1）を理解することが必要です。1980年に提案された ICIDH「国際障害分類（International Classification of Impairments, Disabilities and Handicaps.「機能障害・能力障害・社会的不利の国際分類」)」は，国連の国際障害者年（1981年）世界行動計画にその基本概念が採用されました。

　ICIDH のモデルは，さまざまな人の疾患や変調による「機能・形態障害」から「能力障害」，さらには「社会的不利」へと示されているように，三つのレベル全体が障害であることを示しています。たとえば，脳性まひの人が手足をうまく動かすことができない状態（「機能障害」）があることによって，移動が困難な状態（「能力障害」）が生じます。これにより，買い物に行きたくても一人で外出することが制約される状況（「社会的不利」）が作り出されます。また，まひによって発声器官の運動が妨げられ，言葉を伝えたくとも音声による表出が困難な状態（「言語障害」）にあることがあります。この場合は，街中で

10

道を尋ねたり，公共機関の窓口で相談したりすることが制約される状況も社会的不利と言えるでしょう。「機能・形態障害」から「社会的不利」への矢印は，歩行の能力があるにもかかわらず，人と違う歩き方であることへの差別や偏見が就職等に差し支えとなることなどの状況を示しています。

ICIDH による障害のモデルは，当時の「障害」を広い意味で捉えたことに大きな意義がありました。しかし，病気があれば機能・形態障害によって能力障害を引き起こし，社会的不利が生じるという運命論的であるというマイナス面が強調されているといった批判や，障害の発生には，環境的な因子が大きく影響することが考慮されていないなどの批判がありました。

ICIDH は，そもそも障害を三つのレベルで分けることによって，機能・形態障害があっても能力障害や社会的不利を解決することができるという考え方がありました。反面，モデル図にはそれがわかりやすく示されていないために誤解も生じました（上田，2005）。こうした批判を受けて ICIDH は当事者も加わって改訂作業が行われました。

ICF 生活機能・障害・健康の国際分類（International Classification of Functioning, Disability and Health）略称「国際生活機能分類」（図序 - 2）では，「心身機能・身体構造」「活動」「参加」の 3 つのレベルを含む包括概念を「生活機能」として定義しています。

ICIDH が「障害」の全体像を捉えるモデルであったのに対し，ICF は「人が生きること」の全体像を捉えることによって，人のマイナス（障害）の側面をプラス（生活機能）の側面に位置付けて考えたことが大きな転換といえます。人に「どのような障害があるのか」ではなく，人が「どのように生きているか」という見方をしている点が特徴です。

「心身機能・身体構造」は，生物としての人間の生命を維持するさまざまな精神・感覚機能や身体の器官・肢体の構造部分を指しています。「活動」のレベルは，人生のあらゆる生活行為を指し，「できる活動」（「能力」）と「している活動」（「実行状況」）に分けて捉えています。「している活動」とは実際に行っている日常生活の「活動」です。本人がもっている能力を発揮する機会がなかったり，発揮できる環境が整っていなかったりする場合，「できる活動」が

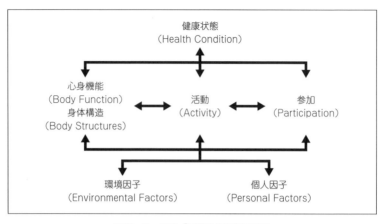

**図序 - 2　ICF「国際生活機能分類」**

出所：世界保健機関（2001）。

ある，もしくは「できる能力」があるにもかかわらず実行できない状況（「活動制限（activity limitations）」）が生じてしまいます。この捉え方は学習上または生活上の困難さを抱えた子どもを理解する上で大切です。

　「参加」のレベルは，人が関わる生活の場面を指しています。家庭生活における家族の役割を担うこと，社会生活における職業，余暇活動，地域活動，政治活動など，さまざまな状況に関わっていくことも社会への参加と捉えます。また，「活動」のレベルのように，家庭や地域の生活や社会生活に「参加できる活動」と「参加している活動」を考えることで，「参加制約（participation restrictions）」を捉えることができます。

　ICF は，生活機能に影響を与える「背景因子」として「環境因子（environmental factors）」と「個人因子（personal factors）」を導入しました。「環境因子」は，人が生活を送っている物的な環境や社会的環境，人々の社会的な態度による環境を構成する因子です。ICF では「物的な環境」「人的な環境」「制度的な環境」の三つの環境を示しています。「人的な環境」は，「支援者と関係」と「態度」に分けられており，家庭や職場，学校等の場面を含む個人にとって身近な環境から，個人に影響を与える社会の集団的な意識や態度も含まれます。制度的な環境因子は，サービス・制度・政策などが挙げられます。

「個人因子」は，個人の生活の特別な背景であり，その人固有の特徴を指します。年齢や性別，民族，生活歴，価値観，性格や個人の心理的資質，困難への対処方法などが挙げられています。上田（2005）は，このモデルが一人一人のニーズの個別性にたった個性を尊重したものでなければならないとして，個性を把握する上でも「個人因子」を強調するべきであると述べています。このことは，「生きることの困難」を支援するということが他者に決められたものではなく，本人が目指す生活や人生を尊重し，その人が必要とする支援を行うことが大切であると捉えることができます。

　脳性まひのある子どもの場合，移動の困難さがあっても本人が積極的に外出したいという意思が尊重されれば，周囲の支援を受けながら交通機関を利用した余暇活動を楽しむことができます。一方で，性格が消極的であったり，家族が心配するあまり意思が尊重されず，外出する機会が制限されたりしている場合は，本来「できる活動」である校外への移動は「している活動」にはなりません。このように，個人を取り巻く環境（環境因子）や個人の性格（個人因子）によって「力を発揮できる状況」は変化し，困難さが変化することをICFモデルによって理解することができます。

### （4）特別支援教育におけるICFモデルの活用

　ICFモデルは，これまでの障害観について，「人が生きること」を捉える新たなモデルへと発展させました。それは，人が自立や社会参加に向かう生活そのものに着目し，困難の有無で人生を捉えることによって，主体的に「人が生きること」を支えるための方略を導くモデルともいえるでしょう。このようにICIDHからICFへの転換は，新たな障害観への転換であり，「特殊教育」から「特別支援教育」，「障害児教育」から「困難さを抱えるすべての子どもを支援する教育」への転換に大きく影響を与えています。

　COVID-19による「新しい生活様式」は，子どもの育ちと学びに大きな変化をもたらしました。学校ではICTを活用した新しい学び方が急速に進展した一方で，環境の変化によって不安やストレスを抱えた子どもたちがいたことは想像に難くありません。学校現場では障害のない人においても，さまざまな環

境の変化によって誰もが不適応を起こしたり，学習上または生活上の困難を抱えたりする可能性があります。

　現在，日本語の習得に困難のある児童生徒や不登校の児童生徒のほか，性別で分けられることによる困難や悩みを抱えている児童生徒等に対しても同様に，一人一人の学習のつまずきのみならず，生きづらさに応じた本人の理解と支援が求められています。

　ICF モデルの活用は，多様な「困難さ」のある子どもを個人と環境との相互作用の中で理解することによって，主体的な学びを支えるための手立てを導くことが可能です。

　通常学級に在籍する知的発達の遅れがない自閉スペクトラム症の A さんを例に考えてみます。A さんは協同的なグループ学習が苦手です。グループ活動中に注意が逸れてしまったり，順を追って課題に向かったりすることに困難さがあります。担任の B 先生は，自分で計画をたて，見通しをもって一つ一つその計画を実行するといった実行機能の困難さに原因があるのではないかと考えました。A さんの障害特性を理解した B 先生は，A さんに対してグループ活動の進行についての伝え方に問題があったことに気づきました。そこで，B 先生は A さんがわかりやすいように，学習の目標と方法，手順を示したワークシートを作成しました。さらに，児童間でワークシートを確認しながら協同で学習を進められるように支援しました。その結果，A さんは，活動を見通し，戸惑いなく集中してグループ活動に参加ができました。

　この事例で B 先生が A さんの学習のつまずきの要因を自らの教授方法，すなわち人的環境に要因があると考え，B さんがわかる状況を作るために手立てを変更したことは，ICF モデルを手がかりに A さんの困難さの理解に応じた支援を行ったといえます。このように「活動」と「参加」のレベルにおける一人一人の困難さを「背景因子」との相互作用の中で捉え，学習環境を調整していくことは，自立活動の指導において非常に重要な視点です（詳細は第11章で解説）。

## *3*　障害者権利条約と合理的配慮

### （1）障害者の権利に関する条約

　特別支援教育の理念を理解するためには，「障害者の権利に関する条約」（以下，障害者権利条約）を理解することが必要です。この条約は2006（平成18）年12月に国連総会で採択され，翌年5月に我が国が条約に署名しました。その後，障害者に関する一連の国内法の整備を経て，2014（平成26）年に批准しました。

　条約の第1条（目的）には，「この条約は，全ての障害者によるあらゆる人権及び基本的自由の完全かつ平等な享有を促進し，保護し，確保すること並びに障害者の固有の尊厳の尊重を促進することを目的とする。障害者は，長期的な身体的，精神的，知的又は感覚的な機能障害であって，様々な障壁との相互作用により他の者との平等を基礎として社会に完全かつ効果的に参加することを妨げ得るものを有する者を含む。」と示されており，この点において，ICFモデルの考え方が反映されていることが理解できます。

　第24条（教育）では，障害者が精神的・身体的な能力等を可能な最大限まで発達させ，自由な社会に効果的に参加することを可能とすること等を目的として，障害を包含するあらゆる段階の教育制度（inclusive education system）および生涯学習を確保することとされています。また，その権利の実現にあたり，障害に基づいて一般的な教育制度（general education system）から排除されないこと，個々の障害者にとって必要な「合理的配慮（reasonable accommodation）」が提供されること等が定められています。

### （2）特別支援教育における合理的配慮

　「合理的配慮」は，障害者権利条約で定義された新しい概念です。第2条には，「障害者が他のものと平等に全ての人権及び基本的自由を享有し，又は行使することを確保するための必要かつ適切な変更及び調整であって，特定の場合において必要とされるものであり，かつ，均衡を失した又は過度な負担を課

さないものをいう。」と定義されています。

　障害のある人は，社会の中でさまざまな障壁によって生活しづらい場面があります。たとえば，車いす利用者のために段差に携帯スロープを渡したり，高いところに陳列された商品をとって渡したりするなどの物理的環境への配慮や，筆談，読み上げ，手話などによるコミュニケーション，わかりやすい表現を使って説明するなどの意思疎通の配慮など，一人一人の障害の特性に応じて障壁を取り除くあらゆる配慮が必要です。合理的配慮は，こうしたがさまざまな個人の障害特性に応じて必要とされる個別の配慮を指します。

　学校教育における合理的配慮は，「障害のある子どもが，他の子どもと平等に「教育を受ける権利」を享受・行使することを確保するために，学校の設置者及び学校が必要かつ適当な変更・調整を行うことであり，障害のある子どもに対し，その状況に応じて，学校教育を受ける場合に個別に必要とされるもの」であり，「学校の設置者及び学校に対して，体制面，財政面において均衡を失した又は過度の負担を課さないもの」と定義（中央教育審議会，2012）されています。

　特別支援教育においては，一人一人の子どもが抱える学習上または生活上の困難を改善，克服するために，障害の状態や教育的ニーズ，さらには本人の意思を踏まえて合理的配慮を提供することが重要です。そこでは，さまざまな困難さを抱えたすべての子どもが，将来，地域社会を構成する一人として平等かつ公平に参加することが可能となるよう生涯を見据えた個別の支援をすることが求められています（詳細は第11章参照）。

---

**学習課題**

（1）ICIDH モデルから ICF モデルについての理解を深め，「生きることの困難」と「障害」の違いについて話し合ってみよう。
（2）特別支援教育の理念や成立に至る経緯・制度を整理し，特殊教育との違いについて説明してみよう。

## 引用文献

文部科学省初等中等教育局特別支援教育課（2007）．特別支援教育の推進について（通知）　平成19年4月1日19文科初第125号

21世紀の特殊教育の在り方に関する調査研究協力者会議（2001）．21世紀の特殊教育の在り方について〜一人一人の教育的ニーズに応じた特別な支援のあり方について〜（最終報告）　文部科学省

World Health Organization (2001). World Health Organization. International Classification of Functioning, Disability and Health.（世界保健機関（WHO）　厚生労働省（訳）・障害者福祉研究会（編）（2002）．ICF 国際生活機能分類——国際障害分類改訂版——　中央法規出版）

特別支援教育の在り方に関する調査研究協力者会議（2003）．今後の特別支援教育の在り方について（最終報告）　文部科学省

中央教育審議会（2005）．特別支援教育を推進するための制度の在り方について（答申）　文部科学省

中央教育審議会（2012）．共生社会の形成に向けたインクルーシブ教育システム構築のための特別支援教育の推進（報告）　文部科学省

上田敏（2002）．国際障害分類初版（ICIDH）から国際生活機能分類（ICF）へ　ノーマライゼーション：障害者の福祉, *22*(521).

上田敏（2005）．国際生活機能分類 ICF の理解と活用——人が「生きること」「生きることの困難（障害）」をどうとらえるか——　きょうされん（萌文社）

（中村　晋）

# 第Ⅰ部

# 障害のある子どもに寄り添い共に生きる①
――5障害――

# 第1章

## 視覚障害・聴覚障害を知る

　　視覚障害や聴覚障害のある子どもの数は非常に少なく，在籍する割合は特別支援学校では視覚障害0.03%未満，聴覚障害0.04%未満，小・中学校特別支援学級では弱視学級0.2%未満，難聴学級0.6%未満となっています。しかしながら教育的ニーズは非常に高く，自立活動や教科指導等の高い専門性が求められています。また，乳幼児期から成人期までの幅広い教育支援体制が必要であり，連続性のある多様な学びの場で柔軟に支援していくことがとても重要となっています。そこで本章では，視覚障害や聴覚障害の意味に加え，見え方やきこえの機能と把握方法等の基本的な内容について確認していくことから始めていきます。そして，視覚障害や聴覚障害のある子どもの発達や心理的・行動的特性がどのようにあるのかについて理解を進めていきます。さらに，多様な学びの場において，障害の困難さをどのように支援していく必要があるのかについて考察していきます。

## 1　視覚障害・聴覚障害の理解

### （1）視覚障害の理解

#### ① 視覚障害とは

##### ⑴ 視覚障害の意味

　視覚障害とは，病気や障害などによって視機能（視力，視野，色覚，光覚，調節など）が永続的に低下し，コミュニケーションや歩行，食事やトイレといった身辺処理などの日常生活が制限されたり社会生活への参加が制約されたりしている状態を指します。また，学校教育の観点から視覚障害をみると，特別支援学校の対象は「両眼の視力がおおむね0.3未満のもの又は視力以外の視機能障害が高度のもののうち，拡大鏡等の使用によっても通常の文字，図形等の

視覚による認識が不可能又は著しく困難な程度のもの」と障害の程度を示しています（学校教育法施行令第22条の３）。一方，福祉の観点では，両眼の視力と視野の状態から視覚障害の基準を示しており（身体障害者福祉法施行規則別表第５号），視覚障害の程度によって１級から６級まで分類され，視覚障害の身体障害者手帳が交付されています。

　視覚障害を視機能の側面から分類すると，盲（blindness）と弱視・ロービジョン（low vision）に大別されます。盲は，主に視覚以外の感覚を使って日常生活等を行い，学習場面では点字を使用します。弱視・ロービジョンは，見えにくい状態ではありますが視覚を使って日常生活等を行い，学習場面では普通文字（墨字）を使用しています。

　視覚障害を引き起こす主な眼疾患には，未熟児網膜症，網膜色素変性症，視神経萎縮，小眼球・虹彩欠損，緑内障，白内障などがあります。眼疾患によって視力や視野等の見え方が異なり，障害の程度もさまざまです。


(2)　視覚の成り立ち

● 視覚器の構造

　視覚器は，眼球，視神経，視覚中枢，眼球付属器から構成されています。眼に入る視覚（光）の情報は，角膜，前房，水晶体，硝子体を通って網膜に届き，視神経を経由して視覚中枢（後頭葉等）に連絡していきます（図1-1）。

● 主な視機能

　主な視機能には，視力，視野，色覚，光覚があります。

　視力とは，物体の形や存在を認識する眼の能力です。視力は，どれくらい細かく見分けられるかについて，閾値として示すものです。また，視力は，２点をかろうじて識別できる最小視角 $\theta$（分）で表します。少数視力は，最小視角の逆数で表されます（図1-2）。

　　　〈ランドルト環と視力の関係〉

　　　少数視力＝１／視角（分）　　　　視角１分＝１／60度

　　　例）視角１分が認識可能な場合　少数視力（1.0）＝１／１

　　　　　視角10分が認識可能な場合　少数視力（0.1）＝１／10

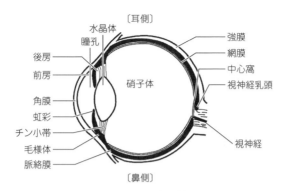

図 1 - 1　眼球の水平断面図

出所：目黒・石牧，2022，p.15。

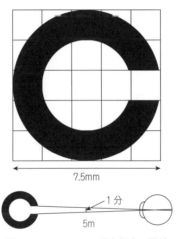

図 1 - 2　ランドルト環と視力の関係

出所：香川・千田，2009，p.24。

　視野とは，視線を固定した状態で見える範囲のことで，固視点を中心とした角度で表します。眼疾患により視野異常となる主なものは狭窄と暗点です。狭窄は視野の広さが狭くなるもの，暗点は視野の中に点状，斑状に欠損があるものをいいます。色覚とは，色を感じる眼の機能です。光覚とは，光を感じ，その強さを区別する機能です。また，暗所に順応することを暗順応，逆に暗い所から急に明るい所に出るとまぶしく感じます（羞明）が，すぐに慣れてくるこ

とを明順応といいます。

③　視機能の把握

　視力検査は，一般にランドルト環の視標を用いて検査します。通常，遠見視力は 5 m，近見視力は30cmの視距離で測定します。ランドルト環による測定ができない場合，眼前で検査者の指の数がわかる指数弁，手の動きがわかる手動弁，暗室内で光の明暗が判別できる光覚弁となります。光を感じない時には視力 0 となり，全盲といいます。幼児の視力検査には，ランドルト環の単独視標や絵視標，守実式ドットカードなどを使用して測定します。また，3 歳未満の乳幼児や重度重複障害児の視力検査には，縞模様の視標（テーラーアキュイティカード等）を用いて測定したり，視覚誘発電位（VEP）や視運動性眼振（OKN）を用いて検査したりします。

　視野検査は，一般的には片眼ずつ検査を行います。検査する方の眼で固視点（中央）を注視し，視標がわかる範囲を記録していきます。色覚の検査は，石原式色覚検査表などがスクリーニングとして用いられています。社会生活に即応した検査では，パネル D-15検査を用いた色相配列検査があります。

　教育や福祉における視機能評価では，白黒反転や視距離，照明，コントラスト等を変えて視力や文字サイズを確認したり，視覚補助具（弱視レンズ，拡大読書器）を選定したりしています。また，視対象のサイズと視距離から推定視力を求めたり，文字や絵カードを使って視野を確認したりするなど，具体的な支援に役立てています。


②　視覚障害のある人の心理的・行動的特性

⑴　視覚障害のある子どもの発達の特徴

　視覚障害のある子どもの発達に影響する要因について，五十嵐（1991）は，① 行動の制限，② 視覚的情報入手の制限，③ 視覚的模倣の困難，④ 視覚障害のある子どもに対する社会の態度の 4 点を指摘しています。これらの発達を規定する 4 つの要因について，家族や支援者（医療，教育，福祉関係者等）が十分理解して，視覚障害のある子どもとの関わりを工夫し，環境を整えていきながら，乳幼児期から切れ目のない発達支援をしていくことが重要となります。

### (2) 盲児・者の心理的・行動的特性

　盲児の言語発達については，バーバリズム（verbalism）の問題が指摘されることが多々あります。バーバリズムとは，事物関係についての体験がなく，言葉だけの連想によって発せられる言語のことです。盲児が言葉の意味理解が制限されたり誤った理解になったりしないためにも，直接経験する機会を積極的に設けながら確かな言語理解につなげていくことが重要となります。

　盲児・者は，視覚以外の感覚を使って外界からの情報を得ています。特に触覚は，点字に代表されるように非常に有効な感覚器官です。触覚は，一般に自分から指先を動かしてものを触る方（触運動）が，指先にものを動かされて触る方より状況がわかりやすいです。この触運動によって，肌触りや質感，形状，大きさ，硬さ，温度，重さ等を理解することができます。特に，視覚障害教育では，触覚による観察のことを「触察」と表現しています。

### (3) 弱視児・者の心理的・行動的特性

　香川（2016）は，弱視児・者の見え方について，① ピンボケ状態，② 混濁状態，③ 暗幕不良状態，④ 光源不良状態，⑤ 振とう状態，⑥ 視野の制限・暗点があると説明しています。さらに，小林ら（2018）は上記以外の見え方において色の弁別力が低い場合があると説明しています。このような弱視児・者の見え方を踏まえて，一人一人に応じた見やすい環境を整え，幼児期から見る意欲を育んでいくことが基本となります。そして，効果的な視経験を重ねながら見えたものの意味理解や正確な言語理解の習得につなげていくことが原則となります。

### （2）聴覚障害の理解

#### ① 聴覚障害とは

#### (1) 聴覚障害の意味

　聴覚障害とは，病気や障害などによって聴覚機構が十分に機能できず，音や音声が聞き取りにくくなったり，聞き分けにくくなったりしている状態を指します。また，学校教育の観点から聴覚障害をみると，特別支援学校の対象は

表1-1　難聴の程度分類と音の大きさ

| 難聴の程度 | 聴力レベル | 会話の反応例 | 日常生活の音 |
|---|---|---|---|
| 正常聴力 | 25dB 以下 | ・普通の会話は問題がない<br>・ささやき声を聞き取れる | ・木の葉がふれあう音<br>・深夜の郊外 |
| 軽度難聴 | 25dB 以上<br>40dB 未満 | ・小さな声や騒音下での会話が聞き取れなかったり，聞き間違えたりする<br>・テレビの音を大きくする | ・静かな図書館<br>・静かな住宅地（昼） |
| 中等度難聴 | 40dB 以上<br>70dB 未満 | ・普通の会話が聞き取れなかったり，聞き間違えたりする | ・チャイムの音<br>・静かな自動車<br>・掃除機の音 |
| 高度難聴 | 70dB 以上<br>90dB 未満 | ・大声の会話でも正しく聞き取れない | ・ピアノの音<br>・セミの声<br>・地下鉄の車内 |
| 重度難聴 | 90dB 以上 | ・叫び声でもほとんど聞き取れない | ・ドラムの音<br>・自動車のクラクション<br>・飛行機の爆音 |

出所：日本聴覚医学会，2014をもとに筆者作成。

「両耳の聴力レベルがおおむね60dB（デシベル）以上のもののうち，補聴器等の使用によっても通常の話声を解することが不可能又は著しく困難な程度のもの」と障害の程度を示しています（学校教育法施行令第22条の３）。一方，福祉の観点では，両耳の聴力レベルと語音明瞭度の状態から聴覚障害の基準を示しており（身体障害者福祉法施行規則別表第５号），聴覚障害の程度によって２級から６級まで分類され，聴覚障害の身体障害者手帳が交付されています。

　聴覚障害を難聴の程度から分類すると，軽度難聴（25dB 以上40dB 未満），中等度難聴（40dB 以上70dB 未満），高度難聴（70dB 以上90dB 未満），重度難聴（90dB 以上）に分けられます（日本聴覚医学会，2014）（表1-1）。

　また，障害の部位による分類では，伝音難聴，感音難聴（内耳性，後迷路性），混合難聴に分けられます。障害を受けた時期による分類では，先天性難聴と後天性難聴に分けられます。聴覚障害を聴覚機能の側面から分類すると，聾と難聴に分けられます。その一方で，聾（ろう）は聴覚障害のない聴者とは異なる固有の文化とアイデンティティをもつ社会文化的な立場としても使われています。

　聴覚障害の原因については，先天的なものと後天的なものがあります。先天的な原因は，遺伝子異常，風疹やサイトメガロウィルスの感染，髄膜炎，高ビ

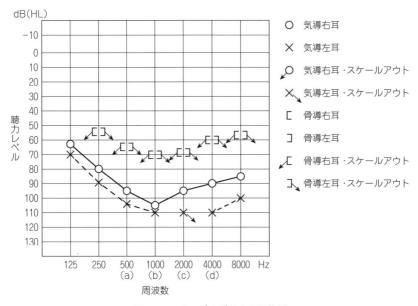

**図1-3　オージオグラムの記載例**

出所：大沼，1997，p.63。

リルビン症，仮死，内耳の奇形など，さまざまです。先天性難聴は，約1,000
の出生数に対して1人の割合で生まれる最も多い障害です。後天的な原因は，
加齢や中耳炎，流行性耳下腺炎（おたふくかぜ），突発性難聴，脳腫瘍などの
他に，大きな騒音によって聴覚障害が生じる可能性があります。

　聴覚障害の状態は，音の大きさ・音圧（dB：デシベル）と音の高さ（Hz：
ヘルツ）から聴力を検査し，オージオグラム（聴力図）によって表されます
（図1-3）。


(2) 聴覚の成り立ち

◉ 聴器の構造

　耳は，外耳，中耳，内耳に分類され，聴器と平衡器，顔面神経が含まれます。
耳の機能には，音や音声を知覚し伝達する聴覚と身体平衡を維持する平衡覚に
分かれます。音は，外耳から中耳，内耳に伝わり，蝸牛神経を経由して聴覚中

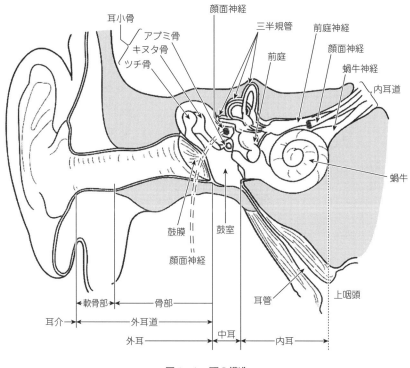

**図1-4　耳の構造**

出所：洲崎・鈴木・吉原，2017，p.3。

枢となる側頭葉の聴覚野に達します（図1-4）。

● 主な聴覚の機能

　聴覚には，音や音声の弁別，知覚，理解などの機能があります。つまり，音や音声を音波として外耳で捉え，中耳，内耳，聴神経を介して聴覚中枢，側頭葉の聴覚野に伝え，認識，理解します。聴覚の伝達は，伝音系と感音系からなります。伝音系は，音波を外耳から中耳まで振動として伝えます。感音系は，内耳で音波が電気信号に変換されて神経に伝えます。

　伝音難聴の場合には，伝音系の機能（外耳～中耳）が十分働かないため，耳が塞がれたように音が小さく聞こえます。一方，感音難聴の場合には，音波を電気信号に変換する機能が十分働かないため，音の聞こえる範囲が限られたり，

音が歪んだりします。

● 聴機能の把握

　難聴や聴機能の疾患が考えられる場合に，聴覚検査は非常に重要です。特に聴力検査は，医療だけでなく教育の分野でも聴覚活用やコミュニケーション手段等を検討していく際に非常に重要なものとなります。

　聴力検査には，純音聴力検査，語音聴力検査，乳幼児聴力検査，他覚的聴力検査などがあります。純音聴力検査は，純音を用いて聴力を測定する検査です。オージオメータを使って周波数と純音の大きさを変えながら閾値を測定し，その結果をオージオグラムにまとめて記入します。聴力の程度は，平均聴力レベルで表し，一般には四分法が使われています。純音聴力検査の結果から，難聴の程度や障害の部位（伝音難聴，感音難聴，混合難聴）の分類が可能となります。

$$平均聴力（dB）＝\frac{（500Hz\,閾値＋1,000Hz\,閾値×2＋2,000Hz\,閾値）}{4}$$

　語音聴力検査は，ことばの聞き取りを調べる検査で，聞き取ったことばの正答率（％）を算出し，スピーチオージオグラム（語音聴力図）に記入します。乳幼児の聴力検査は，聴性行動反応聴力検査（BOA：behavioral observation audiometry），条件詮索反応聴力検査（COR：conditioned orientation response audiometry），遊戯聴力検査などがあります。他覚的聴力検査は，聴性脳幹反応（ABR：auditory brainstem response）や聴性定常反応（ASSR：auditory steady-state response）などがあり，新生児や乳幼児に加え，肢体不自由を伴う重度重複障害児等に対して非常に有効なものとなっています。

　教育分野では，聴力検査を聴力測定と呼ぶことが多く，聾学校や難聴特別支援学級などで定期的に実施されています。


② 聴覚障害のある人の心理的・行動的特性

　聴覚障害のある子どもの多くは，十分なコミュニケーション環境を継続的に作ることができず，言語や認知，社会性などの発達に遅れや課題がみられます。そのため，聴力レベルや障害部位，障害を受けた時期を考慮し，コミュニケー

ション環境を整えながら早期からの発達支援を積極的に進めていく必要があります。

　聴覚を意欲的に活用しながらコミュニケーションを広げていくことを聴覚活用といいます。補聴器は，音をマイクで集め，アンプで増幅し，スピーカーで音を伝えるものです。人工内耳は，手術によって内耳にある蝸牛に電極を埋め込み，聴神経を刺激して聴覚中枢に音情報を伝えるものです。人工内耳は補聴器より調整できる周波数帯域が広く，より細かく調整できます。人工内耳を装用することによって補聴器では聴覚活用が困難な難聴児にも，音を届けやすくなりました。しかし，補聴器や人工内耳の機器を活用することで聴覚障害のない子どもたちと同様のきこえを保障するものではありません。聴覚活用ができる環境を整備し有効なコミュニケーション活動を行いながら言語発達を促していくという聴覚障害教育の原則は変わりません。

　コミュニケーション手段には，聴覚を中心としたもの，聴覚と視覚を合わせて使うもの，視覚を中心としたものに大きく分けられます。聴覚を中心としたものは，積極的に聴覚を活用して音声言語によるコミュニケーションを行います。視覚と聴覚を合わせて使うものは聴覚口話ともいい，聴覚活用に加えて視覚的な情報を活用します。視覚的な情報は，指文字の他，手指を手がかりにしたキュードスピーチ等によるサインを用いながら，より正確な音声情報を得ようとする方法です。視覚を中心としたものは，指文字や手話を使う方法です。指文字は，片手で五十音を表現できるもので，固有名詞や助詞などを表現する際には特に有効です。手話は，日本語対応手話，日本手話，中間型手話があります。

　幼児期の言語は，主に日常生活で使われている「生活言語」が中心です。学齢期になると，学習内容やコミュニケーションにおいて「学習言語」を学び，多く使われるようになります。「生活言語」は，日常生活において具体的な事柄を通して学んでいきますが，「学習言語」は抽象的な意味が多く，その意味を考えたり類推したりすることが必要となってきます。聴覚障害のある子どもは，「学習言語」を習得することがとても困難です。一般に「9歳の壁」といわれるように，文章の読解や数の概念，抽象性の高い内容理解が難しく，学力

に個人差が拡大してきます。特に，課題となる読み書きの能力（リテラシー）の習得については，書き言葉による日本語習得を目指した言語指導が積極的に行われています。

　聴覚障害のある子どもが生活する場や学ぶ場によっても異なりますが，言葉の意味がわからなかったり，うまく相手に伝わらなかったりすることで，孤独感や疎外感を感じてしまうことが多くあります。そのため，きこえの状態やコミュニケーション手段を把握するだけでなく，言語発達の課題や心理的な特性についても理解することが重要となってきます。

## *2*　視覚障害・聴覚障害の支援

### （1）乳幼児期の支援

　多くの盲学校や聾学校には，幼稚部の教育課程があり，積極的な教育支援が行われています。特別支援学校幼稚部教育要領（平成29年告示）には，視覚障害や聴覚障害のある幼児への特に留意する事項が示されています。視覚障害のある幼児に対しては，保有している視覚や聴覚，触覚などを使いながら，興味や関心を持って主体的な活動や学びができることが重要です。一方，聴覚障害のある幼児に対しては，聴覚やコミュニケーション手段を有効に活用しながらコミュニケーション活動を広げていくことが重要です。

　また，盲学校や聾学校の幼稚部は，視覚障害や聴覚障害のある乳幼児への教育や相談だけではなく，障害のない幼児たちとの交流や多機関への助言・援助，医療や福祉機関等との連携を図るなど大きな役割を担っています。

### （2）学校教育における支援

① 多様な学びの場

　視覚障害や聴覚障害のある子どもの学びの場としては，特別支援学校，通常の小学校，中学校の特別支援学級，通級指導教室（通級による指導）が設置され，通常の学級でも学んでいます。本章においては「視覚障害特別支援学校（盲学校）」「聴覚障害特別支援学校（聾学校）」と表記することとします。

## (1) 特別支援学校（盲学校，聾学校等）

　視覚障害者や聴覚障害者を含む特別支援学校の教育の目的は，「準ずる教育を施すとともに，障害による学習上又は生活上の困難を克服し自立を図るために必要な知識技能を授けること」（学校教育法第72条）です。

　文部科学省初等中等局特別支援教育課による2020年度の特別支援教育資料によると，すべての特別支援学校の学校数は1,149校あり，14万4,823人が在籍しています。そのうち，単一の障害種を対象とする視覚障害特別支援学校は全国に62校あり，2,372人が在籍しています。単一の障害種を対象とする聴覚障害特別支援学校は全国に85校あり，5,066人が在籍しています。盲学校や聾学校に在籍する幼児児童生徒数は，減少傾向が続いています。一方，視覚や聴覚に障害がある重複障害の児童生徒は，盲学校や聾学校以外の特別支援学校に在籍しています。また，視覚と聴覚の両方に障害を有する「盲ろう児者」もいます。

　盲学校の多くには，幼稚部，小学部，中学部，高等部が設置されています。さらに，高等部には専攻科として理療科，保健理療科，理学療法科，音楽科などが設置されており，職業教育が行われています。一方，聾学校の多くには，幼稚部，小学部，中学部，高等部が設置されています。専攻科にはビジネス情報科，理容科，家政科，造形美術科などが設置されており，職業教育が行われています。盲学校や聾学校は学区が非常に広範囲であるため，寄宿舎が設けられています。

　なお，2007年の学校教育法の改正により盲学校，聾学校，養護学校は「特別支援学校」となりました。2020年度においては，盲学校を含めた視覚障害を対象とした特別支援学校は86校（2,117学級 4,978人），聾学校を含めた聴覚障害を対象とした特別支援学校は119校（2,789学級 7,850人）となっています。

## (2) 特別支援学級（弱視，難聴）

　2020年度におけるすべての小学校，中学校および義務教育学校に設置されている特別支援学級数は6万9,947学級があり，在籍する児童生徒数は30万2,473人となっています。そのうち，弱視特別支援学級は561学級（0.8％），643人（0.2％）が在籍しており，難聴特別支援学級は1,332学級（1.9％），1,965人

（0.6％）が在籍しています（文部科学省，2021）。教育課程は，小学校，中学校の教育課程を基本として教育を行い，特別の教育課程を編成する場合には，特別支援学校小学部・中学部学習指導要領に示す自立活動を取り入れています。特に，弱視特別支援学級では，照明の調節など学習環境を整えながら視覚補助具（弱視レンズや拡大読書器等）や拡大文字教材を有効に活用した教科学習が進められています。難聴特別支援学級では，音や言葉の聞き取りや聞き分けなど，聴覚を活用することに重点を置いた指導の他に，抽象的な言葉の理解や教科に関する学習活動を行っています。弱視や難聴の特別支援学級は，固定された学級内の学びだけでなく，通常の学級と連携しながら各教科，道徳，特別活動などの指導も行われています。

#### (3) 通級指導教室（通級による指導：弱視，難聴）

　2020年度におけるすべての小学校，中学校および高等学校で通級による指導を受けている児童生徒数は13万4,185人です。そのうち，弱視の児童生徒数は，小学校に191人，中学校に27人，高等学校に4人の計222人（0.2％）がおり，難聴の児童生徒は，小学校に1,775人，中学校に423人，高等学校に9人の計2,207人（1.6％）がいます（文部科学省，2021）。主に，通常の学級で視覚補助具や補聴器を活用してしながら教科学習を行い，通級指導教室で自立活動の指導を中心に行っています。場合によっては，教科学習の補充の指導をしたり，障害理解についての指導をしたりすることもあります。

#### (4) 通常の学級

　各自治体による設置状況や本人，保護者の意見等により通常の学級に在籍している児童生徒が多くいます。文部科学省初等中等局特別支援教育課による2018年度の特別支援教育資料によると，公立小・中学校における学校教育法施行令第22条の3に該当する者の数（通級の指導を受けている者は除く）では，小学校では1,241人が在籍しており，うち視覚障害は75人，聴覚障害は100人がいます。中学校では622人が在籍しており，うち視覚障害は54人，聴覚障害は85人がいます。通常の学級では，見やすい環境や聞き取りやすい環境を整備し，

視覚補助具や聴覚活用を積極的に取り入れた支援が行き届いているケースは非常に少ないです。そのため，視覚障害教育や聴覚障害教育のセンター的機能を担っている盲学校や聾学校が精力的に教育支援を行っています。

② 教科の指導

　視覚障害や聴覚障害のある児童生徒における教科の指導は，学校教育法第72条にあるように「準ずる教育」が原則となります。言い換えれば小学校，中学校，高等学校の学習指導要領にある教育課程を編成して行わなければなりません。さらに「視覚障害や聴覚障害による学習上又は生活上の困難を克服し自立を図るために必要な知識技能を授けること」に向けた専門的な指導が必要です。つまり，視覚障害教育や聴覚障害教育に携わる教師は，教科指導の専門性と視覚障害教育や聴覚障害教育の専門性をもちながら個々の障害特性を踏まえた教科指導を行い，授業力を向上させていくことが求められます。

③ 自立活動の指導

　自立活動の指導は，教科の指導と同様に視覚障害教育や聴覚障害教育の教育課程に位置付けられています。視覚障害児者への自立活動は，点字・歩行指導や視覚補助具の活用等の学習に向けた指導，聴覚障害児者への自立活動は，聴覚活用や発音・発声，コミュニケーション，障害認識等の学習に向けた指導を中心に行いながら生活上の困難を改善・克服するための指導を充実させていくことが重要です。また，知的障害等を併せ有している児童生徒を指導する場合には，一人一人の見え方やきこえを含めた障害の状態等を考慮して，弾力的に教育課程や指導形態を再編成し，指導内容を工夫していく必要があります。

④ ICTを使った指導

　視覚障害児者に対するICTの指導は，一人一人の視覚障害の状態等を考慮しながら積極的に進められています。盲児・者に対しては，パソコン等を介して視覚情報を触覚情報（点字）や聴覚情報（音声）に変換して活用されています。また，弱視児・者に対しては，パソコンやタブレットを介して視覚情報を

見やすい文字サイズやコントラストに変換して活用されています。

　さらに，学校教育法等の一部を改正する法律（平成30年法律第39号）によって，学習者用デジタル教科書を使用できるようになりました。学習用デジタル教科書は，拡大機能や音声読み上げ機能の他，動画やアニメを活用できるため，多様な教育の場で効果的に学習できるようになりました。

⑤ キャリア教育・進路指導

　盲学校の職業課程には専攻科，保健理療科が中心に設けられていて，三療師というあん摩マッサージ指圧師，はり師，きゅう師を養成し，国家試験合格を目指しています。主な就職先は，医療機関や施術所，老人福祉施設の他，民間企業のヘルスキーパー等です。聾学校の職業課程は，聾学校の状況に応じてビジネス情報科，理容科，家政科など多様に設けられていて，進路先も他分野に広がっています。

## *3*　視覚障害・聴覚障害のある子どもに寄り添い共に生きる

### （1）乳幼児期

　視力の発達は，出生後から急速に進み，学齢期に入る6～7歳でほぼ大人と同じような見え方となり，10歳頃には安定します。いわゆる生理学的な臨界期があります。そのため，眼疾患の状態や見え方の変化を客観的に捉え，就学に向けて墨字と点字の選択と学ぶ場をどのように考えていくのか，本人や保護者等の意見を尊重しながら決めていくこととなります。

　聴覚障害のある乳幼児の場合には，出生後に新生児聴覚スクリーニング検査を受け，専門の医療機関により精密検査と確定診断を受ける場合が多いです。聴覚の発達は，胎生35週頃には成人と同じような聴力の程度までになります。そして，1～2歳頃には20～30dB程度の小さい音にも気づくようになり，発声や言葉によるコミュニケーション活動が始まっていきます。乳幼児期には，補聴器の選定や調整をどのように考えていくのか，人工内耳の有効性があるのかという聴覚活用に向けて重要な検討を支援するとともに，コミュニケーショ

ン手段をどのように選択するか，就学先をどのように考えるのかについても，本人や保護者等の意見を尊重しながら共に考えていくこととなります。

　このように視覚障害や聴覚障害の早期発見と早期からの支援は非常に重要です。その際には，本人や保護者等が揺れ動く心情に常に寄り添いながら，今後の発達や社会参加に向けて支援していくことが重要です。


## （2）学　齢　期

　前節でも述べましたが，視覚障害や聴覚障害のある子どもは，見え方やきこえの程度等の障害の状態や本人・保護者の意見等を受けて，特別支援学校や小・中学校等の特別支援学級，通常の学級などの場で学んでいきます。特に小・中学校では，視覚障害や聴覚障害のある子どもの数は非常に少ないことから，当事者同士が交流する場が少ない状況です。そのため，自分の見え方が教師や友達に伝えられずに悩んだり，聞こえにくいことでコミュニケーションがうまくとれずトラブルを頻繁に起こしてしまったり，孤独や孤立を感じてしまったり，さまざまな悩みを抱えてしまうことが多くあります。最近では，特別支援教育体制が整ってきたことで「個別の教育支援計画」や「個別の指導計画」等の支援ツールを有効に活用しながら転学や進路変更を行い，場に応じた指導が充実してきています。教師にとっては視覚障害教育や聴覚障害教育の専門性を向上させることはいうまでもありませんが，それぞれの場において障害理解やピアサポートを含めた支援体制を築いていくことも非常に重要であるといえます。


## （3）中　途　障　害

　眼や耳の疾患を含む進行性の病気や事故等による中途障害児者への心理的・行動的特性は，先天性の場合と異なるところがあります。中途障害の場合，失明や失聴する前までは視覚や聴覚を中心に情報を得ていたため，障害となった後においても視覚や聴覚による情報を入手したい気持ちが強くあります。そのため，視覚や聴覚以外の感覚を使った新しい生活様式に切り替えることに抵抗を感じる場面が多くみられます。中途障害児者への支援は，特有の特性を理解

した上で，医療や教育，福祉等が連携しながら進められてきています。

## （4）成人期以降

　特別支援学校の進路指導の充実や一般・福祉的就労，福祉サービスの制度が整ってきたことにより，活躍する場や社会に参加できる場面が増えてきています。視覚障害や聴覚障害のある人は成人期になっても，疾患や障害の特性等から医療機関に継続的に通う必要があります。また，障害の特性等により情報が入手しにくかったり，偏ってしまったりすることで，福祉サービス等を受けにくくなる場合もあります。そのため，学校を卒業した後においては，年齢に応じた生涯教育が特別支援学校や福祉・行政機関等で今後行われてことが望まれます。特に，当事者間のネットワークづくりやICT活用と遠隔サポート体制を整えていく必要があります。さらに，それぞれの世代に応じた相談支援活動も必要になるため，生涯にわたる一貫した「個別の支援計画」の立案や生涯発達支援へのサポート体制を構築していくことが今後の課題であるといえます。

---

**学習課題**

（1）盲児と弱視児における教科や自立活動の指導の違いについて，発達や特性を踏まえて考えてみよう。
（2）聴覚障害のある子どもの年齢やきこえの状態等を踏まえて，言語指導の具体的な方法について考えてみよう。

---

### 引用文献

五十嵐信敬（1991）．視覚障害児の発達に影響する要因　佐藤泰正（編）視覚障害学入門　学芸図書株式会社

香川邦生（編著）（2016）．視覚障害教育に携わる方のために 五改訂版　慶應義塾大学出版会

香川邦生・千田耕基（編）（2009）．小・中学校における視力の弱い子どもの学習支援　教育出版

小林秀之・米田宏樹・安藤隆男（編著）（2018）．MINERVA はじめて学ぶ教職 特別支援教育——共生社会の実現に向けて——　ミネルヴァ書房

目黒達哉・石牧良浩（編著）（2022）．障害をもつ人の心理と支援——育ち・成長・かかわり——（pp. 8- 27） 学術図書出版社

日本聴覚医学会（2014）．難聴対策委員会報告——難聴（聴覚障害）の程度分類について——

大沼直紀（1997）．教師と親のための補聴器活用ガイド コレール社

洲崎春海・鈴木衞・吉原俊雄（2017）．SUCCESS耳鼻咽喉科 第 2 版 金原出版株式会社

（渡邉正人）

# 第2章

# 知的障害を知る

　本章では，知的障害とはどのような状態なのか，そして，知的障害が
あることによってどのような困難さがあり，当事者にどのような気持ち
を抱かせるのか考えていきます。また，そのような知的障害のある子ど
もに対してどのような支援ができるのか，実際に知的障害教育で行われ
ている実践を見ていきます。そして，特別支援教育の現場では支援にあ
たってはどのように計画がなされて，どのような心構えで臨み，具体的
にどのような視点で支援が行われているのか解説していきます。さらに
生涯発達の視点に立ち，将来の社会生活や日常生活を見通した事例を紹
介します。知的障害のある子どもの生きづらさとは何でしょうか。また,
その生きづらさを改善するためにどのような支援があるのでしょうか。
これから知的障害のある子どもを支援するみなさんと一緒に考えていき
たいと思います。

## *1*　知的障害の理解

### （1）知的障害の定義

　知的障害の定義としては，AAIDD（American Association on Intellectual and
Developmental Disabilities：米国知的・発達障害協会）によるものが国際的な定
義になっています。2010年にAAIDDから出された「知的障害—定義，分類お
よび支援体系—第11版」において，知的障害は次のように定義されています。
「知的障害は，知的機能と適応行動（概念的，社会的および実用的な適応スキ
ルによって表される）の双方の明らかな制約によって特徴づけられる能力障害
である。この能力障害は18歳までに生じる」（AAIDD, 2012）。一方，我が国に
おいては知的障害の定義はなされていませんが，教育の世界では文部科学省が
AAIDDの定義を取り入れて，知的障害を次のように説明しています。「知的

障害とは，知的機能の発達に明らかな遅れと，適応行動の困難を伴う状態が，発達期に起こるものを言う」（文部科学省，2018）。つまり，我が国の教育現場における知的障害とは以下の3つの基準を満たすことが条件といえます。

　1）知的機能の発達に明らかな遅れがある

　　知能検査の結果でIQが平均より明らかに低いことを指します。具体的にはIQの値が70またはそれ以下とされています。しかし，IQが低いというだけでは，知的障害とはいえません。以下の2つの基準も満たして知的障害であるといえます。

　2）適応行動の困難を伴う状態

　　社会生活に係わる能力が，同年齢の他の子どもと比較して明らかに低い状態を指します。具体的には，他者との意思疎通，日常生活や社会生活，安全，仕事，余暇活動等について，その年齢段階において，適応行動の習得や習熟に困難があるため，生活の上で支障をきたしている状態です。

　3）発達期に起こる

　　概ね18歳までに起こることで，それ以降の外傷による頭部損傷や老齢化などに伴う知的機能の低下とは区別されることを意味します。

**（2）知的障害の原因と合併症**

　知的障害の原因としては，出生前の要因として母体の代謝異常や感染症による外的要因，遺伝子異常や染色体異常による内的要因があります。周産期の要因としては出産時の事故や子宮内障害によるものがあります。出生後の要因としては，感染症，頭部の外傷，不適切な養育環境や虐待による環境的な要因があります。しかし，原因不明の知的障害が最も多いといわれています。知的障害を伴う障害である染色体の突然変異によるダウン症候群（Down syndrome），さらに脳性まひ（Cerebral palsy：CP）や自閉スペクトラム症（Autism Spectrum Disorder：ASD）の多くが知的障害を伴うなど，知的障害の原因や様態は一様ではありません。

## （3）知的障害のある子どもの特徴と困難

　ここでは知的障害のある子どもにどのような特徴があるのか，またその特徴がゆえに生活をする上でどのようなことに困難を覚えるのかを説明します。なお特徴の現れ方は一人ひとり異なり，個人差は大きいです。

### ① 知的機能の困難

　前述したように知的障害のある子どもには知的機能に明らかな発達の遅れがあり，言葉の理解，読み書き，運動発達等に影響がみられます。言葉の遅れもさまざまあり，発語が見られないことや，「にんじん」を「じん」と発音するなど省略語を使用し，語尾だけ発音することもあります。子どもによっては，固有名詞を使わず，「これ」「あれ」「それ」等の指示代名詞を使用するケースもあります。理解が進んでいないため質問に対して的確に返答できないこともありますし，脳性まひ等が原因で舌や口の動きがスムーズにできない構音障害が見られることもあります。言葉の遅れはコミュニケーションの取りづらさとなり，人間関係の構築にも影響します。また，知的障害があることは読み書きにも影響します。文字の形を認識したり，覚えて記述したり，読んだりすることに困難のあるケースも多く見られます。さらに，知的障害のある子どもには運動発達の遅れや運動能力の障害がみられます。一般的に子どもの知能と運動能力は共に発達するため，知的障害児は手先が器用ではなく，ボタン通しや，紐を結ぶといった指先を使った作業が苦手とされています。加えて，低筋緊張といい，体に力がうまく入らなかったり，バランスをうまくとれなかったり，姿勢が悪いため疲労しやすいケースもあります。知的障害もさまざまであるように運動発達の遅れも一様ではありません。

### ② 認知機能の困難

　知的機能に遅れが見られる子どもの特徴として認知機能つまり理解，記憶，判断力，課題解決力等の困難があります。知識や技能を習得するのに時間や労力がかかること，一度に多くの物事を覚えることが困難なこと，抽象的な概念の獲得に困難を示すこと，新規の問題に対してそれまで身に付けているスキル

や知識を利用して問題解決を図ることに困難を示します。知的障害のある子どもは目の前にあることを認識して生活しています。そのため，目に見えない時間や数量，あるいは抽象的な概念を理解することは苦手であり，さらにそれらの知識・技能を使って総合的に判断することや課題を解決することが難しいです。そのため自分の知的機能に見合わない抽象的な課題に取り組むことにより間違いを繰り返してしまい，自信を喪失し，自尊感情が低下することもあります。そして，短期記憶が苦手なケースでは，一度に多くのことを言われてもその一部しか頭に残らないことがあります。その一方で，長い時間記憶をとどめておくことが難しいこともあります。つまり，見通しをもちづらい側面や記憶が定着しづらい側面もあります。このような特徴を支援者が理解していない場合，怠けている，やる気がないというように判断されてしまい，叱責され落ち込んでしまうことがあります。判断ができないから，課題解決ができないからという理由により，「自らが行う活動」ではなく，「させられる活動」が多くなることもあります。

### ③　社会性の困難

　知的障害のある子どもには感情，情緒，社会関係の上での一部遅れがあり，状況に応じた行動をすることが難しい面が見られます。たとえば学習によって得た知識や技能が断片的になりやすく，実際の生活の場で応用されにくいことがあります。また，生活経験の不足あるいは成功体験が少ないことなどにより，自信を失って自尊感情が低下し，積極的に活動に取り組む意欲が十分に育っていないことなどが挙げられます。また，実際的な生活経験が不足しがちであることから，人の気持ちを汲むことや自分の気持ちの表出の仕方が苦手になってしまうことがあります。さらに，経験不足により社会的なルールやマナーを知らない，あるいは守ることができないことにより，人と上手に関わることができず，社会において孤立してしまうケースもあります。

## 2　知的障害の支援

### （1）知的障害教育の実際

　これまで述べてきたように知的障害のある子どもには生活をする上での困難や生きづらさがあります。ここでは，そのような子どもへの教育について見ていきます。知的障害のある子どもの教育には大きく分けて2つのタイプの教育があります。1つが各教科等を合わせた指導，もう1つが教科別の指導，道徳科，外国語活動，特別活動，自立活動になります。

### ① 各教科等を合わせた指導

　各教科等を合わせた指導とは，各教科，道徳，外国語活動，特別活動および自立活動の全部または一部を合わせて授業を行う指導です。

### ⑴ 日常生活の指導

　子どもの日常生活が充実するように日常生活の諸活動を適切に指導します。この指導では，広範囲に各教科等の内容が扱われます。具体的には衣服の着脱，洗面，手洗い，排泄，食事，清潔等の基本的生活習慣の内容，さらには挨拶，言葉遣い，礼儀，時間を守ること，ルール・マナーを守ること等の日常生活や社会生活における基本的な内容を扱います。

### ⑵ 遊びの指導

　遊びの指導は主に小学部段階において，遊びを学習活動の中心に据えて，身体活動を活発にし，仲間との関わりを促し，意欲的な活動を育み，心身の発達を促すものです。そのため，遊びの指導の成果が，学習面や生活面における基盤となるとともに，各教科別の指導等につながるように計画的に指導することが重要です。

## (3) 生活単元学習

　子どもが生活上の目標を達成したり，課題を解決したりするために，一連の活動を組織的に経験することによって，自立的な生活に必要な事柄を実際的・総合的に学習します。この指導では，広範囲に各教科等の内容が扱われることに特徴があります。たとえば単元「カレー屋さんをしよう」を取り上げる場合，材料の栽培（理科），調理（家庭科），販売・接客（自立活動），チラシ作り（国語科）というように，子どもの学習活動が，生活的な目標や課題に沿って計画されます。指導にあたっては，必要な知識や技能の獲得とともに，生活上の望ましい習慣・態度の形成を図り，身に付けた内容が生活に生かされるようにすることなどが考慮されています。

## (4) 作 業 学 習

　中学部や高等部では作業活動を学習活動の中心にしながら，働く意欲を培い，将来の職業生活や社会的自立に必要な事柄を総合的に学習します。この指導は，単に職業・家庭科（高等部は職業科および家庭科）の内容だけではなく，各教科等の広範囲な内容が扱われることに特徴があります。作業学習で取り扱われる作業種目は，農耕，園芸，紙工，木工，縫製，織物，金工，窯業，セメント加工，印刷，調理，食品加工，クリーニング，販売，清掃，接客等と多種多様です。指導にあたっては，地域産業に根差した活動や生徒にとって教育的価値の高い活動を設定して，それらの活動に取り組む喜びや完成の達成感が味わえることなどを考慮します。

## ② 教科別の指導，道徳科，外国語活動，特別活動，自立活動

## (1) 教科別の指導

　知的障害のある子どもの各教科指導は，知的障害の特徴や学習上の特性等を踏まえ，子どもが自立し社会参加するために必要な知識や技能，態度などを身に付けることを重視し，各教科およびその目標・内容等を示しています。各教科の指導では，知的障害の状態や経験等に応じて，子どもの社会生活を豊かにする視点で指導内容を設定する必要があります。

## (2) 道 徳 科

　知的障害のある子どもの学習上の特性により，その内容を道徳の時間だけで理解することは難しく，生活単元学習等の展開も合わせて考えます。経験の拡充を図り，豊かな道徳的心情を育て，広い視野に立って道徳的判断や行動ができるように指導します。個々の子どもの知的障害の状態，生活年齢，学習状況や経験等に応じて学習内容を計画します。

## (3) 外国語活動

　外国語や外国の文化に触れる体験的な活動を行います。子どもの興味・関心，生活に結びついた外国語に関する具体的な題材を設定し，各教科等を合わせた指導と連動させながら実施します。外国語活動を通して，コミュニケーションを図る素地となる資質・能力を育成します。

## (4) 特別活動

　特別活動は学級活動，児童生徒会活動，クラブ活動，学校行事等になります。他の学級や学年と合同で行うなど，少人数からくるさまざまな制約を解消し，活発な集団活動ができるように工夫します。また，一度きりの活動で終わらせるのではなく，各教科等を合わせた指導と連動させ，子どもの活動の幅を広げ継続的に実施することが重要です。地域の同世代の障害のない子どもと共に活動する交流および共同学習も特別活動に含まれます。

## (5) 自立活動

　自立活動は障害に基づくさまざまな困難を主体的に改善・克服するために必要な知識，技能，態度および習慣を養うことによって心身の調和的発達の基盤を培う指導です。学習指導要領には 6 区分27項目でその指導内容が示されています。自立活動の指導にあたって実態把握をするときは，知的発達のレベルからみて，言語，運動，情緒，行動などの面で，顕著な発達の遅れや特に配慮を必要とすることはないか，発達に個人内のアンバランスな面はないかを把握することが大切です。個別の指導計画の目標に従って学習課題を計画し，遂行し

ます。子どもが日常生活や学習場面で困っていることを改善・克服するという視点が大切となります。

### （2）具体的な支援
　ここでは上述した知的障害教育における具体的な支援について見ていきます。

#### ① 基本的な姿勢
　知的障害のある子どもは幼く見えることがありますが，その年齢に応じた言葉遣い，対応が求められます。高等部の生徒に対して「〇〇ちゃん」と呼んでいたり，幼い子どもへ伝えるような言葉遣いをしたり，校外学習で安全な環境にもかかわらず教員が手をつないでいたりするようでは，将来の自立した社会生活に向かっていくことはできません。生活年齢に応じた支援をする必要があります。

#### ② 個に応じた支援
　障害名は同じであっても特徴は異なるため，個に応じた支援が求められます。子どもの実態に応じた適切な指導を行うために，一人ひとりの教育的ニーズに応じて指導目標や指導内容を具体的に明記した「個別の指導計画」を担任教師は作成します。この「個別の指導計画」は校内の教師や家庭との連携を深めたり，情報を共有したりするための計画書でもあります。作成するための情報として，家族情報や生育歴等の基礎情報，障害による困難さや特性，医療等の相談機関の情報，地域資源等の情報があります。そして，「個別の指導計画」作成にあたって本人や保護者の願いや希望を反映し，内容についての承認を得ます。また，実践の際には，知的障害のある子どもは障害の特徴も多様であるため，個々に合わせた教材の準備も必要となります。実際の指導では本人の課題にばかり目を向けるのではなく，できることや強みにも目を向ける視点も重要となります。実践した結果については学期末や年度末に面談を実施して，「個別の指導計画」の目標をどの程度達成することができたのか評価を行い，場合によっては目標や手立ての修正を行い，次の学期あるいは次の学年に引き継い

でいきます。

③　わかる支援

　知的障害のある子どもが「わかる」支援を行うことは大切です。彼らが「わかる」そして「できた」プロセスを大切にした学びや生活を積みかさねることが求められます。そのため日課や基本的な学習の進め方の確認は欠かせません。今日の一日の学校生活がどのように進んでいくのか，これから行われる授業では何を目標にどのような活動を行えばよいのか，いつ終わるのかという「見通し」が持てる配慮は，子どもが安心して積極的に活動に参加するための重要な支援です。また，指示をする際には，言語指示は適切に短く，代名詞は使わない表現が望ましいです。さらに，視覚的な情報，ICT 等の教材を準備し，具体的なモデルの提示をすると，子どもにとってわかりやすい授業になります。加えて，子どもが指示を理解しているのか判断が難しいこともあるため，時折理解の確認をすることも効果的です。何よりも，彼らが活動や課題が「わかる」内容を設定し，達成「できた」ことが本人にも実感できるような具体的な目標や手立てを計画しておくことが大切です。

④　主体性を引き出す支援

　知的障害のある子どもはともすると指示されることが多くなり，受け身になり，主体的な活動が少なくなりがちです。生活単元学習の題材や校外学習の行先等を教師が一方的に決めるのではなく，彼らの希望を聞いたり，クラス全体で話し合ったりすることが望ましいです。知的障害のある子どもの中にはたびたび失敗経験をしてきた者が多くいます。そのため，自分に自信をもてず，積極的に活動に参加することができない者もいます。失敗しないような活動をスモールステップで設定することも大切となります。さらに，授業は成功で終わり，達成感を味わわせ，次回の授業への期待感をもたせることが求められます。そのため，知的障害のある子どもが主体的に活動をして目的を達成するまで「待つ」姿勢も大切です。彼らは考えて行動に移すまで時間がかかることがあるので，心に余裕をもって支援しましょう。

⑤　称賛による支援

　　知的障害のある子どもへの支援には，称賛することが重要となります。これ
まで生活経験が少なく，物事の何が良くて何が悪いのかわからない，あるいは
失敗経験が多く自尊感情の低い子どもには称賛することが効果的です。称賛は
今の自分のままで良いのだ，この行動で良いのだと本人への後押しとなります。
的確にほめ，そして１つ活動を終えるごとに評価します。課題を遂行できた瞬
間にほめ，具体的によかった点をほめ，言葉だけでは達成感を感じることがで
きない子どもにはハイタッチをすることもよいです。目標を達成できたときに
は，称賛の言葉と共にシールを貼るのも有効です。シールは教師が貼るのでは
なく，本人が貼るほうが好ましいです。主体的な作業は達成感をより強く味わ
えることになりますし，本人の好きなキャラクターのシールを準備しておくと
なお効果的です。子どものモチベーションは上がり，達成感も大きなものにな
ります。シールの利点は授業担当者以外の教員にも見せることができ，さらに
称賛を得られ，帰りの会等で今日１日を振り返る折に，シールの貼られた具体
物（振り返りシート）を見せながら発表できる点にあります。また，下校して
保護者にシールを見せることにより，保護者からの称賛を得るきっかけになる
こともあります。同じ称賛でも言葉は時と共に流れてしまいますが，シールは
具体物として残ります。

⑥　目標に向かうポジティブな支援

　　知的障害のある子どもの中には，指示語，否定語による言葉の指示を数多く
受けるケースがあります。朝起きると保護者から「早く準備しなさい」「よそ
見をしなしで早く朝食を食べて」と急かされ，ようやく朝食を終えて登校の準
備ができたら，移動を支援するヘルパーさんの迎えが来ています。今度はヘル
パーさんから「左側を歩いてはダメよ」「もう少し早く歩いて」等の指示があ
り，場合によっては固く手を握られ歩いているようなケースも見受けられます。
学校に着いても担任の先生から指示語，否定語による関わりがあるかもしれま
せん。息つく間もなく，指示語，否定語の言葉のシャワーを浴びながら，まわ
りの大人によって決められたレールをそれることなく歩んでいるような事例も

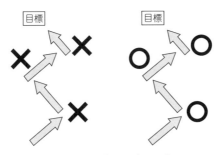

**図2-1　目標への向かい方**

出所：筆者作成。

あります。そのため，目標を指し示しながらポジティブな言葉かけをすること
が大切であると考えます。支援方法については大きく分けて2つの方法がある
と思います。図2-1の左にあるように指示語，あるいは否定語を使って，目
標に向かうやり方が一つあります。そして，もう一方が図2-1の右にあるよ
うな目標を指し示しながら，少しでもその目標に向かった面が見られた時にそ
の点について即座に前向きに評価し，目標に向かっていく支援方法です。どち
らも目標に向かっていくのですが，その支援には大きな違いがあります。指示
語，否定語による支援が多くなりがちな知的障害のある子どもに対しては，図
2-1の右のように正しい方向を指し示しながらポジティブな支援が有効です。

## 3　知的障害のある子どもに寄り添い共に生きる

　ここでは，生涯発達の視点に立ち，将来の社会生活や日常生活を見通した中
学部の実践例を紹介します。実践例は筑波大学附属大塚特別支援学校中学部の
取り組みを基にしています。

### （1）ゲーム活動の実践例
　まず生活単元学習の実践例としてゲーム活動「ボウリングゲームをしよう」
をポイントに分けて説明します。ゲーム活動は，楽しみながらさまざまなこと
を学べる単元です。

① ルール・マナーを守る

　規則などのルールや相手を思いやるマナーを守ることは社会生活を送るにあたって重要なことといえます。社会経験が不足している知的障害のある生徒にルールやマナーを身に付けてもらいたい場合には，それらを教え込むのではなく，ゲーム的な活動に盛り込むことにより楽しく学びを深めることが期待できます。また，ルールやマナーについて一度クラスの中で話し合って確認してから実践できると効果的です。

② 役割を遂行する

　ゲーム活動をするときにはなるべく生徒主体で運営できるように工夫します。具体的には，係分担をして，生徒がその役割を遂行することによりゲームを進行します。ボウリングゲームでは，ルールやチームのメンバー，係を発表する司会係，投げるタイミングを合図する係，ボール置き場にボールを置く係，倒れたピンを数える係，倒れたピンを元に戻す係，得点のシールを貼る係など，その集団に合った係を設定します。係分担の視点として，生徒の課題だけでなく強みを生かした係の設定，割り当ても有効です。このように係分担をしたことにより係仕事への責任感が生まれ，この経験は，将来の社会生活での自分の役割を果たす仕事につながります。そして，このような実践では生徒に役割の希望を聞いても効果的です。係を自己決定することにより，意欲もわきますし，より責任感も大きくなります。係を変更することにより授業に活気が出ることもよくあります。

③ 仲間意識を育む

　ボウリングゲームをチーム戦で行うと，チームの仲間を思いやることや対戦チームを尊重することが経験できます。知的障害のある人が社会に出た時につまずきやすいのは人間関係だといわれています。職場で人間関係の形成がうまくいかない場合，離職につながるケースも少なくありません。そのため，このような実践では，チーム対抗の設定をすることにより仲間意識を育む経験をすることができます。授業の終わりにはチーム内で応援ができたかどうか確認し

たり，同じチームの仲間の良かったところを発表したりすることにより，さらに仲間意識が強くなります。

④ 気持ちをコントロールする

　ゲーム活動を行うことにより勝敗の結果が明らかになります。知的障害のある生徒の多くは人と何かを競う経験が少なく，経験があったとしても大人があえて負けてくれることもあります。しかし，クラスでのゲーム活動では負ける経験をします。その時に気持ちの整理がつかない生徒の中には泣いたりパニックになったりする者がいます。負けて自分の気持ちがコントロールできないことが予想されるケースについては，事前にリハーサルをします。ゲームを行う前に負けた場合にはどうするのか教師と相談して，「大丈夫，大丈夫，大丈夫」と唱えて 3 回深呼吸する等の約束事をしておくのも一つの方法です。回数を重ねるに従い，負けることにも多少慣れることもあります。また同じチーム内で気持ちに寄り添う発言や行動も見られることもあります。在学中にこのような経験をしておくことは大切で，社会に出て自分の思うようにいかなかった場合の練習になります。ゲーム活動は自分の気持ちをコントロールし，気持ちに折り合いをつけるよい機会になります。

⑤ 振り返る

　授業の最後には振り返りの時間を設けます。知的障害のある生徒には記憶をとどめておくことが難しい者もいます。そのため，学習の定着を図る意味でも授業で行った内容について，振り返りを行い，自己評価，他者評価をします。自己評価については，活動内容と共に自分の係の遂行状況やチームのメンバーへの応援について振り返りを行います。将来の生活に向けて，日頃から活動を振り返る習慣を積み重ねておくことは重要です。その際に，生徒の特性に合わせた振り返りシートを準備することが求められます。文字が書け，文章を書ける生徒には文章で，文字を書くことが難しい，あるいは文章を書くことが難しい生徒には選択肢を用意します。また，他者評価は同じチームのメンバーの良かった点，係で頑張っている様子等を見つけ，なるべく称賛する内容を発表す

ることにより仲間関係の構築につなげていきます。振り返りの場面で他者からのポジティブな評価を受けることで自尊感情を高めることが期待でき，上手くできなかったことについては話し合ったり教師からのアドバイスをもらったりすることにより問題を解決する力を育むことができます。

### （2）願い・希望を叶える実践例

　知的障害のある生徒は，願いや希望の基礎となる経験の少なさや成功体験が少ないことにより，願いをもちづらい背景があります。そのため，願いを叶える実践は学校在学中に経験しておくべき重要な実践だといえます。ここでは，中学部段階の生徒の共通の興味関心に基づいた願いや希望を叶える実践を紹介します。中学部全体で実践した「生活単元学習」の授業「みんなで東京を発見しよう！」をポイントに分けて紹介します。

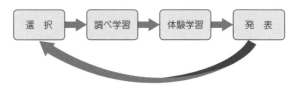

**図2-2　活動の流れ**
出所：安達ほか（2018）より一部改変。

### ① 自己選択・自己決定をする

　図2-2にあるように本実践ではグループを「選択」することから活動が始まります。生徒の興味関心について事前に実施したアンケートを基に「食べ物」「歴史・物語」「音楽・祭り」「自然・生き物」「乗り物」等のグループを形成し，第1回目の授業で，生徒は再度どのグループに所属したいのかアンケートに回答して自己選択を行います。そのアンケートには，文章で書かれたアンケート，イラストや写真が書かれたアンケート，数多くのものから選択することが難しい生徒については選択肢を少なくして，カードによる3択あるいは2択とします。たとえ思いつきのように見えたとしても自己選択は尊重します。

将来，高等部では進路先を選択しなければなりません。その場面では可能な限り本人が進路先を選ぶことになります。そのためにも早い段階から選択することの経験をしておく必要があります。特に，結果がすぐにわかる選択を経験することにより，選択することを実感できます。たとえば小学部の段階より個別課題の時間に，実施する学習課題の順番を児童自身が自己選択する等の小さな経験を日々積み重ねておくことが好ましいです。

② 調べる

　次に学習は「調べ学習」へと進みます。グループごとに東京都内で各グループのテーマに沿って校外学習の行き先や活動内容をグループのメンバーで決めます。グループのリーダーを決めて，リーダーがイニシアチブをとりながら，タブレット等を使用して校外学習の行き先について調べて話し合います。興味関心が高い内容のため大変意欲的に調べ，相談は活発になります。このプロセスは大切で，主体的に調べ，話し合ったことにより校外学習への期待感はふくらみます。教え込みではない本人主体の取り組みを目指して，教師はサポートに徹することが重要となります。指示されたことを指示されたように忠実に行うのではなく，自分の興味関心を中心に考える本人の願いや希望を叶える実践は大切です。

③ 体験する

　次に「体験学習」を行います。知的障害の特性から自分で経験したこと以外のことについては，想像がつきづらい面があります。そのため，各グループは校外学習を実施しますが，体験活動をメインに実施します。公共交通機関を利用して，目的地に行き活動を行います。「乗り物グループ」では鉄道博物館に行き実際の車両に触れて乗る，「自然・生き物グループ」は動物園に行き小動物に触れる等，実際の体験を行います。また活動場所では生徒自身が動画や画像を撮影します。そして，学校に戻ってきた後に体験したことについて振り返りを行います。撮影した動画や画像を手がかりにどのようなことをしたのか，どのような感想をもったのか，個々の生徒に合わせた振り返りシートを準備し

て振り返ります。中学部段階の生徒においては一回一回の体験を振り返り知識や感情と結び付けていくことで，自らの経験として定着させていきます。

④　発表する

　次に，中学部全体で集まり各グループの校外学習での活動内容について発表会を行います。校外学習で体験的活動をしたことによって自分たちの願いや希望はどのように叶えられ，どのような感想をもったのか発表します。そこには願いや希望が叶えられたストーリーがあり，それは将来社会に出て，余暇活動を送ることへの希望にもつながります。知的障害のある生徒の願いは学校や家庭で得られた知識や体験がベースとなっていると考えられ，それを発表することで具体化し位置付けられると考えられます。また，発表をすることも大切ですが，発表を聴くことも同様に大切になります。それは興味関心を広げる活動になり，新たな興味関心を生むきっかけにもなります。発表を聴くことによって次の単元「みんなで東京を発見しよう！パート２」で新たなグループを選択することになります。

⑤　余暇につなげる

　この実践は余暇につながる実践ともいえます。知的障害児教育では働く学習も重要ですが，その下支えとなる余暇の学習も重要です。卒業後の就労先で仕事を頑張れるのは充実した余暇があるからこそ，というケースも多くあります。知的障害のある生徒にとって充実した余暇を過ごすことは，生活の質を向上させるために欠かすことのできない要素といえます。余暇活動を実施するにはボランティアの方やヘルパーさんとの関わりや，友達との関わりもあります。また，公共交通機関の利用や公共でのルールやマナーを守る必要もあります。つまり，さまざまな知識・技能や経験が必要となってくるといえます。そのため，本実践のような活動を実施することは，余暇の充実につながる実践といえます。余暇を享受するための力を在学中に身に付けておくと，卒業後の余暇活動にスムーズに移行することができます。

## （3）これから知的障害のある子どもを支援するみなさんに

　これまで述べてきたように，知的障害とは知的機能に制約があり，認知面にも遅れが見られ，社会性に困難を及ぼすこともあり，さまざまな生活のしづらさがあります。しかし，適切な支援をすることにより，個人の機能が変化してより良い生活を送れるようになる可能性は十分にあります。そのため，知的障害の教育においては，生活に結びついた実際的で具体的な活動を，子どもの個のニーズに合わせてスモールステップで設定し，個の状況に合わせた教材を準備します。また，適切な支援を行うために本人や保護者の思いを反映させた「個別の指導計画」を作成することが重要となります。具体的な目標や手立てを計画する時には，できないことばかりに目を向けるのではなく，できることや強みにも目を向けることも大切です。さらに，実践に際しては，本人の自己選択・自己決定を尊重し，本人の願いや希望を叶え，主体的に活動に参加する機会を保障します。そのような実践をした後に振り返りを丁寧に行うことにより，自尊感情を高め問題を解決する力を養い，知的障害のある子どもの生活の質を高めることができます。

---

**学習課題**

（1）知的障害のある子どもの生きづらさとは何でしょうか。考えてみましょう。
（2）知的障害のある子どもの生きづらさを改善するためにどのような支援が考えられますか。話し合ってみましょう。

---

**引用文献**

AAIDD　太田俊己・金子健・原仁・湯汲英史・沼田千好子（訳）（2012）．知的障害——定義，分類および支援体系——第11版　社団法人日本発達障害福祉連盟
安達敬子・厚谷秀宏・阿部崇・工藤傑史・工藤真生・仲野みこ・深津達也（2018）．研究授業実践録　筑波大学附属大塚特別支援学校研究紀要，62, 71-86.
文部科学省（2018）．特別支援学校学習指導要領・学習指導要領解説各教科等編（小学部・中学部）　開隆堂出版

（阿部　崇）

# 第3章

## 肢体不自由・病弱を知る

　肢体不自由のある子どもたちの障害の要因はさまざまで，それぞれの教育的ニーズも異なっています。また，病弱教育の対象となる子どもたちの疾患や病状も多岐にわたり複雑になってきました。このような子どもたちの教育を進める上で，子どもたちやその背景にある状況を知り，子どもたちの心のケアや心に寄り添った指導を進めていくことが大切になります。それぞれの障害や疾患等について理解を深め，教育的ニーズを明確にした上で指導を進めることが求められます。この章ではそのような基本的な知識を学び，子どもたちの自立と社会参画に向けた指導を充実させるために，さまざまな指導方法，支援技術，配慮事項等についての考えを深めます。

## I　肢体不自由を知る

### 1　肢体不自由の理解

#### （1）肢体不自由とは

　肢体不自由とは「身体の動きに関する器官が，病気やけがで損なわれ，歩行や筆記などの日常生活が困難な状態」（文部科学省）をいいます。その定義は医学的な側面と教育や心理的な側面で考えられます。「医学的には，発生原因のいかんを問わず，四肢体幹に永続的な障害があるものを，肢体不自由という。」（文部科学省）とあります。これは形態的な側面と機能的な側面で見ることになります。

　また，教育的，心理的な側面から見ると「身体の動きに関する器官が，病気

やけがで損なわれ，歩行や筆記などの日常生活動作が困難な状態」を肢体不自由といいます。

### （2）原因となる主な疾患と特徴

　肢体不自由の原因となる疾患はたいへん多様ですが，現在，肢体不自由特別支援学校に通う子どもの大半が脳性疾患です。2015（平成27）年度の全国特別支援学校（肢体不自由）児童生徒病因別調査によると脳性疾患が69.4％，筋原性疾患が4.4％，脊椎・脊髄疾患が3.4％，骨系統疾患が1.2％，その他が21.6％となっています。

　脳性疾患の主なものは「脳性まひ，脳外傷後遺症，脳水腫症」などがありますが，多くが脳性まひです。「脳性まひ」という用語は，医学的診断名というより，むしろ状態像を表すもので，「受胎から新生児期までに非進行性の病変が脳に発生し，その結果，永続的なしかし変化しうる運動及び姿勢の異常である。ただ，その症状は2歳までに発現する。進行性疾患や一過性運動障害又は将来正常化するであろう運動発達遅延は除外する。」（昭和43年厚生省脳性まひ班会議）と定義されています。

　次に筋原性疾患ですが主な症例としては進行性筋ジストロフィーがあります。言葉のとおり進行性で筋力が衰える病気で，歩行障害から関節の拘縮，手の障害，呼吸の障害などを併発していきます。男子に現れるデュシャンヌ型筋ジストロフィー，ベッカー型筋ジストロフィー，福山型筋ジストロフィーなどがあります。

　脊椎・脊髄疾患としては脊椎側わん症，二分脊椎，脊髄損傷などがあります。

### （3）教育機関と教育課程

　肢体不自由のある子どもが受ける教育の場としては主に肢体不自由特別支援学校，肢体不自由特別支援学級，通級による指導，通常の学級による指導があります。

　学校教育法施行令第22条の3によると特別支援学校（肢体不自由）の対象となる障害の程度としては

> 一　肢体不自由の状態が補装具によっても歩行，筆記等日常生活における基本的な動作が不可能又は困難な程度のもの
> 二　肢体不自由の状態が前号に掲げる程度に達しないもののうち，常時の医学的観察指導を必要とする程度のもの

と規定されています。

　また，文部科学省が2013（平成25）年10月4日付で出した25文科初第756号初等中等教育局長通知によると肢体不自由特別支援学級の対象となる障害の程度は

> 補装具によっても歩行や筆記等日常生活における基本的な動作に軽度の困難がある程度のもの

とあります。さらに，通級による指導（肢体不自由）の対象となる障害の程度は

> 肢体不自由の程度が，通常の学級での学習におおむね参加でき，一部特別な指導を必要とする程度のもの

と示されています。

　実際には，これらはあくまでも基準であるため個々の子どもの状況によって就学先が違ってくるので，通常の学級においてもより障害の重い子どもが教育を受けている場合もあります。

## 2　肢体不自由の支援

　肢体不自由のある子どもの指導を考える上では個々の実態を丁寧に把握し，学習上の困難さがどこにあるかを理解することが大切になります。ここでは，中心として考えられる指導内容を基に，どのような支援が必要かを示していきます。

## （1）身体の動きに関する指導

　自立活動の指導の中に「身体の動き」の指導があります。ここでは，特設された時間での指導だけでなく，日常的な授業や休憩時間の過ごし方など学校生活全般で指導することになります。具体的には，日常生活に必要な基本となる動作や姿勢保持に関すること，関節の拘縮や変形の予防や筋力の維持・強化に関する指導などがあります。

## （2）表現する力の育成

　身体の動きに困難があることから，さまざまな体験をする機会が不足しがちで，表現する意欲に欠けていたり，表現することが苦手になってしまいがちです。表現する力を育成するためには，体験的な活動を通して表現しようとする意欲を高めることが大切になります。表現は，話し言葉や書き言葉だけではなく，絵画や歌唱などさまざまな方法によって行われます。感じたことや考えたことを自由に表現させるなど子どもの意欲を大切にしながら，次第に多様な表現ができるように指導の順序や方法を工夫することが必要です。

　また，身体の動きに制限があるのであれば，ICT（Information and Communication Technology：情報通信技術）やAT（Assistive Technology：支援技術）など活動を支援する道具（これらを補助用具という）を上手に利用し，主体的な学習活動ができるよう指導する必要があります。

## （3）姿勢や認知の特性に応じた指導

　障害の状態により，安定した姿勢を保持することが難しい場合，車いすの使用や，座位保持装置と呼ばれる姿勢を安定させる補助具を利用して学習に集中できるようにすることが大切です。これらをポジショニングと呼びます。

　また，脳性疾患等の子どもで，見て理解したり聞いて理解したりすることに困難がある場合があります。注目すべき所を強調して，視覚と聴覚の両方を活用できるようにするなど，指導方法を工夫することが必要になります。さらに，地図や統計のように多数の要素が盛り込まれている課題や，理科の実験のようにいろいろな要素を考慮する必要がある課題については，学習の課題を分解し

て順序立てて考えるようにするなど，内容によって繰り返し指導することが必要です。

### （4）コミュニケーション支援

　肢体不自由のある子どもの場合，身体的な動きの困難さだけでなく脳性まひのように脳機能の障害から，全身の運動に不自由さが生まれます。そのため，会話をするための言語機能が大きく損なわれてしまうため，認知的に理解をしていても表現することが難しく，コミュニケーションの力が十分に獲得できないことがあります。コミュニケーションは双方向であるため，障害のある子ども自身の機能の改善だけに限定されることではなく，学習環境としての教室や教員，他の子どもとの関わり方なども重要になります。その上で，AACと呼ばれるコミュニケーション支援の技法が特に重度障害のある子どもの指導には普及しています。

　AACとはAugmentative and Alternative Communication（拡大代替コミュニケーション）の略です。AAC研究の第一人者である東京大学の中邑賢龍氏によると「AACとは手段にこだわらず，その人に残された能力とテクノロジーの力で自分の意思を相手に伝える技法のこと」と述べています。ここで大切なのは，本人の意思を尊重し，主体的な発信行動を豊かにすることです。AACを実現する上ではICTをはじめとしたさまざまな支援機器が重要になります。

### （5）アシスティブ・テクノロジーの活用

　アシスティブ・テクノロジー（Assistive Technology）は，一般的に支援技術と呼ばれています。肢体不自由教育の中で一番知られているものは車いすでしょう。たとえば電動車いすを使用することで移動することが困難な子どもでも自分で好きなところに行くことができます。「自分でできる」という経験は大きく生活の質を変えるものです。この他にも肢体不自由のある子どもが学習や生活を豊かにするためには「支援機器」と呼ばれるものがたくさんあります。支援機器の中でも学校生活ではICT機器の活用は大きな役割を果たしていま

す。ただし，ICT 機器がそのまま使えるとは限りませんので，専用のソフト
や専用の入出力支援機器などと組み合わせることも必要になります。しかし，
これらを使えば学習上の困難さがすぐに解決するわけではありません。本人の
ニーズをよく把握し，自らそれらを利用する力を付けさせることは学校教育の
大きな役割でしょう。

### （6）食事の支援

　日常生活動作の中で肢体不自由のある子どもの課題として注目されるのが
「食べること」です。ものを食べるためには，食具で食べるものを運び，口で
取り込み咀嚼して嚥下することが必要になります。これらの身体の動きは脳が
身体の動きを制御して行われるものなので，脳に疾患があれば適切に動かすこ
とができません。また，筋疾患等の筋力の低下などさまざまな身体機能が損な
われると食べることが難しくなります。しかし人間が生きていく上では食べる
ことは一番重要な活動です。そこで，肢体不自由教育においては食べることを
支援するためのさまざまな指導があります。1つめは食形態です。通常の食事
の形態では難しい場合，調理段階で初期食，中期食，後期食，きざみ食などに
食物の形態を変化させることで食べやすくします。

　次に考えられるのは食具の工夫です。持ちやすいスプーンや箸，すくいやす
いお皿などを用意することで，自分で食べることが可能になります。その上で，
食物を取り込むための唇の使い方や飲み込みの方法などを指導することもあり
ます。

　最後は医療的なケアによる経管栄養などの方法です。口からの取り込みがと
ても難しい場合，チューブを鼻から入れたり，胃に直接入れるなどして食事を
とることになります。

　これらのどの方法をとる場合にも，大切なことは食べることの楽しみを感じ
させる指導と，何を食べたいのかという選択と意欲を育てることです。学校に
おいて食事の指導であり，単なる介助ではないことに気をつける必要がありま
す。

## *3*　肢体不自由のある子どもに寄り添い共に生きる

### （1）認知発達の理解

　肢体不自由といっても障害の状態によって個々の子どもの状態は大きく違います。ともすると身体的な障害に注目するあまり身体の動きを支援すればよいと考えてしまいます。一例として，脳性まひのある子どもの場合，文字や図形を正しく捉えることが困難な場合があります。原因として，数多く書かれてある文字や図形の中から一つの文字や図形に注目することや，文字や図形を構成する線や角度の関係を理解することが難しいことなどが考えられます。このような場合には，一つの文字や図形だけを取り出して輪郭を強調して見やすくしたり，文字の部首や図形の特徴を話し言葉で説明したりすることが効果的なことがあります。このように，認知発達の状態を理解して指導をすることがとても大切になります。

### （2）障害の理解と医療的ケア

　肢体不自由のある子どもを理解する上で，それぞれの子どもの障害の原因となる病気を理解することは大切です。そのためには教員だけでなく，子どものかかりつけの病院の医師や学校医，養護教諭や学校看護師と連携して情報を入手することが求められます。たとえ同じ病気だとしても現れる状態像は違うこともあるため，病気を理解するだけでなく子どもの様子を適切に観察することも大切です。

　また，近年は医療的ケアの必要な子どもが増えており，一定の研修を受けることで教員自身が医療的ケアを行う場合もあります。2021（令和3）年に医療的ケア児を支援する法律が制定されました。関係機関が連携しながら対応することがとても重要になってきています。

### （3）進路指導とキャリア教育

　表3-1は2015（平成27）年度から2019（令和元）年度までの肢体不自由特別

表3-1　特別支援学校（肢体不自由）高等部（本科）卒業後の進路先

（人（%））

| 年度 | 卒業者 | 進学者 | 教育訓練機関等 | 就職者 | 社会福祉施設等・通所者 | その他 |
|---|---|---|---|---|---|---|
| 平成27 | 1838 | 47(2.6) | 43(2.3) | 102(5.5) | 1565(85.1) | 81(4.4) |
| 28 | 1856 | 57(3.1) | 42(2.3) | 94(5.1) | 1574(84.8) | 89(4.8) |
| 29 | 1841 | 43(2.3) | 47(2.6) | 111(6.0) | 1575(85.6) | 65(3.5) |
| 30 | 1760 | 43(2.4) | 20(1.1) | 103(5.9) | 1522(86.5) | 72(4.1) |
| 令和元 | 1799 | 38(2.1) | 23(1.3) | 110(6.1) | 1530(85.0) | 96(5.3) |

出所：学校基本調査（文部科学省），2019をもとに筆者作成。

支援学校の高等部卒業生の進路先です。多くは一般就労ではなく，福祉施設などが進路先になります。これは，肢体不自由特別支援学校に通う子どもの多くが知的障害を併せ有する重度重複障害といわれる子どもだからです。そのため，進路指導を考える際に気をつけたいのは「仕事」をすることを求めるのではなく，どういった生き方を卒業後にするかというキャリア教育の視点を大切にすることです。どんなに障害が重い子どもであっても，個々に違いはあってもそれぞれが生きていく力を身に付けさせることはできます。また，コロナ禍により各企業のリモートによる在宅ワークが広がりました。肢体不自由の場合，通勤手段が大きな障壁となります。そのため在宅ワークによる企業就労という可能性が広がりました。子どもそれぞれのキャリアに合った可能性を追求する視点も大切です。

# Ⅱ　病弱を知る

## 1　病気の子どもや身体の弱い子どもの理解

### （1）病弱・身体虚弱とは

「障害のある子供の教育支援の手引」（文部科学省，2021）では「病弱とは，心身が病気のため弱っている状態をいう。また，身体虚弱とは，病気ではないが

身体が不調な状態が続く，病気にかかりやすいといった状態をいう。これらの用語は，このような状態が継続して起こる，又は繰り返し起こる場合に用いられており，たとえば風邪のように一時的な場合は該当しない。」と記されています。

### （2）病弱教育の歴史

　日本ではじめに病弱の子どもに対する教育を行ったのは，1889（明治22）年に三重県の尋常師範学校に脚気の子どもを対象とした教育が開始されたものだとされています。その後，結核などの病気や虚弱児のための特別学級や保養所としての学校などを経て，1917（大正6）年に日本初の養護学校とされる「白十字会林間学校」の開設や1926（昭和元）年に養護学級などが設置されました。

　第2次世界大戦後には1953（昭和28）年の文部事務次官通達において「身体虚弱者」としての基準が示され，1962（昭和37）年に学校教育法施行令22条の2に病弱・虚弱児の教育措置が認められました。

　1979（昭和54）年に養護学校の義務化により全都道府県に1校以上の病弱養護学校が設置されることになり，この時期を境に現在の特別支援学校（病弱）に在籍する子どもは身体的な疾患よりも精神疾患が多くなりました。

### （3）病弱教育の対象

　学校教育法施行令第22条の3では病弱特別支援学校の対象として

> 一　慢性の呼吸器疾患，腎臓疾患及び神経疾患，悪性新生物その他の疾患の状態が継続して医療又は生活規制を必要とする程度のもの
> 二　身体虚弱の状態が継続して生活規制を必要とする程度のもの

と規定しています。また，文部科学省が2013（平成25）年10月4日付に発出した25文科初第756号初等中等教育局長通知によると病弱・身体虚弱特別支援学級の対象としては

> 一　慢性の呼吸器疾患その他疾患の状態が持続的又は間欠的に医療又は生活の管理
> を必要とする程度のもの
> 二　身体虚弱の状態が持続的に生活の管理を必要とする程度のもの

とあり，通級による指導の対象としては

> 病弱又は身体虚弱の程度が，通常の学級での学習におおむね参加でき，一部特別な
> 指導を必要とする程度のもの

と規定されています。

　この他にも，通常の学級で健康面や安全面に留意しながら学習を受けている
子どもも多くいることを意識しなければなりません。

### （4）教育機関と教育課程

　病弱の子どもたちはどこにいるのでしょうか。実際には一時的に病気になる
のであれば，その時期は病弱児だといえ，通常の学校にも在籍しています。し
かし，通学しての教育が難しくなる場合，通級による指導，特別支援学級，特
別支援学校での教育を受けることとなります。以下はそれぞれの場における教
育の概要を示します。

#### ● 特別支援学級

　小中学校の中に設置される病弱・身体虚弱の子どもたちのための特別支援学
級と近隣の病院などの中に設置される特別支援学級があります。

　前者は医療の進歩等により在宅で治療を受けている子どもや感染症予防が必
要な子ども，手厚い配慮が必要な子どもなどの増加により在籍数は増えていま
す。また，後者は「院内学級」と呼ばれている学級は，小児科病棟の閉鎖など
により少なくなっています。

#### ● 特別支援学校

　特別支援学校（病弱）の多くは病院など医療機関に併設または隣接された場
所に設置されています。子どもたちは必ずしも病院の中だけで教育を受けてい

るものだけでなく，病院から学校へ通学して学んでいる子どもが多くいます。

　また，入院している子どもの病気もさまざまであり，病院の診療科によって違いが大きく，小児がん，心臓疾患，腎臓疾患，糖尿病，内分泌疾患，アレルギー疾患，神経筋疾患などの身体疾患だけでなく，心身症など精神疾患の子どももいます。病気の種類についても正確な数字は不明ですが，小児慢性特定疾病の対象となる身体疾患だけでも756疾病あるので，それ以外の疾患があることを考えるとさまざまな子どもたちが病弱教育を受けていることになります。

## *2*　病弱の支援

### （1）一人一人の特長に配慮した指導

　入院している子どもの場合，それぞれの疾病等により入院期間や治療方針が異なります。まず，病院関係や保護者等と情報を共有することが大切です。ケースワーカーが入り，治療や療養に充てる時間，学習に充てる時間や配慮事項を調整する場合もあります。入院期間が見通せない場合，治療が進まないなどの場合，子どもの不安は増大します。学習指導も大切ですが子どもたちの精神面のフォローをしながら学習を進めることが大切になってきます。また，入院期間が終了すると元いた学校（原籍校）に再び転校するするケースがあります。原籍校との情報も共有し，スムーズに復学支援ができるよう配慮することも必要となります。

### （2）主な病気の状態と教育的支援

　「障害のある子供の教育支援の手引」（文部科学省，2021）には，疾患等についての状態と教育的支援について示されています。以下，引用とともに概要を示します。

● 悪性新生物（小児ガン・白血病）

　小児の悪性新生物（がん）には，白血病，リンパ腫，神経芽腫，脳腫瘍，骨の悪性腫瘍（骨肉腫等）などたくさんの種類があります。最も多いものは白血

病であり，悪性新生物の約３分の１を占めています。小児がんの治療は化学療法が多く，５年後生存率も高くなってきており，長期生存し，治癒する子どもが増加してきています。

　療養中の子どもには，入院という生活上の大きな変化・長期間の療養のほか，副作用としての脱毛等の外見の変化などを伴うことが多いです。さらに，化学療法や放射線照射等により，治療後の成長や心肺機能等に影響したり（晩期合併症），悪性新生物が再発したりする場合があります。そのため，教育では発達段階に応じた指導を展開することにより，子どもの晩期合併症等への不安を軽減させ，QOLの向上につながるものにすることが大切です。

● 心　臓　病

　子どもの心臓病には，心室中隔欠損，心房中隔欠損，肺動脈狭窄，ファロー四徴症，単心室などの先天性のものと，弁膜症，心筋症，不整脈，川崎病などの後天性のものなど，いろいろな種類があります。これらの疾患に対しては早期より内科的・外科的治療が行われるようになり，多くの子どもが健常児と同じ生活を営めるようになってきましたが，一方で手術後の遺残病変（手術して治るはずが，残ってしまうこと：たとえば，心室中隔欠損手術をしたが隙間が残ってしまうなど）を有する場合や継続的な内科的治療を必要とする場合などは，その病状に応じた対応を行うことが重要です。

　一般に，生活管理を必要とするような重症の心臓病の子どもの場合には，運動や精神の動揺等から生じる心拍数の増加が心臓への負荷となることが多いです。一方，心臓への負荷を心配するあまりに，日常生活や運動について過度の制限を課することは，子どもの健全な発育を考える上では別の問題を生じることになります。

　心臓病の子どもは，上記のような多様性があるため，学校生活，特に運動や行事については，「学校生活管理指導表」（日本学校保健会）を活用することが大切であり，それに従った活動や運動制限を行う必要があります。

● 糖　尿　病

　糖尿病は，膵臓から分泌されるインスリンというホルモンの不足のため，ブドウ糖をカロリーとして細胞内に取り込むことができない代謝異常です。大き

く分けると，1型糖尿病（若年型糖尿病），2型糖尿病（成人型糖尿病），続発
性糖尿病（二次性糖尿病）があります。子どもの場合には1型が大部分ですが，
2型も増加傾向にあります。

　初期の症状としては，多飲，多尿などで始まり，高血糖が顕著になると痙攣
（けいれん）や意識障害を来す場合もあります。1型糖尿病では，インスリン
の分泌が大きく低下するため継続して定期的にインスリンを注入する必要があ
ります。そのため発達の段階等に応じて，子どもが自ら血糖値測定や注射等を
行うことができるようにする必要があります。運動などの後は，低血糖に注意
し，低血糖時には自分で糖分（ブドウ糖など）をとるように医師から指示され
ています。また，最近は，生活習慣や肥満等による2型糖尿病もみられるよう
になってきています。

　糖尿病には，正確な食事療法と運動療法が大切なので，主治医に指示された
食事や運動に関する注意点をきちんと守るように指導する必要があります。ま
た，1型糖尿病は生涯にわたりインスリン注射等を必要とするので，精神的な
支援が重要です。特に，小学校段階の高学年以降での発症例では，子どもが病
気を理解できるようになるまでの支援が必要です。

　なお，血糖値のコントロールが困難であったり，生活の自己管理の確立を図
る必要があったりする場合には，そのための教育入院も必要となります。

　学校生活，特に運動や学校行事を実施するに当たっては，日本学校保健会の
「学校生活管理指導表」を活用することが大切です。また，緊急時にも適切に
対応できるようにするため，必要に応じて同会が作成している「糖尿病患児の
治療・緊急連絡法等の連絡表」を活用することも有効です。

● アレルギー疾患

　アレルギーは，体内に侵入した本来は無害の異物（アレルゲン）に対して過
剰に免疫機能が動員され，生体に不利益な防御反応を引き起こすことをいいま
す。気管支ぜんそく，食物アレルギー，アトピー性皮膚炎などがあります。

　食物アレルギーのある子どもが学校に在籍する場合は，子どもに関する正し
い情報を把握して給食や食物・食材を扱う授業や校外学習などにおける対応の
配慮が必要となります。日本学校保健会が「学校のアレルギー疾患に対する取

り組みガイドライン」（https://www.gakkohoken.jp/books/archives/226）を出しているので，参照した上で計画的に対応することが必要となります。

　また，万が一，アナフィラキシーの症状になったとき，エピペン（アナフィラキシー症状を一時的に緩和するための自己注射薬）で応急的な対応をとることができます。エピペンについて保護者等から依頼があった場合には，主治医や管理職等にも確認し，事前に訓練等を実施しておくことも必要です。

● てんかん

　発作的に脳の神経細胞に異常な電気的興奮が起こり，その結果，意識，運動，感覚などの突発的な異常を来す病気であり，発作型は大きく部分発作と全般発作に分けられます。

　最近は，脳波検査により精密に診断され，大部分のてんかんは，継続して服薬することにより，発作をコントロールすることができます。発作がコントロールされている子どもについては，体育や学校行事などの制限は不要です。しかし，確実な服薬が重要なので，医師との連絡を密にしながら指導することが大切です。また，他の脳神経疾患，先天性の疾患等に合併するてんかんもあります。このような子どもの一部には，発作のコントロールが難しい場合もありますが，基本的には発作と付き合いながら学校生活に参加しつつ治療を継続します。なお，集中的な検査や治療を要する場合は入院することもありますが，このようなことは比較的少ないです。

　学校での対応として大切なのは本人が服薬を忘れないように指導をする事です。また，発作が起こった場合にどのような対応が必要かを本人，保護者，主治医等に事前に確認して関わるすべての教員に周知することが必要です。

## 3　病弱のある子どもに寄り添い共に生きる

　「障害のある子供の教育支援の手引」（文部科学省，2021）には，病弱教育では，病気等の自己管理能力を育成することは重要な指導内容の一つであることが示されています。これは「生活の自己管理」として取り組むことが大切です。「生活の自己管理」をする力とは，病気のためさまざまな生活の規制を受ける

ことになりますが，他人からの規制や受け身で捉えるのではなく，自身の病気等の特性等を理解した上で心身の状態に応じて参加可能な活動を判断する力（自己選択・自己決定力），必要なときに必要な支援・援助を求めることができる力であり，それらを育成することが必要となります。

　実際には，心の余裕がなく見通しを持てなくなってしまいますが，そういった子どもたちに寄り添って「あなたの気持ちを受け取っていますよ」というメッセージを伝えることが大切になります。

　また，学習については入院や治療によって中断することも考えられますが，可能な限り学習に参加できるようにすることが大切です。これには2つの視点があります。1つには学習の遅れを補完し学力を付けさせるためであり，2つめは子どもの生活を充実させ，心理的な安定を促すとともに，心身の成長の発達に好ましい影響を与えることです。

　学習を補う方法は院内学級での集団や個別の学習の他に，ベッドサイドでの学習なども行われますが，近年はインターネット回線を利用したテレビ会議システムを使っての遠隔学習も広く行われています。外出が困難な子どもが他の子どもとのコミュニケーションの方法として，教科の学習のみならず人間関係の形成に利用することも大切でしょう。

　最後に，長年病弱教育に携わってきた副島賢和氏は，「患者である子どもたちが子ども本来の日常を取り戻すべく，子どもが子どもに戻るための関わりを行っている」と述べ，「子どもたちにとって，入院は本来，非日常のことで病院の中で患者として生活していると，その生活が子どもたちの日常になっていく」とも指摘しています（副島，2021）。入院している子どもたちをどうしても「病院の患者」「病院の子ども」と言ってしまうことがあります。このような状況にあっても誰もが同じ子どもです。一人の子どもとして人権を尊重し関わりをもつことが大切な視点となります。

---学習課題---

（1）肢体不自由のある子どもがコミュニケーションや学習を行う上でどのような
　　補助用具があるか調べてみましょう。
（2）病院に入院している子どもが，学習を補うためにどのような方法で特別の指
　　導を受けているか調べてみましょう。

**引用文献**

一般社団法人日本療育学会（2022）．標準「病弱児の教育」テキスト　改訂版　ジ
　　アース教育新社
金森克浩・大井雅博・福島勇（2022）．新しい時代の特別支援教育における支援技術
　　活用とICTの利用　ジアース教育新社
文部科学省（2013）．教育支援資料
文部科学省（2021）．障害のある子供の教育支援の手引
中野広輔（2020）．病気の子どもや身体の弱い子どもへの配慮・支援　花熊暁・川住
　　隆一・苅田知則（編）特別支援教育概論（pp.107-117）　建帛社
副島賢和（2021）．病院のこどもの権利と院内学級における子どもの支援　日本学校
　　心理士会報, *14*, 25.

　　　　　　　　　　　　　　　　　　　　　　（金森克浩・大井雅博）

## コラム1　障害と児童虐待の関連

**障害のある子どもへの養育**

　子どもに障害があることは児童虐待
（以下，虐待）に至る要因となります。
たとえば，あいち小児保健医療総合セン
ターにおける2001年〜2008年の統計デー
タによれば，虐待を受けた子ども746名
のうち，何らかの発達障害として診断で
きる子どもは395名（53％）いました
（杉山・海野，2008）。注意欠如・多動症
と同様の症状を示す子どもに限ると全体
の80％に達しており，障害と虐待は関係
していることがわかります。

　2020年度に全国220カ所の児童相談所
が児童虐待相談として対応した件数は
205,044件であり，毎年1万件以上増え
ています（厚生労働省，2022）。また，
相談内容で最も多いのは虐待相談を含む
「養護相談（53.29％）」，次に多いのは
「障害相談（30.79％）」です（厚生労働
省，2021）。実際に一時保護された子ど
も893名のうち，発達障害のある子ども
は230名（21％）という報告もあります
（和田，2013）。子どもの障害の有無が養
育者の関わり方を左右させる傾向がある
のです。

**虐待が子どもに与える影響**

　近年，虐待やしつけと称した体罰によ
って子どもの脳が変形し，発達障害と同
様の症状が現れることが明らかにされて
います。たとえば，虐待が身近な子ども

の脳内では警報が鳴りやまない状態が続
くことから，不安や恐れを軽減する機能
が十分に発達しません。そのため，注意
欠如・多動症と同様の症状が見られるよ
うになるのです。このような育ちの障害
は「第4の発達障害」と呼ばれています
（杉山，2015）。

　また，虐待の影響は幼少期の愛着障害
に始まり，学童期は多動性行動障害，青
年期は解離性障害，非行，成人期は解離
性同一性障害，触法行為・薬物依存等が
見られ長期的な影響をもたらすことがあ
ります（杉山，2015）。虐待が子どもに
与える影響は深刻であり，親の関わり方
が子どもの障害の有無を左右させる傾向
もあるのです。

**虐待を受けた子どもと家族への支援**

　学校現場において，特別な支援を要す
る子どもは非常に身近な存在となってい
ます。文部科学省（2012）は，全国の公
立小・中学校の通常学級に在籍する子ど
ものうち「学習面又は行動面で著しい困
難を示す」は全体6.5％であり，30名の
クラスであれば約2名が発達障害の可能
性があることを明らかにしました。これ
以降，発達障害に対する社会的関心は高
まりましたが，一方で「発達障害」とい
う言葉が一人歩きし，気になる子どもと
関わる度に「発達障害かもしれない」と
いうレッテルが貼られる状況が増えつつ

あります。しかし，発達障害と虐待によって生じる症状は似ているものの，虐待によって生じる症状の背景には愛着障害があり，治療的な関わりによってケアが可能であることを忘れてはなりません。

榊原・椎野・友田（2020）は，虐待を受けた子どもに対する正しい理解と関わり方を「マルトリに対応する支援者のためのガイドブック」にまとめています。マルトリとは「マルトリートメント」の略語であり，狭義の児童虐待を含め，子どもの心や身体が傷つく不適切な行為全般を指します。子どもの成長を願う気持ちは大切ですが，子どもに対する「命令や指示」，「禁止や否定的な表現」，「不必要な質問」といった行為は望ましくありません。子どもの傷ついた脳を癒すのは，子どもの言葉を繰り返すことで共感的な理解を伝えること，子どもの行動を言葉にすることで承認を伝えること，子どもの行動を具体的にほめることで適切な行動や温かい関係性を伝えることなのです。

「子どもに障害があるから虐待が生まれるのか」，それとも「虐待があるから子どもに障害が生まれるか」。これらの問題は相互にかつ，複雑に影響することを支援者は理解し，早期発見・早期対応に努めることが求められるのです。

引用文献

厚生労働省（2012）．通常の学級に在籍する発達障害の可能性のある特別な教育的支援を必要とする児生徒に関する調査結果について https://www.mext.go.jp/a_menu/shotou/tokubetu/material/1328729.htm（2022年5月1日）

厚生労働省（2013）．子ども虐待対応の手引き https://www.mhlw.go.jp/seisakunitsuite/bunya/kodomo/kodomo_kosodate/dv/130823-01.html（2022年5月1日）

厚生労働省（2021）．令和2年度福祉行政報告例の概況 https://www.mhlw.go.jp/toukei/saikin/hw/gyousei/20/index.html（2022年5月1日）

厚生労働省（2022）．令和2年度児童虐待相談対応件数 https://www.mhlw.go.jp/stf/seisakunitsuite/bunya/kodomo/kodomo_kosodate/dv/index.html（2022年5月1日）

榊原信子・椎野智子・友田明美（2020）．子どもの脳とこころがすくすく育つマルトリに対応する支援者のためのガイドブック 福井大学子どものこころの発達研究センター

杉山登志朗・海野千畝子（2008）．発達障害とアタッチメント障害 庄司順一・奥山眞紀子・久保田まり（編）アタッチメント 子ども虐待・トラウマ・対象喪失・社会的養護をめぐって 石井昭男，pp.194-218.

杉山登志朗（2015）．発達障害の薬物療法―ASD・ADHD・複雑性PTSDへの少量処方―岩崎学術出版社

和田一郎（2013）．一時保護所の支援の充実 一時保護所の概要把握と入所児童の実態調査 日本子ども家庭総合研究所紀要，50, 35-58.

（阪無勇士）

# 第Ⅱ部

# 障害のある子どもに寄り添い共に生きる②
―――発達障害―――

# 第4章

# 自閉スペクトラム症を知る

　　場の空気や人の気持ちを読み取るのが苦手だったり，仲間とのコミュ
　ニケーションが微妙にずれたり，こだわりや思い込みが強くて人に合わ
　せることがうまくできなかったりして，苦しい思いを抱えている子ども
　がいます。もし，学校でそのような子どもに出会ったら，どのような支
　援や配慮を行うとよいのでしょうか。また，周囲の子どもたちとのより
　よい人間関係をつくっていくために何をしたらよいのでしょうか。
　　本章では，人との関わりに困難があり，興味の幅が狭くこだわりをも
　つことを特徴とする，自閉スペクトラム症（ASD）の子どもの障害特
　性を正しく理解し，本人の障害特性に適した配慮および支援方法につい
　て学びます。本章を通して，ASD のある子どもの個性を尊重し，個の
　視点に立った支援の在り方について考えてみましょう。

## 1　自閉スペクトラム症の理解

### （1）自閉スペクトラム症とは

　自閉スペクトラム症または自閉症スペクトラム障害（Autism Spectrum Disor-
der；略称 ASD）とは，2013年に出版されたアメリカ精神医学会作成の診断基準
で あ る DSM-5（Diagnostic and Statistical Manual of Mental Disorder, Fifth Edi-
tion；American Psychiatric Association, 2013　日本精神神経学会監修 2014））による
と，「社会的コミュニケーションと対人的相互反応における持続的な欠損」，
「限定した興味と反復的な行動，並びに感覚異常」を主症状とする神経発達障
害です。ここで注意しておきたいことは，ASD という名称です。DSM-5 の
前の診断基準である DSM-Ⅳ（1994年出版）および DSM-Ⅳ-TR（2000年出版）
では，自閉症圏の発達障害に対して「広汎性発達障害（Pervasive Developmental
Disorder；略称 PDD）」という呼称が用いられており，自閉性障害，アスペル

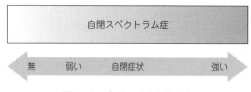

**図4-1　自閉スペクトラム症**

出所：筆者作成。

ガー障害，レット障害などの下位分類が置かれていました。それがDSM-5では，症状は連続するというスペクトラム概念で捉える考え方に変更され，広汎性発達障害という名称は廃止されました。そして，下位分類としての自閉症，アスペルガー障害，非定型自閉症などはASDにまとめられました。なお，スペクトラムとは連続体という意味で，光をプリズムなどの分光器を通した際にできる，光の波長別に並ぶ色の帯のことです。その代表は虹で，虹は赤から黄色〜緑〜青〜紫と色が切れ目なくつながっています。つまり，症状の度合いが重たい人から軽い人まで連続しているという意味になります（杉山，2018）（図4-1参照）。

　ASDは，現在の教育分野では「自閉症」と呼ばれています。文部科学省（2021）の「障害のある子供の教育支援の手引き」では，自閉症は，① 他者との社会的関係の形成の困難さ，② 言葉の発達の遅れ，③ 興味や関心が狭く特定のものにこだわることを特徴とする発達の障害である」と定義されています。以上のような経緯があり，現状の教育分野では，自閉症，高機能自閉症，アスペルガー障害，広汎性発達障害などとさまざまな名称で呼ばれることがありますが，それらは，どれも自閉スペクトラム症（ASD）を表わしていると理解できます。

### （2）ASDの原因，有病率，併存疾患

　ASDの原因論はこれまで大きく変遷してきた歴史があります。1943年にカナー（Leo Kanner）が自閉症の11人の症例を発表した自閉症研究の初期段階では，自閉症は後天的情緒障害であるとされ，その原因は冷たい態度で親が子どもに接するといった母子関係にあるとされました。1960年代には，ラター（Michael Rutter）が，この説を否定し，親の育て方によって子どもに ASD の特性が生じるわけではなく，認知や言語機能の先天的な障害が原因であるとする認知・言語障害説を唱えました。さらに，1980年代頃からは，脳の器質・機能障害を素因とする点は認知・言語障害説と共通するものの，その一次障害は，認知・言語領域ではなく，社会性領域にあるとする社会性障害説が提唱されるようになりました（たとえば，Dawson, Toth, Abbott, Osterling, Munson, Estes, & Liaw, 2004）。このように自閉症の原因論は変遷してきましたが，それに伴い，ASD の治療や教育・支援のアプローチ方法も変化してきています。現在のところ，ASD の原因は特定されておらず，遺伝的な素因と環境因の複雑な相互作用がその発生に影響を与えているという多因子モデルで理解されています（杉山，2018）。

　ASD の有病率は，歴史的経緯の中で変化してきていますが，現在は100人に一人から二人とされています。日本における最近の調査では，約2.75％（Sasayama, Kuge, Toibana, Honda, 2021）と報告されています。また，性差では，男子のほうが女子に比べて診断される割合が高いです。

　ASD の併存疾患としては，知的障害（約45％），注意欠如・多動症（ADHD）（28-44％），チック症（14-38％），運動遅滞や発達性協調運動障害などの運動異常（79％以下），てんかん（8-30％），不安障害（42-56％），抑うつ（12-70％），強迫性障害（7-24％），反抗挑発症（16-28％），摂食障害（4-5％）などがあるとされます（Lai M-C, Lombardo & Baron-Cohen, 2014）。これらの併存疾患は，もともとある ASD の認知や行動の偏りのために，ASD のある子どもや人が長年，劣等感や周囲との軋轢によってストレスを受け，その結果，「二次障害」として現れる場合や重複する場合もあります。ASD の根本的な治療薬は現状ではありませんが，てんかん発作に対する「抗てんかん薬」のように，併存疾患に対して薬が使われる場合はあります。その他に，大人になってから ASD の診断がされるケースでは，睡眠障害や不安障害の診断を初めに受けて，その後，その根本原因として ASD などの発達障害があることがわかるケースもみられますので（小野，2017），併存疾患についての理解を深めておくことも重要です。

## （3）ASD の特徴

　ASD は「社会的コミュニケーションと対人的相互反応における持続的な欠損」と「限定した興味と反復的な行動，並びに感覚異常」を主症状とします。ここでは，ウイング（1998）とアトウッド（1993）を参考に，それぞれの特徴と配慮について説明します。

　⑴社会的コミュニケーションと対人的相互性の障害としては，以下のような特徴がみられます。

● 興味や感情を共有することの乏しさ

　典型発達の幼児では，大人と一緒にいる場面で，子どもが興味・関心のある物を見つけた際には，その物を指さし，大人の顔を見て気持ちを共有しようとする「自発的な叙述の指さし」がみられます（たとえば，飛行機を見た際に，それを指さして隣の母親の顔を見る）。また，大人が何かを見ていたら，その視線の方向の先にある事物を見て，再度大人を見ることで，大人の関心をもっているものに関心を向けようとします。これらは，子どもが他者との間で，事物や経験についての関心や意図を共有しようとする行為であり，「共同注意（Joint Attention）」と呼ばれます。ASD のある子どもの場合，この共同注意が成立しにくいです。また，喜びや悲しみなどの感情を共有することも少ないです。ASD のある子どもの共同注意の困難への配慮としては，ASD のある子どもに関わる際に，その子どもの興味・関心を十分に把握して，子どもが注意を向けている対象に支援者も注意を合わせてコメントするなどの，子どもに合わせた応答的な関与を行っていくことが大切です（長崎・中村・吉井・若井，2021）。

● 言語表出の問題

　社会的な文脈に合わせた言葉の使い方に問題があります。その一つがエコラリア（反響言語）です。エコラリアは，相手の言葉をそのまま繰り返し真似して話すことです。たとえば，相手に「お茶とジュースのどっちがいいですか？」と質問され，「どっちがいいですか？」とそのまま言ってしまうことです。また，場面とは関係のない，かつて聞いたことのある言葉を繰り返す「遅

延エコラリア」（たとえば，授業中に CM やアニメの台詞を独り言のように言う）がみられる場合もあります。エコラリアがみられた場合は，大人は自分の話した内容を子どもが理解できているのかを，再度，絵や文字などの視覚的支援を用いて確認するとよいかもしれません。また，エコラリアがその子どものコミュニケーション手段である場合もありますので（たとえば，Yes の応答や要求の表現など），子どもがエコラリアで何を伝えようとしているのかといった視点で，子どもの伝達意図を理解するように試みることも重要です。

● 言語理解の問題

　言葉を字義通りに解釈してしまい，言葉の裏にある意図が汲み取れないために，冗談や皮肉がわからないことがあります。たとえば，ある家で電話をとった ASD のある子どもが，「お母さんはいますか？」と尋ねられた時に，「います」と応えてそのまま電話を切ってしまったことがあります。「お母さんに電話を変わってほしい」という話し手の意図が読み取れなかったのです。したがって，間接的な伝え方や比喩を用いて伝える際には説明に補足を加えたり，そのような表現を用いずに，具体的に伝えたりすることがよいと考えられます。

● 会話の困難さ

　相手の気持ちを気にせずに，自分の関心のあることを一方的に話し続けてしまったり，同じ質問を延々と続けたりしてしまうことがあります。相手の話題に合わせてコメントや質問をして会話を広げていかないために，話が噛み合わず，相互的な会話が成り立たないことがあります。

● 非言語性コミュニケーションの表出と理解の問題

　アイコンタクトのとりにくさ，表情やジェスチャー（たとえば，頷き）の乏しさ，また，他者との関わりにおいて他者の視線や表情が読み取れないことがあります。ある ASD のある人は，「人の顔を見るのは，特に目は，私にはとてもつらいことの１つです」と述べています（アトウッド，1999）。視線を合わせることに強い不安や恐怖を感じる子どもがいることを理解して，目を合わせることを強要しないように配慮することも重要です（たとえば，子どもに鼻先を見ればいいよと教える等）。

## ● 人間関係を発展させたり，維持したりすることの困難

　社会的状況を理解し，それに合わせて行動を調整することの困難さから，「ごっこ遊び」のような想像的な活動に参加したり，友人を作ったりすることが難しいです。仲間関係では，周囲から孤立するだけでなく，周囲の子どもから ASD の特性をからかわれたり，行き過ぎた注意や非難を受けたり，仲間外れにされたり，身体的な攻撃を受けたりするリスクがあることも指摘されています（一柳，2021）。周囲の子どもに，ASD のある子どものよいところや特性について理解を促すように働きかけ，相互の理解を促すように配慮していく必要があります。加えて，休み時間などでは ASD のある子どもが一人で落ち着いて過ごせる時間を確保することも大切です。

　(2)限定した興味と反復的な行動，並びに，感覚の異常については，以下のような特徴がみられます。

## ● 単純な反復動作

　体を揺らす，物をクルクル回す，手や指をヒラヒラさせたり鳴らしたりする，飛び跳ねる，電気をつけたり消したりする。こうした行動をする時，単純に感覚刺激を求めたり楽しんでいたりする場合があります。また，子どもが苛立ちや不安を感じていて，外界の刺激を遮断し，自分の情緒を落ち着かせるために意識的・無意識的に行っている場合もあります。まずは，単純な反復的行動を子どもがなぜ行っているのか，その要因を考えることが重要です。そして，場面や周囲との関係性の中で許容できるものであるか否かを判断します。そうした評価に基づき，必要に応じて，環境を調整したり（たとえば，本人が気になってすぐに触りたくなる物を取り除く），代替行動を教えたり（たとえば，服の袖を噛む代わりに，噛んでもよいリストバンドを渡す），スケジュールカード等を用いて，そうした行動を行ってよい時と場（たとえば，授業中ではなく，休み時間なら OK など）を教えたりします。

## ● 同一性への固執，習慣への頑なこだわり

　移動の際にはいつも同じルートを通ろうとする，食事の時に家族全員が同じ

席につかないと承知しないなど日常生活の中での決まった手順やパターンに頑なに固執することがあります。このような行動の背景には，ASDのある人は新規の刺激になかなか慣れないことや新しい情報を処理する能力に限界があることから，予測できない状況を回避するために，自分なりのやり方や手順をとっている可能性があります。スケジュールの変更がある場合，また，新しい活動やルールを導入する場合には，ASDのある子どもが見通しをもち安心できるように，予め，早めに，変更や活動の流れを具体的に，5W1Hの観点で伝えておく，箇条書きによる文や絵で視覚的に示しておくことが必要です。

● 狭い範囲の興味に没頭する

　特定のロゴマークやキャラクター，ミニカーのタイヤ，ひも，髪の毛，電車，カレンダーやバスの時刻表など，特定のもの（その全体の中の部分）に強い愛着を示したり，没頭したりすることがあります。このような特別な興味は現れては消え，多くの場合はその対象は時間経過の中で永続的でなく変化していきます。注意が必要なのは，こうした興味がトラブルの原因となる場合があることです。たとえば，友達の髪の毛に強い興味をもち，突然触ってしまう場合などです。そうした場合，本人がそのような行動を起こさないように環境を整えること，仲間関係では何をすればよいのかの社会的なルールを教えること，また，代替手段（触感の似ている人形の髪を触る等）の習得を促すことも必要です。一方，特別な興味が仲間と関わるきっかけになったり，学習を促進したり，趣味や生涯を通した生きがいになることもあります。あるASDのある子どもは，都バスのキャラクターに関心をもち，そこから，バス停の名称に関心が広がり，通学で利用するバス停の名称を読むことができるようになり，その後，いろいろな文字が読めるようになっていきました。ASDのある子どもの興味・関心をいかに建設的に学習に活かしていくのかが支援のポイントになります。

● 感覚刺激に対する過敏さ，鈍感さ，または，環境の感覚的側面に対する並外れた興味

　感覚処理の問題では，聴覚，触覚，味覚，嗅覚，視覚，痛覚，または前庭感覚（体の傾きやバランスを感じる感覚）が，過敏であったり，鈍感であったり

します。感覚処理の問題として，特定の肌触りやスキンシップに強い不快感を覚えることがあります。あるいは，音の感じ方では，掃除機の音，椅子を動かした時の音，甲高い子どもの声などの特定の音に対して強い恐怖を感じたり，苛立ったりすることがあります。このような背景には ASD のある子どものもつ触覚過敏や聴覚過敏があります。ASD のある子どもは不快な刺激をシャットアウトまたは低下させようとして，突然その場を離れたり，大きな声を出したり，手で両耳をふさぐ行動をしたりします。そうした行動に対して，無理やり授業に参加させるために我慢を強いるのではなく，感覚過敏，感覚鈍麻の対象となる刺激を特定し，それを除去したり低減させたりするなどの環境調整を図るようにします（たとえば，タンバリンの音を嫌がる場合には，イヤーマフをつけて楽器演奏に参加する等）。加えて，周囲の人に，「～さんは，～の音が苦手だから，少し休憩をします」というように，ASD のある子どもの感覚特性についての理解を促すための話をすることも大切です。

　その他に，ASD のある子どもの学習上の特徴として，視覚的情報処理が有意であることが指摘されています。話し言葉のように時間とともに消えていく流動的な情報（たとえば，聴覚情報）の処理よりも，絵や文字のような時間を超えても残る非一過性の視覚情報の方がうまく処理できる子どもが多いこと，また，視空間処理やパターン認識について強さを示す子どもがいることが報告されています（プリザントら，2010）。たとえば，パズル，型はめ課題，積み木の模様構成，地図の読み取りが得意であったり，決められたルーティンをしっかりと守ったりすることが得意であったりします。

### （4）ASD を説明する心理学的仮説

　ASD のコミュニケーションやこだわりの特徴を説明するためのいくつかの理論的仮説が挙げられています（バロンコーエン，2017）。ここでは「心の理論の障害」「弱い中枢的統合」「実行機能の障害」について説明します。

①「心の理論障害」説

　心の理論（Theory of Mind）は，他者の行動の意味を理解したり，予測した

りするための，他者の視点に立ち，他者の気持ちや考えを理解する能力です。マインドリーディング（mind reading）やメンタライジング（mentalizing）と呼ばれたりもします。この説ではASDのある子どものコミュニケーションや社会性の障害は心の理論障害に起因するものと捉えます。私たちは他者とコミュニケーションする時に相手の知識や心情（知っていることや好みなど）を推測し，話したり応答したりしています。心の理論障害説では，ASDのある子どもは，他者の思考や感情を理解したり予測したりする能力が弱いことで，相手の関心とは関係しない，一方的なコミュニケーションを行ってしまったり，他者の意図を読み違えて社会的にふさわしくない行動をとってしまったり，他者に漠然とした恐怖を抱いたりすることが生じると考えます。

② 「弱い中枢的統合」説

　ASDのある子どもは異なる情報を相互に関連づけて統合するといった中枢性統合能力が弱いため，物事の全体把握が苦手で，細部に目がいきやすい傾向があるという説です。情報の全体でなく，細部に注意が向くことで，教師が授業中に重要なポイントとして示していることに気づけなかったり，話の要点が捉えられなかったりすることが生じます。また，学んだ知識や技術を他の場面に応用するといった一般化に困難が生じたりします。一方で，細部に注目する特性は，短時間で複雑なパズルを完成させたり，正確に音を聞き分けたり，図鑑をすべて覚えたりするなどのASDのある子どもの限局した側面への高い技能に関係していると考えられています。

③ 「実行機能の障害」説

　前頭葉の機能としての活動を計画することと注意を切り替えながら活動を実行していくことに困難があるという説です。この説では，ASDのある子どもが日常生活で計画をたてることがうまくできないことや，反復的で柔軟性に欠ける行動が多いことを説明しています。また，心の中にイメージを保持して，それを別の物に変換する（たとえば，鉛筆をロケットに見立てる）といった「ごっこ遊び」の困難を説明しています。

## *2* 自閉スペクトラム症の支援

　ASD のある子どもの学齢期の支援目標としては，アトウッド（1999：2012）やプリザントら（2010）を参考にすると，（1）学校でのさまざまな活動に能動的に参加する力や自立する力を高めること，（2）相互的なコミュニケーション成立させ，他者との協働的な関係や信頼関係を築くこと，（3）情動（情緒）をコントロールして周囲と折り合いをつけていく力を高めることが重要であるといえます。以下では，これら3つの観点に応じた支援方法を説明します。

### （1）能動的な参加や自立を促すための支援

　ASD のある子どもは，視覚的情報処理が得意ですが，一方で，他者の心情の推測，状況の読み取り，次に何が起こるのかを予測して計画を立てて行動すること，状況の変化に合わせて柔軟に行動することに困難さを示します。これらの困難に対する有効な支援方法の1つとして構造化（Structured TEACCHing）が挙げられます。構造化とは，米国ノースカロライナ州における ASD のある人のための包括的支援プログラムである TEACCH で開発された支援方法であり，ASD のある子どもにとってわかりやすい環境をつくることです。梅永（2001）を参考にすると次の4つの方法がとられます。

● 物理的構造化

　衝立やパーテーション，棚やテーブル，カーペットなどを用いて各空間を物理的に区切り，ASD のある子どもが場面の意味（その場所は何をするところなのか）を視覚的に理解しやすくします。空間を多目的で利用するのではなく，たとえば，学習，作業，気持ちを落ち着ける（カームダウン）エリアをパーテーションやカーペットを使って区切り，それぞれのエリアとその意味を ASD のある子どもが見てわかるようにします。

● 時間の構造化（スケジュール）

　活動や課題がどのような順序で行われるのかを，文字，シンボル，イラスト，

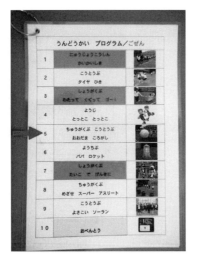

**図4-2　運動会用のスケジュール**

出所：筑波大学附属大塚特別支援学校作成。

　写真などを用いて提示することで，活動への見通しをもちやすくし，主体的に活動に取り組めるようにします。図4-2は特別支援学校（知的障害）における ASD のある子どもの運動会用のスケジュールです。矢印を用いることで，あといくつで活動が終わるのかなどの見通しをもちやすくします。

● 作業課題の構造化（ワークシステム）

　子どもが一人で課題や作業を自立して遂行できるように，課題の内容や課題の量（何をするのか，どの程度の量か，いつ終わるのか，終わると次に何をするのか）を見てわかるように示します。

● 作業課題のやり方の構造化（タスクオーガニゼーション）

　作業手順を見てわかるように示します。

### （2）コミュニケーションと人間関係の形成を促進する支援

　コミュニケーションは，相手の発話に応じる理解の面と相手に意思を伝達する表出の面に分けられます。理解の面では，ASD のある子どもは言語理解に加えて，他者の気持ちや思考，文脈を読み取ることが難しい場合がありますの

で，指示や説明をする際には，状況などの文脈情報を補うように工夫します。話し言葉に，文字やイラスト，写真・動画などの情報を加える視覚的支援を用いることが効果的です。また，一般的に，わかりやすい指示とは，具体的に伝えること（例：「きれいに片づけて」→「テーブルの上の皿とコップを片付けて」），肯定的に伝えること（例：「授業中，勝手に歩いてはいけません」→「先生の話が終わるまで席に座ります」），一つずつ伝えること（複数のことを同時に指示しない。1つのことができたら，次の指示をする），繰り返し伝えること，になります。表出の面では，自分の意思を明確に表現できなかったり，順番に話すなどの会話のルールを理解していなかったりする場合があります。意思を表現することが難しい場合には，簡単な選択の質問に応答する機会（「〜と〜どっちがいいですか？」）から始めて，徐々に，自分の意思やその理由を説明できるように促していきます。また，順番に話すことが理解できていない場合には，イラストで順番に話すことを示す視覚的支援を行ったり，ロールプレイや演劇活動を行ったりして，順番に話すことのルールを指導します。

　人間関係の形成の支援では，共有や協力，社会的状況を読み取る力を高めていくことが重要です（アトウッド，1999）。ASD のある子どもは他者とのかかわりにおいて，相手の考えを認めなかったり，競争ゲームで常に一番になりたがったりするなどの自己中心的，一方向的な行動が目立つ場合があります。相互的な関わりを成立させていくためには，① まず，ASD のある子どもの関心に大人が合わせて関わることで共有の場をつくりだし，② 次に，大人の関心のある活動に ASD のある子どもが合わせることができるように促していきます。大人との間で共有や協力ができるようになったならば，③ 大人を介して，ASD のある子どもと仲間との協力を促していきます。図4-3は，②や③の段階において ASD のある子どもが協力する力を高めるために行う活動の一例です。音楽に合わせて，一緒にパラバルーンを上げ下げする活動を繰り返し行うことは，子どもの興味を引きつけ，楽しい気持ち（快の情動）を引き出し，教師や仲間との協調的な関わりを促進します（長崎ら，2021）。

　集団活動では，ASD のある子どもはある状況の中で他者がどのように行動するのか，また，何を考えているのかなどの社会的状況の読み取りに困難を示

①バラバラに動く　②大人が声かけをする　③風船を飛ばす　④子ども集団で行う

図4-3　いっしょにパラバルーン遊びをしよう

出所：長崎ら，2021，p.140。

すことが多いです。社会的なルールやモラルは，文字やイラストにして示すと
よいです。あるいは，ASD のある子どもに対して周囲の状況を大人が説明し
ます（たとえば，移動の際には，友達と同じ速さで歩きますよ。そうしないと
皆がバラバラになって困ってしまいますなど）。加えて，規則性や同一性に強
いこだわりをもつ場合がありますので，規則が崩れても情緒を乱さないように，
「例外がある」ことを教えていくこともポイントです。社会的状況の読み取り
を高める支援としては，ソーシャルストーリーがあります（グレイ＆ホワイト，
2005）。

### （3）情動調整の支援

　ASD のある子どもは，光や音に対する感覚過敏などの感覚処理の問題，
ルーティンやパターン的な行動の変更を受け入れることの弱さ，自分自身の情
動を理解することの困難さなどの特徴から，日常生活において情動をうまくコ
ントロールできずに，過度に興奮したり不安が高まったりする情動調整の不全
が生じやすいです。そこで，まずは，心理的な安定が得られるように，環境を
整えることが重要になります。無関係な音や物，人の動きなどによって情動が
乱れやすいので，気が散りやすい刺激を最小限にすること，「構造化」の支援
を行うこと，失敗を多くさせないように課題の難度を調整すること，一貫性の
ある対応をとることが重要です。

　ASD のある子どもは自己の情動理解に困難があることから，日常生活の中
で ASD のある子どもが自分自身の情動を言葉にしたり，客観的に理解したり

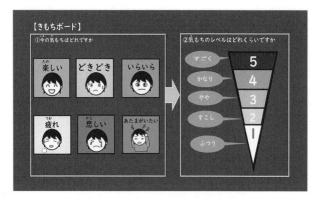

**図 4 - 4　情動の理解を促す視覚的支援**

出所：神宮寺, 2022, p.14。

する機会を設けることが望ましいです。図 4 - 4 は, 子どもが自分自身の情動のタイプ（喜び, 不安, 疲れなど）とその程度を理解できるようになるために用いた視覚的支援です（神宮寺, 2022）。発表などの緊張が高まる場面で用いて, 本人の緊張が高い場合には, 調整方略をセットで教えていくとよいです（たとえば, どきどきが 4 ～ 5 の場合は, 深呼吸をしたり, お茶を飲んだりするなど）。

　集団活動の中では, 大声を出す, 攻撃性を示す, かんしゃくを起こすなどのいわゆる不適切な行動がみられる場合があります。そのような行動の背景には, ASD のある子どもが社会的に適切なコミュニケーション方法を習得していないために, 極端な方法や誤った方法を用いて, いらだちや不快感の情動を表現している可能性があります。本人にとって課題や活動が難しい際には「手伝ってください」といった援助を求めるためのコミュニケーション表現を, 本人が疲れや不安を強く感じている際には「少し休ませてください」や「一人の時間をください」といった休憩を求めるためのコミュニケーション表現を習得することが大切です。図 4 - 5 は, 授業中に本人が困った時に教師や仲間に援助を求めるためのヘルプカードです（甲府市教育委員会・甲府市特別支援教育研究会, 2018）。このようなシンボルカードを用いて, ASD のある子どもが困った時に自発的に他者に援助を求められるように促していくことが大切です。

図4-5　援助を求めるためのヘルプカード

## 3　自閉スペクトラム症のある子どもに寄り添い共に生きる

　ASD のある子どもが地域社会の中で，その人らしさを周囲に受け入れられ，地域社会の一員として生活していけることは生涯における重要な目標になるといえます。英国自閉症協会（The National Autistic Society）は，ASD のある子どもから成人まで，その人のニーズを理解し，よりよい支援をするための SPELL という5つの基本原則を提唱しています。SPELL は，5つのキーワードの頭文字で，簡潔に述べると，次のようになります。

● 構造（Structure）
　世界を予測可能にすること，理解しやすくすること，より安心できる場にすることです。ASD のある人とって，視覚情報を用いて環境を構造化することは，他者への依存を減らし，自立を促進する上で役立ちます。
● 肯定的な働きかけと期待（Positive approaches and expectations）
　ASD のある人の長所，興味，能力に基づいて，自信や自尊感情を育んでいくことが大切です。よい行動はしっかりと評価して，本人が達成感を実感でき

るようにしていきます。また，多くの ASD のある人は，新しい状況に対して回避的になるかもしれませんが，構造化，肯定的な働きかけ，リハーサルを通して，不安のレベルを低下させ，新しいスキルを学ぶ機会を設けていくことが重要です。

● 共感（Empathy）

　自閉症のある人の視点から世界を理解しようとすることが大切です。共感するためには，その人の関心のあるものだけでなく，恐れたり，苦痛を感じたりする対象についても深く理解し，予測して関わります。ASD のある子どもに「みんなができることがどうしてできないの？」という視線を向けてしまう前に，「なぜそのような行動をするのか？」「そのような行動をするとどのような気持ちになるのだろうか？」といったように行動の要因や内面を考えることが大切です。分析的かつ共感的に理解しようとする心構えが求められます。

● 低刺激（Low arousal）

　ASD のある人の不安を軽減し，集中力を高めるために，穏やかで，秩序のある働きかけと環境を整えることが大切です。たとえば，感覚過敏のある子どもに対して，環境の中の騒音レベル，臭い，色，照明の程度を調整して，気を散らすものをできるだけ少なくして安心して集中できるための配慮を行います。

● 連携（Links）

　ASD のある子どもを中心にして，教師や支援員，心理師（士），医師，また，保護者などのさまざまな立場の人が，それぞれのもつ情報を共有して，パートナーシップを築き協力していくことが大切です。学校教育では，「個別の教育支援計画」と「個別の指導計画」を基に，各自が目標を共有して支援することがポイントになります。


　これら5つの基本原則は ASD のある人の生活の質（QOL）を高め，生涯発達を支えるために，どれも欠かすことのできない観点であると考えられます。これら5つの観点を定期的に評価し，支援を行うことが期待されます。

**学習課題**

（1）こだわりが強く，いつもの活動の流れが変更されると，不安が高まりパニックになってしまう ASD のある子どもがいます。明日は学校で避難訓練があります。どのような支援や配慮を行うとよいのかを考えてみましょう。

（2）ルールのある遊び（たとえば，鬼ごっこ）に参加できなかったり，参加してもルールが守れなかったりする（鬼に捕まっても，逃げ続けてしまう）ASD のある子どもがいます。ASD のある子どもと周囲の子どもがよりよく関わるためには，どのような支援や配慮が必要でしょうか。

### 引用文献

アトウッド，T.　冨田真紀・内山登紀夫・鈴木正子（訳）（1999）．ガイドブック　アスペルガー症候群——親と専門家のために——　東京書籍

アトウッド，T.　内山登紀夫・八木由里子（訳）（2012）．アトウッド博士の自閉症スペクトラム障害の子どもの理解と支援——どうしてクリスはそんなことをするの？——　明石書店.

バロン＝コーエン，S.　水野薫・鳥居深雪・岡田智（訳）（2017）．自閉症スペクトラム入門——脳・心理から教育・治療までの最新知識——　中央法規出版株式会社

Dawson, G., Toth, K., Abbott, R., Osterling, J., Munson, J., Estes, A., & Liaw, J. (2004). Early Social Attention Impairments in Autism: Social Orienting, Joint Attention, and Attention to Distress. *Developmental Psychology, 40* (2), 271–283.

グレイ，C. & ホワイト，A. L.（編著）　安達潤（監訳）　安達潤・柏木諒（訳）（2005）．マイソーシャルストーリーブック　スペクトラム出版社

一柳貴博（2021）．周囲児は自閉スペクトラム症が疑われる児童にどのように関わっているのか——小学校教諭から見た周囲児の行動メカニズム——　教育心理学研究，*69*，79-94.

神宮寺悠（2022）．特別支援学校に在籍する ASD 児への情動調整の発達支援　山梨大学教育学部卒業論文（未公刊）

甲府市教育委員会・甲府市特別支援教育研究会（2018）．ユニバーサルデザインの視点によるインクルーシブ教育の推進に関する資料

Lai, M-C., Lombardo, M.V. & Baron-Cohen, S.（2014）. Autism. *Lancet, 383* (9920), 896-910.

文部科学省（2021）．障害のある子供の教育支援の手引〜子供たち一人一人の教育的

ニーズを踏まえた学びの充実に向けて〜
https://www.mext.go.jp/a_menu/shotou/tokubetu/material/1340250_00001.htm.
（2022年3月29日）

長崎勤・中村晋・吉井勘人・若井広太郎（編）（2021）．自閉症児のための社会性発達支援プログラム．意図と情動の共有による共同行為．Kindle版（電子書籍）．

National Autistic Society. Supporting autistic people using the SPELL framework
https://www.autism.org.uk/what-we-do/professional-development/training-and-conferences/support-spell（2022年4月26日）

小野和哉（2017）．最新図解 大人の発達障害サポートブック（発達障害を考える心をつなぐ）　ナツメ社

プリザント，B. M.,ウェザビー，A. M.,ルビン，E,ロレント，A.C.,&ライデル，P. J.長崎勤・吉田仰希・仲野真史（訳）（2010）．SCERTSモデル——自閉症スペクトラム障害の子どもたちのための包括的教育アプローチ——．1巻　アセスメント　日本文化科学社

Sasayama, D. Kuge, R., Toibana, Y. Honda, H. (2021). Trends in Autism Spectrum Disorder Diagnoses in Japan, 2009 to 2019JAMANetworkOpen.
https://jamanetwork.com/journals/jamanetworkopen/fullarticle/2779443.

杉山登志郎（2018）．子育てで一番大切なこと——愛着形成と発達障害——　講談社

梅永雄二（2001）．自閉症の人のライフサポート—— TEACCHプログラムに学ぶ——　福村出版

ウイング，L.　久保紘章・佐々木正美・清水康夫（監訳）（1998）．自閉症スペクトル——親と専門家のためのガイドブック——　東京書籍

（吉井勘人）

# 第5章

# 注意欠如・多動症を知る

　　　　教師の発問が終わっていないのに，自分のタイミングで発言を始める
　　　子ども，着席して課題に取り組むべき場面で歩き回っている子ども，授
　　　業中に上の空で，話しかけても返事が返ってこない子ども，こうした子
　　　どもたちの中には，注意欠如・多動症，もしくはそれに似た特性が背景
　　　にある子どもがいます。注意欠如・多動症の子どもたちは，叱責や否定
　　　的な評価を何度も受けてしまうことが少なくありません。結果として，
　　　自己評価を低下させたり，問題をさらに複雑化させたりする場合もあり
　　　ます。必要なのは，単なる叱責ではなく，背景にある特性やその子ども
　　　の経験や関心の理解，そして，それに基づいた支援です。子どもたちが，
　　　自分の力をポジティブに発揮し，学校生活を送っていくことを支えられ
　　　るように，本章では注意欠如・多動症の子どもたちの特性と支援方法に
　　　関する基礎的な知識を学んでいきます。

## 1　注意欠如・多動症の理解

### （1）注意欠如・多動症（ADHD）とは

　注意欠如・多動症（Attention Deficit/Hyperactivity Disorder）は，その頭文字
をとって ADHD と呼ばれます。分野によって名称が異なり，注意欠如多動症
は DSM-5（Diagnostic and Statistical Manual of Mental Disorder, Fifth Edition；
American Psychiatric Association アメリカ精神医学，2013　日本精神神経学会訳 2014）
に基づく医学分野の名称です。教育分野では注意欠陥多動性障害と呼ばれ「年
齢あるいは発達に不釣り合いな注意力，及び／又は衝動性，多動性を特徴とす
る行動の障害で，社会的な活動や学業の機能に支障をきたすものである」と定
義されています（文部科学省，2003）。

　ADHD は，その名のとおり，不注意，多動性および衝動性を特徴とします。

不注意とは，課題への集中を維持しにくい，さまざまなものに注意が移ってしまってやるべきことを忘れてしまうといった注意力の問題です。多くの人は，やるべきことに集中し，注目する必要のない事柄への注意は抑えるというようなオン・オフの切り替えを，ある程度，自然と行っています。ADHDのある人では，ここに難しさが生じやすいと考えられます。衝動性とは，目に入った情報や聞こえてきたことば，頭に浮かんだ事柄といったさまざまな刺激に即座に反応してしまう傾向を指します。私たちは，多くの場合，反応する前に一呼吸おきます。何か嫌なことを言われても，それに応じて手を出したらどうなるかをいったん考えます。言いたいことが思い浮かんでも，相手のターンが終わるまでは待ちます。ADHDのある人では，こうした一呼吸置くステップが省略され，すぐに反応してしまうことが多いのです。多動性とは，ことばのとおり，歩き回る，動き続けるなど，動きが過剰に多いことを指します。座っているべき場面でも立ち歩く，座っているけど常にもぞもぞしているといった様子に現れます。

　これらの行動の一つ一つは，多くの子どもに当てはまる一般的なことのように思われるかもしれません。特定の場面だけではなく，さまざまな場面でみられること，そしてそのことで生活や学業に支障をきたす程度であることがADHDとみなされる基準になります。そして，こうした行動の背景には神経学的基盤があります。神経系の働き方や情報処理の仕方に違いがあり，そのために不注意や衝動性，多動性が生じてくると考えられています。単なるわがままや怠けとして叱責するのではなく，一人一人の特性に応じた支援が求められます。

　文部科学省では，通常の学級に在籍する特別な教育的支援を必要とする児童生徒に関する調査を行っています。表5－1は，この調査に用いられた項目をもとに作成したもので，ADHDやそれに類する特性のある子どもにみられやすい行動を示しています。2022年に小・中学校の教師を対象に行われた調査では，「不注意」または「多動性・衝動性」の問題を示す児童生徒が約4.0％の割合で認められました。35人学級ならば，1人以上は含まれる割合です。通常の学級を含め，すべての教師が，ADHDの特性や支援方法を理解しておくこと

表5-1　ADHD の行動上の特徴と具体例

| 不注意 | ・学業において，不注意な間違いをする。<br>・直接話しかけられたときに聞いてないように見える。 |
| 多動性 | ・まるで「エンジンで動かされているように」行動する。<br>・教室や，その他，座っていることを要求される状況で席を離れる。 |
| 衝動性 | ・他人を妨害したり，邪魔をする。<br>・順番を待つことが難しい。 |

出所：文部科学省，2022をもとに筆者作成。

が必要だといえます。

## （2）ADHD のタイプと発達的変化

　一口に ADHD といっても皆が同じ状態像を示すわけではありません。ADHD には，いくつかのタイプがあることが知られています。一つ目は不注意優勢型です。この場合，多動性や衝動性は顕著にはみられません。活発に走り回るといった様子は見られないけれど，どこかぼーっとしているという子どももいます。説明を聞いていないことが多く，何度言っても忘れ物や失くし物がなくならない子どももいます。このタイプでは，目立つ行動はあまりないので，本人は困っているけれど見過ごされているということも少なくありません。子どもの様子を丁寧にみていくことが必要です。二つ目は，多動性・衝動性優勢型です。常に動き続けているかと思えば疲れ果てたようにぐったりしていたり，言わなくてもいいことがついつい口から出てしまったりします。自分でもダメだとわかっているのにやってしまい，後で後悔するという場合もあります。そうした行動が起きにくいような環境の設定，より望ましい行動パターンの獲得が必要になります。三つ目は混合型と呼ばれるものです。不注意優勢型と多動性・衝動性優勢型の両方の状態がみられます。このように ADHD には個人差が大きいです。それぞれの行動傾向の程度もさまざまです。一人一人の状態を丁寧に把握して，目の前の子どもはどのような困難に直面しており，どのような配慮や支援を必要としているのか考えていかなくてはなりません。

　また，これらの状態像は個人によって異なるだけでなく，発達的にも変化するものです。一般的に，幼児期は多動性が顕著に認められます。保育園や幼稚

園でADHDとみなされる子どもの多くは，常に動きが止まらずに走り回ったり，高いところに登ったりといった活発な姿がみられることが多いのです。しかし，小学校にあがり，学年が上がるにつれて，こうした多動性は抑制されるようになります。ただし，多動性が抑えられても衝動的な行動はみられたり，思春期以降は不注意の傾向が目立つようになってきたりします。また，大人になってから，初めてADHDの診断を受けるという人もいます。これらの変化は，ADHDのある本人の側の変化によって生じるだけでなく，周囲の環境の変化も影響すると考えられます。年齢が上がるにつれ，私たちはより複雑なタスクに取り組むよう求められます。段取り良くこなす計画を立て，一定時間，課題に集中し，複数の課題の遂行状況を管理することが求められるようになります。こうした活動はADHDのある人にとって，とても負荷の高いものです。したがって，ADHDのある人がどのような特性をもっているのかといった視点だけでなく，その人がどのような状況に置かれているのかという視点をもつことも重要です。ADHDの特性は，特定の状況との関係において困難として現れてくるのです。困難をもたらす状況を減らし，特性がポジティブに発揮される環境を整えていきたいところです。

## *2*　注意欠如・多動症の支援

### （1）環境の調整

#### ① 過剰な情報を減らす

　ADHDのある子どもは，関係のない情報を無視するのが難しいので，さまざまな刺激に注意をひかれて，集中を維持しにくくなることがあります。このため，過剰な情報を減らすことが必要です。たとえば，座席の配置は大切です。窓際では外の様子や物音が気になる子どももいます。教室の後ろの方の座席だと，たくさんの友達の言動が目に入ってきて，注意をひかれすぎてしまう場合があります。一方で，お手本となる友達が近くにいると，友達の様子を見ながらうまく授業に参加することができるかもしれません。また，教室前方の掲示物を減らしたり，カーテンで隠したりして，授業に関係しない情報を減らして

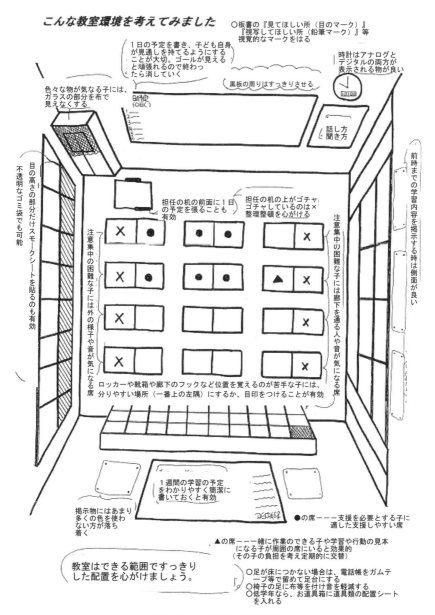

**図5−1 教室環境の調整の例**

出所：川崎市教育委員会，2014をもとに筆者作成。

おく工夫も多くの学級で行われています。気になる刺激を減らすことでやるべき活動に集中しやすくするためです。子どもの視点から、どのような情報が目に入ってくるかをシミュレーションしておくことが重要です。図5-1は、こうした観点で考えられた教室環境の一例です。ただし、このように教室を設計しさえすればよいという唯一の正解があるわけではありません。目の前の子どもたちの様子をみながら、学習に集中しやすい環境設定を考え続け、実態に応じて修正していくことが不可欠です。

② 必要な情報を示す

　過剰な情報を減らすだけでなく、必要な情報を目に入る場所にはっきりと提示することも有効です。たとえば、授業前にしておくべき準備、授業中に守るべきルールなど、必要な情報を教室の見やすい位置に掲示しておいたり、手元で確認できるように机上に設置したりするとよいかもしれません。ただし、約束事が多すぎると守ることも難しくなります。そのときの課題に応じて、必要最低限のルールを示していくこと、それが達成されたら、よくできていることを認め、こまめにフィードバックしていくことが大切です。また、約束事だけでなく、活動の流れや手順をわかりやすく示しておくことも有効です。ADHDのある子どもはゴールに向けて計画を立てること、それを意識し続けることが難しい場合が多いのです。見通しがはっきりすれば、今、何に集中すべきなのかも明確になります。視覚的に手順が掲示されることで、うっかり指示を聞きもらしても確認しなおすこともできます。なお、やるべきことの示し方は、ことばによる指示だけではありません。「順番を守りなさい」と伝えるよりも、並び始めの位置に足型マットを置いておくことで、自然と順番を守って並ぶことができるかもしれません。イラストや物の配置によっても、どこで何をすべきかをわかりやすく示すことができます。

（2）行動へのアプローチ

　ADHDのある子どもでは、多動性や衝動性がみられます。たとえば、着席すべき授業場面で動き回る子どももいます。そして、授業中に動き回ることで、

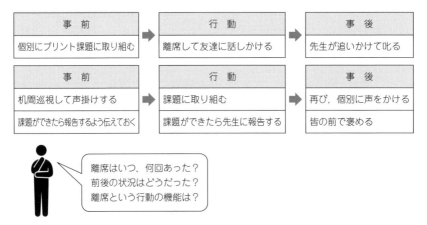

**図5-2　行動を分析するダイアグラムの例**

出所：筆者作成。

　周囲の注目を得て，さらに目立つ行動をとるようになる場合もあります。衝動的に言わなくていいことをつい言ってしまう子どももいます。そして，相手からの否定的な応答に対して，さらなる暴言や暴力で返してしまう場合もあります。こうした悪循環によって，ADHDのある子どもにおいては，問題となる行動パターンが形成されやすく，適応的で望ましい行動を学習する機会が制限されてしまう傾向があります。その結果，「自分ばかりいつも怒られる」と周囲への信頼や自分への評価を低下させてしまうこともあります。望ましい行動をして，周囲から認められるポジティブなサイクルを増やしていくことが必要です。

　こうした点について，応用行動分析とよばれるアプローチ（大久保，2019）では，問題となる行動がどのような状況で生じているかを分析し，その状況を変えていくことで望ましい行動を増やしていきます。たとえば，離席行動が問題となっているならば，離席がいつどのくらいの頻度で起きているのかを確認します。特定の科目に多いのか，特定の授業形態の時に多いのかなどを調べます。これによって，どのような状況が問題となる行動を生じさせやすいかが検討できます。その上で，行動の前後の状況を確認し，行動の機能を分析します。図5-2はこうした分析の一例です。たとえば，図の上段のような流れが確認

されたとします。もしかすると，離席行動は，友達や教師との関わりがなくなった状況で，他者からの注目を得るという機能をはたしているのかもしれません。そうであるなら，注目を得ることのできる，より望ましい行動を考えていきます。課題に取り組んでいるときに，教師の方から近くに行って声をかけてもよいでしょう。課題ができたら報告するように伝えておき，報告を受けたら皆の前で賞賛するようにしてもよいかもしれません。不適切な行動を叱責したり，罰したりするよりも，その場面で望ましい行動を定め，それを教えたり，促したりして，できたら認めていくというポジティブなサイクルを大切にします。その際に重要なのは，事前の状況と事後の状況です。望ましい行動が生じやすいように事前の状況を整えること，望ましい行動をまたやりたくなるように事後の状況を整えることが重要です。子どもに行動を変えてほしい時には，まず教師の行動や教室の環境を変えることが必要となるのです。

　事前と事後の状況から子どもの行動を捉えるという観点は，問題を捉えるときにだけ有効なわけではありません。ポジティブな行動がどのような状況において生じているのかを分析することもとても大切です。問題行動をなくそうとするとき，問題にばかり着目すると，ときに解決が難しくなります。そうしたとき，望ましい行動がどのような状況で生じているかを分析し，その状況を増やしていくアプローチが有効です。たとえば，ある男の子が，暴言が多く，周囲から「暴力的なやつ」だとみなされ，友達との関係がうまくいっていないとします。彼に暴言をやめさせようとしても難しい場合があります。そのようなとき，暴言という問題ではなく，むしろ穏やかに会話している場面に注目し，そうした状況を増やしていく方が，問題解決への近道になるかもしれません。好きなアニメに関する少人数での会話なら楽しく話せているとしたら，休み時間に教師の方からアニメの話題をふって，楽しく会話ができる時間や相手や場面を少しずつ増やしていくという発想が有効かもしれません。周囲の友達が「この子と話して楽しかった」という経験を積むことで，彼への捉え方や関わり方も変わるでしょう。結果的に，本人が暴言をはいてしまう頻度が少しずつ減っていく可能性もあります。本人を変えようとするよりも，周囲の状況を変えようとすること，問題よりもむしろポジティブな行動に着目し，それを増や

す方略を考えることはとても有効です。


## （3）学級集団全体へのアプローチ

　多くの学校での巡回相談支援を行ってきた阿部（2021）は，学級のすべての子どもが集中して学習に取り組みやすい「わかる授業づくり」，そして，学級の子ども同士が支え合える関係を築く「学級づくり」が，ADHD のある子どもの支援において，とても重要であると述べています。教育現場においては，個別の支援だけでなく，学級集団全体へのアプローチが不可欠なのです。

　「わかる授業づくり」とはどのようなものでしょうか。たとえば，教師からの説明や発問もわかりやすくしていきたいところです。口頭で長々と説明されては，ADHD のある子どもに限らず，誰でも気が逸れてしまうかもしれません。シンプルで短いことばに加えて，イラストや箇条書きの視覚的情報を提示する工夫は効果的でしょう。また，適度に動く機会を保障することは，多動性のある子どもに限らず，必要かもしれません。ずっと一方的に話を聞くだけでは，誰でも集中を維持しにくいものです。説明を聞く時間，課題に取り組む時間，グループで話し合う時間，立って活動する時間など，子どもたちが集中を維持しやすいように活動を設計していくことが必要でしょう。誰にとっても，わかりやすく，参加しやすい授業を考えていきたいところです。

　「わかる授業づくり」には，授業内容のわかりやすさだけでなく，授業中にどのようにふるまうべきかという，教室のルールのわかりやすさも含まれます。授業中に発言する際はどのようにしたらよいか，わからなかったときはどうすればよいかを具体的に定め，学級全体で共有しておくことが必要です。忘れ物をしたときはどうするかといった，失敗した際の解決方法も伝えておけるとよいでしょう。学級全体で共有することで，よりルールがわかりやすくなります。教師が一方的に決めるのではなく，子どもたちと話し合って決めることで，ルールへの意識も高まるかもしれません。また学級で共有することを通して，単に決められたことをしたから先生にほめられるというだけでなく，学級の皆にとって良いことをしたから友達から認められるという相互的な関わりがうまれます。年齢があがるにつれて，大人からの賞賛以上に仲間からの承認の重要

性が増していくものです。そして仲間から認められることでADHDのある子の自信や意欲も育まれていくのです。

　一般的に，ルールというものは，やぶられたときに注目されがちです。しかし，ルールが守られたときにこそ，ささいなことでもそれを認めるよう意識したいものです。子どもたちにとって，叱られたり，注意されたりした記憶は強く残りやすいものです。教師は適度にほめているつもりでも，「自分は叱られてばかりいる」と感じている児童生徒は少なくありません。認められ，賞賛されるという文脈でルールを共有することで，ルールを守ろうという意欲も高まります。

　次に「学級づくり」について考えてみましょう。ADHDのある子どもは，ネガティブな評価を受けることがどうしても多くなる傾向があります。こうした子どもたちにおいては，得意なことや好きなものを発表して認められる機会，係活動などでがんばったことを賞賛される機会を設定していくことが，特に必要です。互いに認め合い，それぞれが周囲から認められていると感じられることで，安心できる学級や学級での居場所がつくられていきます。ADHDの特性は，問題として現れ，否定的な反応を受けることが少なくありません。しかし，誰しも自分が否定的に捉えられていると感じる環境で安心して学ぶことはできません。一人一人の特性が良い形で発揮される機会，それが仲間集団の中で肯定的に受け止められる機会を作ることが必要です。たとえば，衝動性は決断力に，多動性は行動力に，不注意はさまざまなものごとへの幅広い関心や豊富なアイディアに結び付くものとして，受けとめられるかもしれません。

　この際，見本となるのが，教師の言動です。教師が率先して，子どもたち一人一人の違いに肯定的なまなざしを向け，ことばで具体的に示していくことが大切です。その姿をみて，子どもたち同士もお互いに認め合う関わりを発展させていくことができるでしょう。

## （4）薬物療法

　ADHDの不注意，多動性・衝動性といった行動上の特徴には神経学的な基盤があります。神経伝達物質の量が少なく，脳の中で情報が伝わりにくいこと

が，行動の背景にあると考えられています。これに対して，メチルフェニデート（コンサータ®），アトモキセチン（ストラテラ®），グアンファシン（インチュニブ®）といった薬が使用されています。これらは，神経伝達物質の放出を促進したり，放出された神経伝達物質の再取り込みを阻害したりすることで，脳の中で情報が伝わりやすいようにする薬です。ただし，こうした薬は，ADHDを治すためのものではありません。あくまでも症状を短期的に軽減するためのものです。薬の効果を活用しながら，適応的な行動やスキルを学習していくことが大切になります。また，薬の効果には個人差が大きく，睡眠障害や食欲不振などの副作用が伴う可能性もあります。服用を始める際や量を変更する際には，家庭や学校で様子がどのように変わったかに注意し，医療機関と家庭，学校とで情報を共有することが必要です。情報を共有することで，その子どもに合った服薬の量やタイミングを検討することができます。

## 3　注意欠如・多動症のある子どもに寄り添い共に生きる

### （1）ADHDと二次的障害

　ADHDの臨床に長く携わってきた田中（2019）は，ADHDの基本的な特徴は不注意，多動性・衝動性であるが，さまざまな失敗経験などを経て，二次的に状態が変わっていくと指摘しています。たとえば，乳幼児期に多動性や衝動性がみられた子どもが，失敗体験を積むことで，学齢期には失敗を回避するための攻撃的な行動パターンを身に付けたり，嘘を繰り返したりするようになる場合があります。その結果，思春期には，暴力などの行動がエスカレートしたり，仲間からの信頼を失って孤立したりするかもしれません。成人期には，対人関係のつまずきが，抑うつや不安といった精神症状につながる場合もあります。当然ながら，ADHDのある人が，必ずこうした経路をたどるというわけではありません。ただ，周囲の環境や関わり方によっては，不注意や多動性・衝動性といった行動上の特徴が，さまざまな二次的な困難に至るリスクが少なくないということです。逆に言えば，周囲の環境や関わり方が変わり，一人一人の経験が変われば，たどっていく経路は大きく異なってきます。重要なのは，

個々の特性が良い形で発揮され，本人が自尊心を育んでいけるように，環境や関わり方を調整していくことです。ここまで述べてきたさまざまな支援方法は，その具体的な手立てとなるでしょう。

　一方で，良い支援をすれば，問題や困難をなくせるというわけではありません。失敗経験をゼロにできるわけでもありません。だからこそ，問題が起きたときに周囲がどのように関わるのかということはとても重要です。本書のテーマである「寄り添う」という関係性が，ここで大切になってきます。

### （2）困難に寄り添うということ

　「寄り添う」とはどういうことでしょうか。たとえば，暴言を繰り返す子どもの気持ちにどう寄り添えばよいのでしょうか。筆者は，子どもの気持ちと向き合うというよりも，子どもと横並びで一緒に起きた出来事を眺めるというような関わりが大切なのではないかと考えています。子どもたちの行動の背景には，神経学的な基盤があります。神経系の機能が関係して，結果的に暴言をはかずにはいられない状態に陥っていたのかもしれません。また，子どもの行動は状況との関係の中で生じています。環境が暴言をはかせていたということもできるかもしれません。行動の原因を子どもの気持ちだけでなく，さまざまな神経学的要因，環境的な要因に求めるとき，少し距離をおいて冷静に起きた出来事を眺めることができます。逆説的ですが，こうして距離をおくことで，はじめて，私たちは子どもたちの気持ちに近づき，「暴言をはいていたとき，本当は何がしたかったのか」と問うことができるのではないでしょうか。

　これは周囲の大人が子どもを理解するための方法であるだけでなく，子どもが自分自身を理解するための方法でもあります。ADHDのある子どもは，失敗経験を重ねて自己評価を低下させてしまうことが少なくありません。「問題が起きるのは，自分がダメな人間だからだ」と，自分の中にばかり問題の原因を求めてしまう場合もあります。そうしたときこそ，自分のやったことをいったん自分自身から切り離し，客観的に捉えなおす作業が必要です。そして，そのためには，肯定的に受け止めてくれる身近なパートナーが必要なのです。「免責から引責へ」という考えがあります（國分・熊谷, 2020）。いったん責任を

免除されることで，自らの責任を引き受けることができるということです。私たちも，責められている間は問題について考えられないけれど，周囲から肯定的に受け止められることで，問題を自ら引き受けられるようになるということを経験しているのではないでしょうか。まずは肯定的に認めてくれるパートナーがいることで，自分の経験をふり返り，自分自身のものとして引き受けていくことができるのです。また，それによって具体的な解決方法を考えることもできます。たとえば，忘れ物を繰り返してしまったとき，自分はダメな人間だと思っているだけでは何も変わりません。日々のルーティンをふり返ることで，持ち物チェック表をどこに貼って，いつ確認すべきか見直すことができます。こうしたふり返りは，自分ひとりでできることではありません。信頼できる大人や友達との安心できる関係が必要なのです。

### （3）本人の関心や強みにスポットライトを当てること

　ADHDの子どもたちの困難や問題にどう向き合うかを考えることは重要です。しかし，ADHDの子どもたちのポジティブな側面に光をあてることは，同じように，あるいはそれ以上に重要です。筆者がある保育園に巡回相談に行った際，電車のおもちゃを独り占めして，決して友達に渡そうとしない男の子がいました。他の子どもがおもちゃを使おうとすると，攻撃的な行動に出てしまうこともありました。どうすれば，この子が友達と仲良く一緒に遊ぶことができるだろうかと考えましたが，なかなかうまくはいきません。そんなとき，彼の方から，友達に電車のレールを差し出すという出来事がありました。相手は年下の年少クラスの子どもだったのですが，彼のつくる線路の様子を憧れのまなざしで眺め，自分もやりたそうに見ていたのです。実際に，彼の作る線路はかなり複雑なものでした。数日後には，子ども同士で一緒に線路を作る彼の姿がありました。この事例では，最初，筆者は「友達とおもちゃを共有できない」という，彼の問題に注目していました。しかし，年少クラスの子どもは，彼が関心を向けている電車や彼の得意な線路づくりに注目していました。そして，その結果，彼は友達とおもちゃを共有しながら，楽しく遊ぶようになったのです。これは，ある意味で，とても一般的なことです。誰でも，自分の問題

を指摘されることよりも，好きなものや得意なことを共有することを通しての方が，人間関係を形成していきやすいでしょう。そうした関係性の中でこそ，社会的で適切なふるまいや行動も広がっていきやすいでしょう。先にも述べましたが，ADHDの特性は問題としてあらわれるばかりではなく，強みや長所としてあらわれることもあります。またADHDのある子どもたちは一人一人異なる好みや関心をもっています。こうした関心や得意なことを通して周囲と関わっていくことは，学習や発達の好機，さらに学びたいという意欲を生み出します。これは幼児期に限らず，学齢期も思春期も大人になってからも変わらないことでしょう。遊びの中で，授業中に，係活動や役割を通して，あるいは学級活動で，さまざまな場面でそれぞれの関心や長所に光を当てることができます。私たちは，どうしてもADHDのある子どもを「問題」というフィルターを通してみてしまいがちです。しかし，問題に直面しがちな子どもたちだからこそ，彼や彼女の長所や関心に注目し，そこにスポットライトを当てるような関わりを増やしていけるとよいでしょう。

---

**学習課題**

　休み時間から授業への切り替えが難しい2年生のタロウくん。チャイムが鳴っても友達とふざけ合っていることが多く，何度注意しても，改善されません。
（1）タロウくんへの個別の支援方法について考えてみましょう。
（2）タロウくんを含む学級集団全体への支援方法について考えてみましょう。

**引用文献**

American Psychiatric Association (2013). *Diagnostic and Statistical Manual of Mental Disorders* (5th ed.). American Psychiatric Publishing.（日本精神神経学会（監修）髙橋三郎・大野裕（監訳）(2014). DSM-5　精神疾患の診断・統計マニュアル　医学書院）

阿部芳久（2021）．通常学級におけるADHD児が集中できる授業——集中できない授業 ADHD児支援の基礎・基本——　ジアース教育新社

川崎市教育委員会（2014）「どの子にも分かりやすい授業をめざして　特別な教育的ニーズがある子への配慮がどの子にもわかりやすい授業を作り出す　改訂版」

國分功一郎・熊谷晋一郎（2020）．責任の生成——中動態と当事者研究——　新曜社

文部科学省（2022）「通常の学級に在籍する特別な教育的支援を必要とする児童生徒
　　に関する調査結果について」

大久保賢一（2019）．3 ステップで行動問題を解決するハンドブック——小・中学校
　　で役立つ応用行動分析——　学研教育みらい

田中康雄（2019）．ADHD とともに生きる人たちへ——医療からみた「生きづらさ」
　　と支援——　金子書房

（長澤真史）

# 第6章

# 限局性学習症を知る

　　　本章では，読み・書き・算数といった学習における基礎的技能の習得
　　と使用が著しく困難な状態を指す限局性学習症（SLD）について理解
　　を深め，SLD のある子どもたちが学習を進めるにあたって，どのよう
　　な指導・支援が必要かを考えてもらいたいと思います。そのためにまず，
　　SLD とその周辺概念についての理解を図ります。そして，学習の障害
　　となる読み・書き・算数に焦点を当て，限局性学習症における困難さの
　　認知的背景，困難さの評価方法と支援法について概説します。さらに通
　　常学級や学校全体としての支援モデルについて取り上げますので，特別
　　支援教育担当教員のみでなく，すべての教員にとって重要なインクルー
　　シブ教育システムとは何かについて考えてみましょう。また，GIGA ス
　　クール構想の実現は限局性学習症のある子どもたちにとってどれだけ重
　　要なのか，一つの事例から読者の皆さん一人ひとりが考え，特別支援教
　　育の視点からの学校現場での ICT 活用について考えてみましょう。

## 1　限局性学習症の理解

### （1）医学用語としての「限局性学習症」

　「限局性学習症／限局性学習障害」という名称は，アメリカ精神医学会
（Amerian Psychiatric Association：APA）が2013年に刊行した操作的診断基準で
ある「精神障害の診断と統計マニュアル第5版（Diagnostic and Statistical Manu-
al of Mental Disorders Fifth Edition：DSM-5）」に示されている「Specific Learn-
ing Disorder：SLD」の日本語訳です。

　もう一つの操作的診断基準である世界保健機関（World Health Organization：
WHO）発効の「国際疾病分類　第11版（International Statistical Classification of
Diseases and Related Health Problems 11th Revision：ICD-11）」（2018）では，「De-

velopmental Learning Disorder」と表記され，ICD-11の翻訳について方針を示している日本精神神経学会は「発達性学習症」と訳しています。

　DSM-5の「限局性学習症」もICD-11の「発達性学習症」も，発達過程において生じる行動や認知の障害（荻野，2020）としての「神経発達症群（Neuro-developmental Disorders）」に位置付けられており，医学的診断名として用いられます。

　DSM分類とICD分類とは整合性が図られていること（池田，2022），本章執筆時点でICD-11の日本語訳が確定していないことから，ここではDSM-5の診断基準について見ていくことにします。DSM-5のSLDの診断において，①学校教育期間中における基本となる学業的技能を学習することの持続的な困難さ，②障害のある学業的技能について，成績がその年齢の平均よりも十分に低いことを個別に施行される標準化された学業到達度テストおよび総合的な臨床評価で確認されること，③大多数の人で学習困難が低学年のうちに容易に明らかになること（一部の人では学習に対する要求が増大してその人の限られた能力を超えてしまう高学年まで学習困難が明らかにならないこともあること），④知的障害や聴覚障害，視覚障害，他の精神または神経疾患や環境要因等によってはうまく説明できないこと，の4つが挙げられています。また「読字の障害を伴う」「書字表出の障害を伴う」「算数の障害を伴う」のいずれの問題かを特定することが求められます。さらに，どれくらいの支援が必要かといった観点から，軽度・中等度・重度といった3段階による重症度の評価を行うことが記載されています。

### （2）教育用語としての「学習障害」

　限局性学習症に関する教育分野での用語としては，「学習障害（Learning Disabilities）」が挙げられます。知的障害児に対する早期教育を提唱し世界的に有名であったイリノイ大学のカーク（Samuel A. Kirk）が，1963年に特異的な学習困難のある子どもたちを「学習（能力の）障害」（Learning Disabilities：LD）と呼ぶことを提唱したことが，LDという名称とその概念のはじまりでした（上野，2019）。日本ではアメリカの統一定義を下敷きに，1999年に文部省（現 文

部科学省）が「学習障害」という名称で以下のように定義しました（上野，2017）。

---

　学習障害とは，基本的には全般的な知的発達に遅れはないが，聞く，話す，読む，書く，計算する又は推論する能力のうち特定のものの習得と使用に著しい困難を示す様々な状態を指すものである。

　学習障害は，その原因として，中枢神経系に何らかの機能障害があると推定されるが，視覚障害，聴覚障害，知的障害，情緒障害などの障害や，環境的な要因が直接の原因となるものではない。

---

　教育定義では，学校教育場面において必要な音声言語や書字言語，算数・数学といった学習の基盤となるものの困難さを包括的に捉えている一方，医学的定義では，同じ神経発達症群に位置付けられているコミュニケーション症群と分けており（上野，2019），注意が必要です。

　教職について学ぶ読者の皆さんにとって，教育定義にある「聞く」や「話す」も重要な点となりますが，本章では，日本の初等教育の基礎として重視されてきた読み書き算盤，英語では reading, writing, arithmetic の総称である 3R's に関連する，SLD の 3 つのサブタイプについて焦点を当てます。

## 2　限局性学習症の支援

### （1）限局性学習症のある子どもの認知能力に関するアセスメント

　SLD の子どもには，学習の基礎となるさまざまな認知能力のアンバランスさ（強い／弱い，または得意／不得意）が認められるため，個別式の知能検査や認知検査が用いられます。主に小学生および中学生を対象に用いられる代表的な検査は，日本版 WISC-V 知能検査，日本版 KABC-Ⅱ，日本版 DN-CAS の 3 つが挙げられます。実際には，対象の子どもに合った主要な検査がまず行われ，その結果を解釈した上で別の検査を組み合わせる場合が多いです（東原，2019）。知能検査の実施は，単に IQ を測定することではなく，言語理解または表出面，視覚認知処理，聴覚的／視覚的短期記憶またはワーキングメモリー，

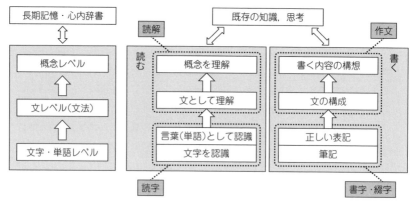

**図6-1　読み書きの構成要素の概念図**

出所：高橋・三谷，2022，p.10。

長期記憶と検索，認知的処理速度，継次処理／同時処理，プランニング，注意といったさまざまな認知能力の測定を通して，それらの能力の強さまたは弱さを明らかにし，学習の土台となる認知能力の現状と困難さの要因，そして困難さをカバーしたり乗り越えたりできる力を探ることが目的です。

### （2）読みの困難さの背景，アセスメントと支援法

　読み書きにおける情報処理過程について，高橋・三谷（2022）のモデルを用いて説明します（図6-1）。

　読むことの過程の一つは，文字の認識から始まり，文字の連なりから単語を認識します。その後，単語の連なりから文を理解，またはいくつかの文のつながりとしての文章を理解し，テキストで表そうとしている概念を理解します。もう一つの読みの過程は，心内辞書といった単語の意味ネットワークや文法の知識，または読もうとしている文章内容についての既有知識（図中の「既存の知識」）によって，読んでいる文字や単語，文の認識の精度や速度が促進されます。文字・単語といった小さい単位から文，文章といった大きい単位へと処理していくボトムアップ処理と，正書法や単語，文法，文章内容の先行知識を活用して処理していくトップダウン処理の両方が，読みの過程で重要となりま

す。処理過程では、読んでいる文字や単語、文や文章の内容を保持しながらその先を予測したり意味を統合したりしなければならず、ワーキングメモリーに情報を保持しながら処理したり、長期記憶に貯蔵された知識を検索したり、読み方略が適切かどうかを監視（モニタリング）したりと、「思考」することも重要となります。高橋・三谷（2022）のモデルでは、文字認識と単語認識の過程が「読字」を表し、文レベルと概念レベルの理解過程が「読解」を表しています。

　高橋・三谷（2022）はさらに、このモデルとSLDとを関連づけて説明しています。特定すべき状態である「読字の障害を伴う」は図中の「読む」全般が当てはまります。ほかに、SLDに関連する用語として「（発達性）ディスレクシア」「発達性読み書き障害」があり、DSM-5では、単語認識の正確さまたは流暢性の問題、判読や綴字の能力の低さにより特徴づけられる学習困難の様式について用いられる代替用語としています（APA, 2013）。国際ディスレクシア協会（International Dyslexia Association：IDA）は、「ディスレクシアは神経生物学的な要因による特異的な学習障害であること、知的能力や教育に見合わない読みの困難さ、単語認識の正確さや流暢性に困難があること、デコーディング（単語を音声に変換する）能力の障害、書字の困難さなどがあること、これらは音韻認識の障害の結果として生ずる」（加藤, 2016）と定義しています。以上のことから、ディスレクシアは、モデル図中の「読字」および「書字・綴字」の困難さを指していることとなります。日本語における読字の障害は、ひらがなで0.2%、カタカナで1.4%、漢字で6.9%と一つの言語の中での偏りについて言及されています（宇野, 2019）。

　ディスレクシアの認知的背景として、音韻障害、視覚認知障害、自動化の障害が複数重なることで生じると考えられています（三盃・宇野・春原・金子, 2016）。音韻障害とは、たとえば日本語では「ねこ」を「ね」と「こ」の2音に分解・認識するといったように、単語を一つ一つの音韻（音節）として分解した形で認識し操作する能力である音韻認識または音韻処理の障害として表現されます。視覚認知障害については視覚性記憶や視知覚、視覚情報を取り込む量などが挙げられ、日本語は仮名に加えて、形態的に複雑な漢字も使用するた

め，視覚認知への負荷が大きいと考えられます（奥村・三浦，2016）。自動化の障害は，文字や図などを命名する課題を実施した際の速度の遅さから，文字や単語を読む処理に認知的負荷がかかっている状態を指しています。「ねこ」を「動物の猫である」と瞬時に意識しないで読めないことから，読むことに非常に時間がかかる状態といえます。三盃ら（2016）は，音韻障害＋視覚認知障害という二重障害構造，または音韻障害＋視覚認知障害＋自動化の障害という三重障害構造，これら２つの複合的な認知障害構造が，ディスレクシアの中核的な障害機序として考えられることを先行研究からまとめています。また，全般的な知的発達水準が境界領域（知能検査の全検査IQが70〜85未満）であっても，ディスレクシアの症候が認められる場合には同様の障害機序があることを示唆しています（三盃ら，2016）。

読字に関するアセスメント（表6-1）として，ひらがな・カタカナ・漢字の単音または単語の読み，ひらがな・カタカナの非（単）語の読み課題により，その正確さと流暢性が評価されます。音韻認識については，音声提示された単語のモーラ（拍）計数や単語逆唱課題，自動化については線画の呼称課題（rapid automatized naming：RAN）により評価されます（稲垣，2019）。

読字の改善に関する支援法については，子どもの強い（得意な）認知能力と弱い（不得意／苦手な）認知能力考慮した方法で行う必要があります（宇野，2019）。強い認知能力によって弱い能力をカバーすることが重要です。このことを踏まえ，宇野・春原・金子・後藤・栗屋・狐塚（2015）はバイパス法（聴覚法とも）を実施する上で，全般的知能が正常で音声言語の長期記憶が良好なこと，参加者自身が習得したいと明確な意思を示していることが読み習得の条件であると報告しています。他には，読みの技能を高めるための Cognitive Enhancement（COGENT）プログラムがあります。COGENT は，知能の PASS 理論におけるプランニング・注意・継次処理・同時処理の４つの認知処理過程を促進させ，読みにおける適切な心的操作を容易に実行でき，多くの努力を必要とすることなく素早く認知処理過程を活用する習慣をつくるためのプログラムです（Das, 2009）。日本でも中山（2009）を中心に取り組まれており，もともと想定されている集団だけでなく個別でも効果があったことを報告して

## 表6-1　読み書き計算に関するアセスメントツール

| 検査名 | 領域 | 課題 | 評価内容 |
|---|---|---|---|
| 日本版 KABC-Ⅱ<br>習得検査 | 語彙 | 表現語彙 | 語彙の知識（再生），言語発達 |
| | 語彙 | なぞなぞ | 語彙の知識，一般的系列推理，言語発達 |
| | 語彙理解 | 語彙 | 語彙の知識（受容語彙），言語発達 |
| | 読字 | ことばの読み | 読字：ひらがな，カタカナ，漢字の音読 |
| | 読解 | 文の理解 | 読解：文，文章の意味理解 |
| | 書字 | ことばの書き | 書字：ひらがな，カタカナ，漢字の書字 |
| | 作文 | 文の構成 | 文の書き，統語活用 |
| | 数的推論 | 数的推論 | 数学的学力，数学的知識，量的推論 |
| | 計算 | 計算 | 数学的学力，数学的知識，計算スキル |
| STRAW-R<br>改訂版読み書きスクリーニング<br>検査 | 読字 | 音読の流暢性（速読） | ひらがな単語／非語，カタカナ単語／非語，文章の音読<br>漢字126語の音読 |
| | 読字・書字 | 音読と書取（聴写）の正確性 | ひらがな1文字・カタカナ1文字の音読と書取 |
| | 読字 | RAN | ひらがな単語・カタカナ単語・漢字単語の音読と書取<br>数字と絵の交互課題による自動化能力 |
| | 計算能力 | 計算 | 四則演算の学習到達度 |
| 特異的発達障害診断・治療のためのガイドライン－ひらがな読み検査 | 読字 | 単音連続読み検査 | ひらがな単音の音読の流暢性・正確性 |
| | 読字 | 単語速読検査 | ひらがな単語（有意味／無意味）音読の流暢性・正確性 |
| | 読字 | 単文音読検査 | 単文（ふりがな有）音読の流暢性・正確性 |
| 特異的発達障害診断・治療のためのガイドライン－算数障害の症状評価のための課題 | 読字（数処理） | 数字の読み | 1～9999までの数字の読みの正確性・流暢性 |
| | 計算 | 数的事実の知識 | 数の分解（5，10），簡単な四則演算の正確さと速さ |
| | 計算 | 筆算手続きの知識 | 筆算による四則演算の正確さと速さ |
| 特異的発達障害診断・治療のためのガイドライン－算数思考課題 | 数的推論 | 集合分類 | 属性に注目してカテゴリー化する |
| | 数的推論 | 集合包摂 | 数や量を順序づけ，集合の包摂関係を捉える |
| | 数的推論 | 可逆 | 時間や現象をさかのぼり，可逆的に考える |
| ELC | 読字 | 単文音読課題 | 単文音読の流暢性と正確さ |
| | 音韻認識 | 音韻操作課題 | 単語の逆唱，単語／非語から特定の音を削除して答える |
| | 読字 | 単語・非語読課題 | 単語／非語の音読の正確性・流暢性 |
| LCSA<br>学齢版言語・コミュニケーション発達スケール | 言語理解 | 口頭指示の理解 | 指示内容の理解 |
| | 読解 | 聞き取りによる文脈の理解 | 口頭で読まれた説明文・物語文の内容理解と口頭での表現力 |
| | 読字 | 音読 | 音読の流暢性 |
| | 読解 | 文の読解 | 音読した文章の内容理解 |
| | 語彙 | 語彙知識 | 語の定義（単語の意味を口頭で表現），語想起，位置を表す語を含む指示の理解 |
| | 語彙 | 慣用句・心的語彙 | 文脈に応じた慣用句，比喩，心的語彙の選択 |
| | 文法 | 文表現 | 文の構成：空欄補充による格助詞，助動詞，接続詞の理解 |
| | 作文 | 状況説明 | 状況説明：提示されたキーワードを用いて，絵の状況を説明する文を作成 |
| | 言語理解・言語表出 | 対人文脈 | 発話調整：丁寧語，敬語の使用<br>皮肉の理解：話者が伝えようとしている意図の理解 |
| | 語彙・読解 | 柔軟性 | 関連語の想起：語連想における産出量<br>推論：与えられた状況に対する原因を推論する |
| | 音韻認識 | 音韻意識 | 3モーラ（拍）語の語中音抽出，語尾音からの語想起，単語の逆唱，単語における特殊音節の位置の同定，音韻の置換 |
| URAWSSII<br>小中学生の読み書きの理解 | 読字・読解 | 読み課題 | 文章の黙読の速さと内容理解 |
| | 支援あり読解 | 読みの介入課題 | 代読による内容理解と分かりやすさについての主観評価 |
| | 書字 | 書き課題 | 手書きによる視写の速さ |
| | 支援あり書字 | 書きの介入課題 | 拡大用紙や筆記用具の変更，キーボード入力による視写の速さ |
| CARD<br>包括的領域別読み能力検査 | 語彙 | ことばの意味 | 語彙：名詞，動詞，形容詞，慣用句などの意味理解 |
| | 読字 | ことば探し | 単語認識：文字列を視線で捉え，意味のあるまとまりとして認識する能力 |
| | 読字 | 聞きとり | 文字・音変換：音声と文字の一致（無意味語） |
| | 音韻認識 | 音しらべ | 音韻認識：音を聞き取り，記憶し，単語を拍に分解，語音を合成したりする能力 |
| | 読解 | 文の読み① | 単語を手がかりとした文理解（語彙の活用） |
| | 読解 | 文の読み② | 構文処理による文の意味理解 |
| | 読解 | 文の読み③ | 文章理解：関係性の理解，心情理解 |
| TK 式個別学力アセスメントキット | 読字 | 読み編 | 文中にある漢字の読み |
| | 書字 | 書き編 | 文中の指定のひらがなをカクカナもしくは漢字に変換して書く |
| | 計算 | 計算編 | 整数・小数・分数の四則演算 |
| PVT-R 絵画語い発達検査 | 語彙 | | 教育基本語彙（名詞・動詞中心） |
| SCTAW 標準抽象語理解力検査 | 語彙 | | 抽象語の意味理解 |
| J.COSS 日本語理解テスト | 語彙 | 語彙の理解 | 語彙：名詞・動詞・形容詞の理解 |
| | 読解 | 文の理解 | 文の統語的理解 |

出所：筆者作成。

います（青木・室谷・増南・松沢・高野・岡崎・前川，2013；新島・平井・中山，2014など）。COGENT の詳細については，中山（2009），Das（2009）を参照してください。

　SLD にはさらに読解力の困難も含まれます。これは，特異的読解障害（Specific Reading Comprehension deficit：S-RCD）（Landi & Ryherd, 2017　日本語訳は高橋・三谷，2022）と呼ばれる，知的能力およびデコーディングが十分にもかかわらず，読解に困難がある状態を指します。Landi & Ryherd（2017）の先行研究のレビューから，S-RCD は語彙や意味処理の弱さが見出されています。他にも文法の処理，文章構造の知識，推論による意味情報の統合，読解過程におけるモニタリングの弱さも示唆されています。

　読解のアセスメントには，KABC-Ⅱ習得検査における語彙尺度と読み尺度，LCSA，CARD，URAWSSⅡが挙げられます。単語（語彙）レベル，文レベル，文章レベルのどこにつまずきがあるのかを評価することが重要となります（表6-1）。

　文章読解の支援については，グラフィックオーガナイザー（概念マップ）を用いた語彙の指導により意味ネットワークを拡大していくこと（永田・東原，2012）や，PC で文章構造を図式化し，実際の文章を操作して構造を割り当てていく学習を行うことで文章構造の理解が促進されたこと（大平・永田・東原，2011）などの研究があり，各レベルに焦点を当てた支援が重要といえます。

### （2）書きの困難さの背景，アセスメントと支援法

　高橋・三谷（2022）のモデルには，書くことについても段階的な情報処理過程について示されています（図6-1）。まず，書く内容を構想し，その構想に基づいて文を構成します。そして文字を筆記していくことで他者に伝えるための文章が作成されます。書く時も読む時と同様に既存の知識が活用され，構想通りに文や文章が書けているかといったプランニングとモニタリング，話題の一貫性や読み手の理解のしやすさなどの修辞的問題を確認するなど思考に関わる部分も重要です。このモデルでは，文字の筆記と仮名や漢字の正しい表記を「書字・綴字」，書く内容の構想およびその文の構想を「作文」としています。

「書字表出の障害を伴う」は「書く」全般が当てはまることとなります。特に，「書字・綴字」にのみ困難がある場合，「書字障害」や「ディスグラフィア（dysgraphia）」という用語が用いられることもあります。綴字とは，単語を書き表すために表音文字を一定の順番で組み合わせることを指すので，日本語にそぐわない側面があります。日本語の場合は書字と呼び，書字障害の出現頻度はひらがな1.6％，カタカナ3.8％，漢字6.0％と，特に漢字書字の困難さが多いことが報告されています（宇野，2019）。書字の困難さについてもさまざまな認知機能の障害が複合的に組み合わされて表れると考えられており，微細運動や言語能力，視空間能力，注意，記憶，順番に並べるスキルの困難が含まれる可能性が示唆されています（Mather & Wendling, 2011）。

　書きに関するアセスメントとしては，KABC-Ⅱの書き尺度や，STRAW-Rの聴写課題，URAWSS Ⅱの視写課題が挙げられます。また，眼球運動や目と手の協応，視知覚，視覚性記憶を測定するWAVES（奥村・三浦，2014），WISC-Ⅴの視空間指標や処理速度指標の結果も，支援を考えていく上で重要となります。

　書字の改善に関する支援法としては，小池・雲井（2013）の書字に関する書籍が参考になります。ひらがなと漢字の書字について，認知面の得意不得意を考慮した支援法について網羅されています。

　コミュニケーション症群（口頭言語の理解と表出に関する障害）も読み書きの直接的な原因となり得ます。また，書字の困難には，視知覚や触覚，固有覚，位置覚などさまざまな感覚入力を統合して運動意図に基づき運動計画を生成し，運動を出力し，結果のフィードバックに基づき修正を行っていくという一連の脳の機能である「協調」（中井，2019）に問題を抱える，発達性協調運動症（APA, 2013）との関連も考えられます。これらの困難さがあると推定される場合，困難さに応じたアセスメントも必要となるでしょう。

## （3）算数の困難さの背景，アセスメントと支援法

　子どもの算数障害には，大人の計算障害に関する研究に基づいて提唱されたMcCloskeyら（1991）の認知モデルが援用されます（図6-2）。McCloskeyら

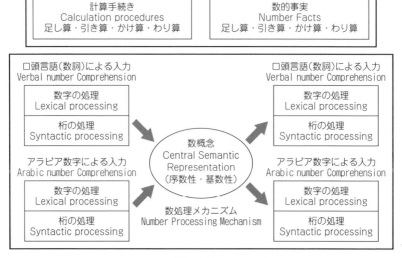

**図6-2　計算に関する認知モデル**

出所：McCloskey et al, 1991, p.288。

のモデルでは，数の感覚を含む数概念と，数詞や数字の数概念への入出力を合わせた数処理メカニズム，記憶されている簡単な四則演算を意味する数的事実と，複雑な計算を処理するための計算手続きから成る計算メカニズムの2つのモジュールが設定されており，各モジュールは関連性を持っています（若宮・栗本，2016）。数処理メカニズムは数の読み書きに関する処理を表し，数字→数詞は数の読み，たとえば654を「ろっぴゃくごじゅうよん」と読むことを表します。また，数詞→数字は数の書き，「さんぜんよんじゅうに」を3042と記すことを表します。数字の処理と桁の処理が独立しており，上記の例でいえば654を見て，「ななひゃくさんじゅうに」と言えば，桁の処理はできていますが数字の処理ができていないことになります。「さんぜんよんじゅうに」と聞いて3000402と書いたら，数字の処理はできるのに桁の処理はできていないことになります（熊谷，2019）。

　SLDの「算数の障害を伴う」に挙げられている症候について熊谷（2019）は，

「数の感覚」を数概念，「数学的事実の記憶」を暗算，「計算の正確さまたは流暢性」を筆算，「数学的推理の正確さ」を文章題と分類しています。さらに，熊谷（2019）は McCloskey らの認知モデルをもとにこれらの項目を整理し，以下のように説明しています。

### ① 数処理

　数詞（聴覚），数字（視覚），具体物（操作可能な物）の三項の等価関係が成立しているかどうかが重要となります。三項関係には通常，幼児期に「いち，に，さん……」と意味はわからずとも数える数唱から始まり，玩具や食べ物など具体物を指さし数える計数，その他日常生活上の数に関するさまざまな経験を通して，数と読み方を一致させていき，小学校入学後の算数科の学習によって完成します。数処理のアセスメントでは，三項関係が成立しているかどうかの他に，数をどこまで唱えることができるか（順唱・逆唱），計数が正確にできるかといった視点も必要となります。特に計数には，1つの物を数えるのは1回だけで1つの数詞だけを唱えること（1体1対応），数詞の順序は変わらないこと（安定順序），最後の数詞が対象物の数量を表していること（基数），対象物の色や形や大きさ等によらず正しく数えること（抽象），どこから数えてもよいこと（順序無関係）の5つの原理があり（Gelman & Gallistel, 1978），これらに困難さはないか，評価することが重要です。

### ② 数概念

　基数性とは数が大きさを表していること，序数性とは数が順序を表していること，それぞれが理解できていることが重要となります。また，分離量と連続量のどちらかの理解が難しい場合があります。その場合は，継次処理能力と同時処理能力のアンバランスさについて検討することも必要です。

　基数性の理解が難しく同時処理が弱い場合には連続量を分離量に分解する（例：■■■→●●●），序数性の理解が難しく継次処理が弱い場合にマス目に数字が順に記された双六を行い，マスを数えていく活動を行うなどが考えられます（熊谷・山本，2018）。

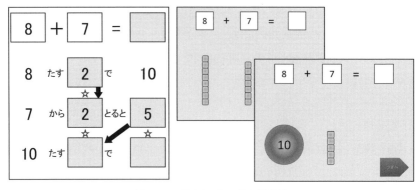

**図6-3　繰り上がりの足し算教材**

出所：左：永田・東原，2007，p.9を元に作成。右：永田・東原，2008，p.52を元に作成。

### ③ 計算

　暗算（数的事実の記憶）について，学習の初期段階では数量の増減を考えて答えを出します（若宮・栗本，2016）。そして何度も繰り返し同じ問題に取り組むことで考えなくても答えを瞬時に出せるようになります。このことを計算の自動化といいます。この自動化がうまくいかないと，簡単な四則演算でも毎回考えて答えを出さなければならず，指を用いて数えたりすることとなります。たとえば繰り上がりのある足し算において，最初からすべて数えるsum方略を用いているか，大きい数から数え足すmin方略を用いているか，詳細に検討します。8＋7の計算にsum方略を用いている場合，数直線等を用いて「8を指で隠して，7進んでみよう」と教えてmin方略へと促す，同時処理と継次処理どちらか得意な方に合わせた教材を用いる（図6-3）等の支援が考えられます。

　筆算（計算手続き・数字の適切な配置）では，二桁以上の数の計算において，桁を揃えて計算していく必要があり，加減の計算では繰り上がり・繰り下がりがあることによって手続きが複雑になります。乗除の計算では「掛ける」「割る」「足す」「引く」を正確に行わなければならないため，手続きがさら複雑になり，認知的負荷が高くなります。手続きの困難がある場合には，認知面の得意不得意に合わせて，手続きを図式化したり言語化したりするとよいでしょう。

#### ④ 数的推論

　具体的な場面の中で数に関する推論ができるかどうか，算数文章題を解くことがこれにあたります。文章題の解法過程は大きく問題理解過程と問題解決過程に分けられ，さらに問題理解過程には変換過程と統合過程に，問題解決過程はプランニング過程と実行過程に分けられます。変換過程は文章を読むことが該当し，この部分が難しい場合は読みの問題になります。読んで言語的に理解したことを視覚的なイメージに置き換える作業である統合過程，その後，数の変化を数字と演算子により答えを導き出す計算式を立てるプランニング過程の両過程が数的推論の重要なプロセスです。最後の実行過程は実際の計算となり，この過程が難しい場合，計算の問題として考えます。

　以上の説明から熊谷（2019）は，統合過程の困難さは言語理解の弱さ，視覚的イメージの弱さ，言語から視覚的イメージへの変換の弱さの 3 つのうちどれかに当てはまることについて言及しています。また，若宮・栗本（2016）は，プランニング過程の困難さについて数概念が未熟なまま計算を手順の記憶として習得したため，四則演算のそれぞれがどのような数量の変化を表すのかを理解していないことが原因であると述べています。齋藤・東原（2022）は，テープ図を活用した算数文章題のデジタル教材を作成し，解法過程のどこにつまずきがあるかを同定しながら，そのつまずきに応じた介入方法を設定し効果をあげたことを報告しています。アセスメントと支援が直接繋がる支援法を実施していくことが重要です。

### 3　限局性学習症のある子どもに寄り添い共に生きる

#### （1）通常学級における RTI モデル

　米国の SLD の認定基準の 1 つとして用いられている，介入に対する反応（Response to Intervention : RTI）や，RTI を参考に開発された多層指導モデル（Multilayer Instruction Model : MIM（海津・田沼・平木・伊藤・Vaughn, 2008））が日本でも注目を集め，学校現場にも導入されてきています（海津・杉本, 2016；関, 2015など）。これらのモデルは，全児童生徒を対象に対して質の高い指導を

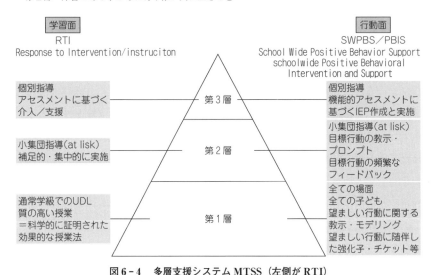

図6-4　多層支援システム MTSS（左側が RTI）

出所：National Center on Response to Intervention，2010；庭山，2020，をもとに筆者作成。

行う第1層，第1層の指導を受けても学習に十分な伸びが見られない児童生徒に対して小集団形式でエビデンスに基づく介入が実施される第2層，さらに個別性と強度の高い指導を行う第3層からなる3層モデルアプローチ（野田，2020；関・谷中・内山・小枝，2020）となっています（図6-4参照）。

　SLDの子どもを含めたすべての子どもたちにとって利益ある指導法やシステムの運用を行うためには，データに基づく意思決定が必要であり，そのために学習の進捗状況を把握するプログレスモニタリングが読みや算数の支援において開発・試行されています（算数については干川，2020；野田，2020　読みについては関ら，2020など）。従来のディスクレパンシーモデル（IQと学力の差）の考えでは，SLDのある子どもは学習の遅れが明確になるまで待たなければならず，SLDと診断される時点で自己効力感が著しく低下し，不登校などの学校不適応に陥っていることも少なくありません。RTIモデルの導入により，学習の遅れに敏感に反応でき，第3層でアセスメントに基づく一人ひとりに合った支援がなされるよう，特別支援教育担当の教員だけでなく，通常学級担任教員の指導・支援体制も求められます。

**（2）合理的配慮と ICT 活用**

　GIGA スクール構想の実現が急速に進む中，「教育の情報化に関する手引─追補版─」（文部科学省，2020）の「特別な支援を必要とする児童生徒にとっての情報教育の意義と課題」において，個々の認知機能に応じたきめ細やかな技術的支援方策（Assistive Technology：AT）を講じなければならないことが明記されました。障害による物理的な操作上の困難や障壁（バリア）を，機器を工夫することによって支援しようというアクセシビリティの考え方を実現するための AT は，一人一台端末により，物理的には実現されました。ただ，機器を使えばすぐにバリアは無くなるというわけではありません。1 つ，実際の支援例を挙げてみましょう（永田，2022）。ひらがなの文字を読むことが非常に困難なため書くことも難しい小学生（A さん）に対して，音声読み上げ機能を用いることをまず提案しました。しかし，A さんが使用している教科書会社のデジタル教科書の音声読み上げではどこを読んでいるかわからず，Microsoft のイマーシブリーダーを代わりに用いることとしました。このツールは，今読んでいる箇所がどこなのか音節毎にハイライトしてくれる（図6-5）ので，A さんも「わかりやすい」とポジティブな反応でした。「これで文章読解の学習が進められそう」と思ったのも束の間，学習を進めていくうちに，イマーシブリーダーの画面と問題を解答するための画面（Micosoft Forms を使用して小テスト形式で学習していました）を行き来しなければならないということに直面しました。ワーキングメモリーに弱さのある A さんにとって，画面を切り替えても答えを入力する箇所がどこか探している内にせっかく聞いた文章内容を忘れてしまう，といった問題があったのです。「これ，難しいからできるかな」と A さん本人も口にするほどでしたので，相当の認知的な負担がかかっていたと考えられました。そこで，Semioisis 社の iPad アプリ Finger Board Pro を用いて，文章を読んで問題に解答するまでを 1 画面で済むように教材を作成しました。具体的には，視覚的な物の操作が得意な A さんに対して，どのことばもタッチすれば音声で読み上げてくれたり，本文中のことばをドラッグ＆ドロップでそのまま解答欄に入れられたり，A さんにとってあまり聞いたり実物に触れたことがないようなことばの横のアイコンを押すとイメージが

出現したりと，さまざまな支援を付加しました。その結果，問題に取り組むスピードも速くなり，操作にも困ることなく一人でどんどん問題に取り組むことができたのです。

　この話から，機器を扱う子どもの認知面と機器や教材の特性が最大限合うように使用状況をモニタリングし，調整していく必要がわかると思います。実際に，手引にも「より個別性が高く，また児童生徒の成長や発達に応じて絶えずきめ細かな調整（フィッティング）が必要になる」と明記されており，SLDをはじめ多様な子どものICT活用には，さまざまな視点からの工夫を考えて用いなければならない，ということです。

　まずは「学習の本質は何か」をよく考え，読みが難しい子には音声読み上げ機能を用いたり，書きが難しい子にはキーボード入力や音声入力を用いたり，板書を撮影したり，とタブレット端末を少しでも活用していくことが大事です。その上で，「自分ならこう使う」と学習がはかどるといった実感が伴えるよう，個別に支援（＝フィッティング）をしていくとよいでしょう。そして，SLDのある子どもだけでなく，クラスの全員がタブレット端末を使っても（使わなくても）よい環境のなかで，自分が得意な方法で学びを進めていくことが大切になってきます。

　徐々に，通常の学級や入試においてもICT活用による合理的配慮が見られるようになってきました。しかしまだまだ事例が少数なのは否めません。SLDのある児童生徒が公正に学びの権利を享受できるように，環境を整えていく必要があるのです。

うちだ　りさこ　やく

おじいさんが、かぶの　たねを　まきまし
た。

「あまい、あまい　かぶに　なれ。　おおき
な、おおきな　かぶに　なれ。」

あまそうな、げんきの　いい、とてつもな
く　おおきな　かぶが　できました。

図6-5　デジタル教科書の音声読み上げ中の画面（ハイライト部分が音声を読み上げている箇所）

出所：Lentrance Reader を使用時に筆者キャプチャ。

図6-6　Finger Board Pro で作成した文章読解教材

出所：Finger Board Pro を使用して筆者作成・キャプチャ。

---**学習課題**---

（1）RTI モデルや多層支援システムモデル MTSS が日本ではどう展開されている
　　か調べ，教師はどのような力が求められているか他者と検討しましょう。
（2）スマートフォンやタブレット端末，PC のアクセシビリティ機能やアシステ
　　ィブテクノロジーとしてのアプリを実際に触ってみましょう。

**引用文献**

American Psychiatric Association. (2013). *Diagnostic and statistical manual of mental disorders fifth edition.* Arlington, VA, American Psychiatric Association.（日本精神神経学会日本語版用語（監修），高橋三郎・大野裕（監訳）（2014）．DSM-5 精神疾患の診断・統計マニュアル　医学書院）

青木真純・室谷直子・増南太志・松沢晴美・高野知里・岡崎慎治・前川久男（2013）．就学後につまずきが予想される幼児に対する COGENT プログラムを用いた指導の効果　障害科学研究, *37*, 13-26.

Das, J. P. (2009). *Reading Difficulties and Dyslexia: An Interpretation for Teachers. New Delhi, London, Thousand Oaks, and Singapore.* SAGE Publications.（前川久男・中山健・岡崎慎治（訳）（2014）．読みに困難がある子どもの理解と指導――知能の PASS 理論と DN-CAS から――　日本文化科学社）

Gelman, R. & Gallistel, C. R. (1978). *The Child's Understanding of Number.* Cambridge, MA, Harvard University Press.

東原文子（2019）．発達障害児の理解と保育・教育　聖徳大学特別支援教育研究室（編）一人ひとりのニーズに応える保育と教育――みんなで進める特別支援――改訂2版（pp.125-156）　聖徳大学出版会

干川隆（2020）．プログレスモニタリング尺度としての算数のカリキュラムに基づく尺度（CBM）の標準化の試み　LD 研究, *29*(4), 229-236.

池田健（2022）．ICD-11・DSM-5 準拠　新臨床家のための精神医学ハンドブック　金剛出版

海津亜希子・田沼実畝・平木こゆみ・伊藤由美・Sharon Vaughn（2008）．通常の学級における多層指導モデル（MIM）の効果――小学1年生に対する特殊音節表記の読み書きの指導を通じて――　教育心理学研究, *56*, 534-547.

小池俊英・雲井未歓（編）（2013）．遊び活用型読み書き支援プログラム――学習評価と教材作成ソフトに基づく統合的支援の展開――　図書文化社

Landi. N., & Ryherd. K. (2017). Understanding specific reading comprehension deficit:

A review. *Language and Linguistic Compass, 11*(2), e12234.

Mather, N. & Wendling, B. J.（2011）. How SLD manifests in writing Flanagan, D. P. & Alfonso, V. C. *Essentials of specific learning disability identification.* John Wiley & Sons, Inc.（名越斉子（訳）（2013）書きの特異的 LD　上野一彦・名越斉子 監訳　エッセンシャルズ新しい LD の判断（pp.69-95）　日本文化科学社.）

McCloskey, M. Aliminosa, D., & Macaruso, P.（1991）Theory-Based Assessment of Acquired Dyscalculia. *Brain and Cognition, 17,* 285-308.

永田真吾・東原文子（2007）言語理解面に弱さのある，同時処理より継次処理が強い小 3 男児に対する教科指導　K-ABC アセスメント研究，*9,* 9-18.

永田真吾・東原文子（2008）言語理解面に弱さのある，継次処理より同時処理が強い小 3 女児に対する教科指導　K-ABC アセスメント研究，*10,* 47-54.

永田真吾・東原文子（2012）. PC 上のグラフィックオーガナイザーを用いた同時処理優位の軽度知的障害者 2 名に対する言語指導　K-ABC アセスメント研究，*14,* 61-72.

永田真吾（2022）. 検索能力が弱いが視覚情報の処理が強い小学 4 年生に対する ICT を活用した読みの指導　日本 K-ABC アセスメント学会第24回大会（長野大会）発表論文集，p23.

中井昭夫（2019）. 医学・脳科学からみた DCD　辻井正次・宮原資英 監修 澤江幸則・増田貴人・七木田敦（編）発達性協調運動障害［DCD］——不器用さのある子どもの理解と支援——（pp.45-70）　金子書房

中山健（2009）. 知能の PASS 理論に基づいた読み促進プログラム – COGENT : Cognitive Enhancement プログラム　福岡教育大学紀要第 4 分冊，58, 263-274.

National Center on Response to Intervention (2010) Essential Components of RTI: A Closer Look at Response to Intervention. U.S. Department of Education, Office of Special Education Programs, National Center on Response to Intervention, Washington DC.

新島まり・平井みどり・中山健（2014）. 通常の学級における COGENT プログラム適用に関する研究　福岡教育大学紀要第 4 分冊，*63,* 167-179.

庭山和貴（2020）. 学校規模ポジティブ行動支援（SWPBS）とは何か？——教育システムに対する行動分析学的アプローチの適用——　行動分析学研究，*34*(2), 178-197.

荻野和雄（2020）. 神経発達症候群　児童青年精神医学とその近接領域，*61*(1), 8-17.

大平道子・永田真吾・東原文子（2011）学習困難児に対するコンピュータ教材を用いた説明文構造理解の指導　障害科学研究，*35,* 19-30.

奥村智人・三浦朋子（2016）．LD の具体的症状と診断・検査の実際——視覚関連の機能に関する訴えの聞き取り方と症状の整理——　玉井浩監修　若宮英司（編）子どもの学びと向き合う医療スタッフのための LD 診療・支援入門（pp.49-51）診断と治療社

齋藤大地・東原文子（2022）．学習困難児に対する視覚的スキーマの活用を促す CAI 教材を用いた算数文章題の指導　発達障害支援システム学研究，*21*(1)，47-55.

三盃亜美・宇野彰・春原則子・金子真人（2016）．全般的な知的水準が協会領域であった読み書き障害群の認知能力　LD 研究，*25*(2)，218-229.

関あゆみ（2015）．RTI を活用した発達性読み書き障害への理解と対応——鳥取大学方式の紹介——　LD 研究，*24*，324-328.

関あゆみ・谷中久和・内山仁志・小枝達也（2020）．RTI による音読支援における長期的改善に関わる要因の検討——「T 式ひらがな音読支援」縦断データを用いて——　LD 研究，*29*(4)，212-219.

高橋知音・三谷絵音（2022）．読み書き困難の支援につなげる大学生の読字・書字アセスメント——読字・書字課題 RaWF と読み書き支援ニーズ尺度 RaWSN ——金子書房

上野一彦（2017）．特集　限局性学習症（学習障害）総論：教育より　児童青年精神医学とその近接領域，*58*(3)，343-350.

上野一彦（2019）．学習障害とは——学習障害の歴史——　宮本信也（編）学習障害のある子どもを支援する（pp.9-17）　日本評論社

宇野彰・春原則子・金子真人・後藤多可志・粟谷徳子・狐塚順子（2015）．発達性読み書き障害児を対象としたバイパス法を用いた仮名訓練——障害構造に即した訓練方法と効果および適応に関する症例シリーズ研究——　音声言語医学，56，171-179.

宇野彰（2019）．発達性読み書き障害とは　宮本信也（編）学習障害のある子どもを支援する（pp.39-50）　日本評論社

若宮英司・栗本奈緒子（2016）．LD の具体的症状と診断・検査の実際——算数障害——　玉井浩監修　若宮英司（編）子どもの学びと向き合う医療スタッフのための LD 診療・支援入門（pp.32-36）　診断と治療社

World Health Organization (2022). ICD-11 for Mortality and Morbidity Statistics (Version: 02/2022). https://icd.who.int/browse11/l-m/en.（2022. 9. 1. 閲覧）

（永田真吾）

## コラム2　学校現場で役立つ発達障害不登校支援プログラム

　文部科学省による「令和2年度児童生徒の問題行動・不登校等生徒指導上の諸課題に関する調査結果の概要」によると，小・中学校における不登校児童生徒数は19万6,127人，在籍児童生徒に占める割合は2.0%と，不登校は増加傾向にあります。では，発達障害のある児童生徒の不登校についてはどうでしょうか。塩川（2011）によると，発達障害のある子どもの約10%が不登校状態にあるといいます。発達障害が認知されはじめた昨今では，さらに増えている可能性もあります。いずれにしても，在籍児童生徒に占める不登校児童生徒の割合が2.0%であることから考えると，高い割合であることがわかります。

　発達障害がある子どもの不登校の割合が増えることには，さまざまな理由が考えられます。たとえば，発達障害特性によって，対人関係の距離感や暗黙のルールがわからずトラブルに発展することがあります。また，授業に集中すること，宿題やテストの範囲を管理することの困難さから，学習面のつまずきが生じ，不登校に至る場合もあります。コロナ禍の分散登校やソーシャルディスタンス，給食や休み時間の活動の制限によって，人と人との距離の取り方にルールが決められたり，刺激が少なくなったりしたことで，学校生活が送りやすくなったと話す発達障害の子どもたちが臨床現場では少

なくありませんでした。学校という社会の中で，発達障害のある子どもたちが困難を抱えていること，環境の変化で落ち着く事例があることが，コロナ禍によって明らかになったともいえるでしょう。以下では，コロナ以前の日常に戻りつつある今，発達障害のある子どもたちが学校生活を送りやすくするためにどのような取り組みがあると良いか，いくつかの支援プログラムを紹介します。

### 「いかりやわらかレッスン」

　発達障害のある子どもたちは，自分の気持ちの変化や感覚をつかむこと，言葉で表現することが苦手な傾向があります。また，他の人が気にならない些細な物音や，クラスメートが盛り上がる声を苦痛に感じる子どもも数多くいます。その結果，ある時怒りが爆発し，対人関係のトラブルに発展することがあります。発達障害のある子どもたちへの個別の支援も重要ですが，怒りやイライラは誰もが感じるものです。そのため，発達障害のある子どもたちに限らず，すべての子どもたちが，自分自身や他者の怒りに目を向けられるように，学級全体を対象に予防的に取り組むことが，発達障害のある子どもたちの不登校支援のひとつとして，とても重要な取り組みとなります。

　怒りやイライラのコントロールを目的としたアンガーマネジメントプログラム

はいくつか考案されていますが、通常学級において実施可能なものとして、「いかりやわらかレッスン」（稲田・寺坂・下田、2019）があります。小学校3年生以上を対象にした、1回45分、全5回のセッションで、怒り感情のモニタリングやコントロール法などを学ぶことができます。通常学級においてこうしたプログラムを実施することで、自分自身や他者の感情に目を向けられる学級づくりにつながるでしょう。

## 「PEERS」プログラム

　思春期になると、友人関係において特定のグループが形成され、関係がより密になっていきます。その中で、違和感をおぼえたり、居心地の悪さを感じたりする発達障害のお子さんも数多くいます。
　「PEERS」は、11歳から18歳の自閉症スペクトラム障害のある子どもたちとその保護者を対象として開発された、友達づくりを支援するプログラムです（ローガソン・フランクル、2017）。1回90分、14回のセッションで構成され、「双方向会話」「自分に合った友達を選ぶ」などのテーマが設定されています。思春期に入る頃には、会話や友達づくりのルールは暗黙のルールのようになっていて、体系的に学ぶ機会が少なくなりますが、PEERSに参加することで、それらについて、ロールプレイを通して体験的に理解することができます。
　近年、このPEERSの学校版が出版されました（ローガソン、2022）。1セッションを何回かにわけて実施することが

できるようになっており、授業時間に合わせて、特別支援教育における自立活動のひとつにくみこむことも可能でしょう。

　ここでは、全児童生徒を対象とした、ユニバーサル支援のプログラムである「いかりやわらかレッスン」と、思春期の友達づくりに困難を抱えている子どもたちを対象とした「PEERS」の2つの支援プログラムを紹介しました。発達障害のある子どもたちに焦点を当てたプログラムだけでなく、発達障害のある子どもたちを含め、すべての子どもが過ごしやすい学級づくりの参考になるのではないかと思います。

引用文献

稲田尚子・寺坂明子・下田芳幸（2019）．帝京大学心理学紀要，*23*，15-25．
塩川宏郷（2011）発達障害と不登校　宮本信也（編）発達障害医学の進歩23 発達障害における行動・精神面の問題：二次障害から併存精神障害まで　診断と治療社
エリザベス・A・ローガソン，フレッド・フランクル　山田智子・大井学・三浦優生監訳，山田智子訳（2018）．友だち作りのSST　自閉スペクトラム症と社会性に課題ある思春期のためのPEERSトレーナーマニュアル　金剛出.
エリザベス・A・ローガソン　山田智子訳（2022）．PEERS指導者マニュアル　友達作りのSST（学校版）　金剛出版
（藤尾未由希）

# 第Ⅲ部

## 多様性に寄り添い共に生きる

# 第7章

# 多文化を生きる子どもを知る

　　今日，日本には約280万人の外国人の方が生活しており，教育現場で
は多文化を生きる子どもへの支援が注目されています。ただし，多文化
を生きる子どもと一言で言っても，その背景は非常に多様で子どもたち
が抱える困難も多岐にわたります。そうした子どもたちのおかれた境遇
や困難について，知っておくことが不可欠です。
　　本章では多文化を生きる子どもの境遇，教育現場で起きている問題に
ついて理解し，多文化を生きるすべての子どもたちへの支援のために，
どのような取り組みをすることができるかを考えていきます。

## 1　多文化を生きる子どもの理解

### （1）多文化を生きる子どもとは

　多文化を生きる子どもと聞いて，どのような子どもを思い浮かべるでしょう
か。外国籍の子どもでしょうか，母語が日本語ではない子どもでしょうか。こ
のような子どもは私たちがイメージしやすい多文化を生きる子どもでしょう。
しかし，この言葉には日本と外国を行き来する子ども，外国籍であっても日本
で生まれ育ち日本語を母語とする子どもなど，さまざまな背景をもつ子どもが
含まれます。さらに一人ひとりの子どもに着目してみると，たとえば，日本国
籍の人と外国籍の人が国際結婚をし，生まれてきた子どもがきょうだいで異な
る国籍を有する場合や，両親が日本国籍を取得し，子どもも日本国籍であって
も家庭では主に外国語を話すために日本語よりも外国語が得意な子ども（その
逆の場合もあります）もいるでしょう。多文化を生きる子どもにとって，国籍
や母語は必ずしも出生地や育った場と一致するわけではありません。外見や名
前だけで一概に判断することもできないのです。

　多文化を生きる子どもは，「外国とつながりのある子ども」，「海外とつながりのある子ども」とも呼ばれます。今日，学校教育現場では，「外国人児童生徒等」という言葉が用いられます。「外国人児童生徒」とは，「外国籍の児童生徒に加え，日本国籍であるが，両親のいずれかが外国籍である等の外国につながる児童生徒」です。前述のとおり，この定義における「等」には，多様な背景が含まれることを留意しておく必要があります。また，子ども自身のアイデンティティのあり方もさまざまです。場合によっては，「外国人」という言葉に違和感や複雑な感情をもつ子どももいるでしょう。そのため，本章では，多文化を生きる子どもという言葉を用います。一つ一つの言葉を吟味することは，子どもたちに私たちがどのような眼差しを向けているのかにもつながります。

### （2）渡日の時期と理由，将来設計，経済状況

　多文化を生きる子どもを理解する上で重要なことは，その家族的な背景を考えることです。たとえば，渡日の時期について，出生前や物心つく前から来日した場合と思春期に来日した場合では，後者の方が母国への思いが強く，適応に時間がかかることが多いといわれています（松丸，2016）。

　渡日の理由もさまざまです。親の就労の場合もあれば，母国での自然災害や紛争を逃れてきた場合もあります。とりわけ難民申請者の家族と子どもは，母国で受けたトラウマと日本での困難な境遇といった二重の精神的負担を負うことになります（鵜川・野田，2016）。

　将来設計をどのように考えているのかも日本における適応に際して重要な点です。将来的に永住を念頭にした渡日の場合もあれば，母国に帰国する予定しての渡日の場合もあります。後者の場合，保護者の子どもに対する日本語学習や日本文化理解の切実さの度合いに影響を及ぼすことがあります（文部科学省，2019）。

　国籍が外国籍であっても，多世代にわたって定住し，日本で生まれ育った子どももいます。その場合，ルーツについてどのように子どもに伝えているか等，家庭の方針を把握しておく必要があるでしょう。

　多文化を生きる子どもの家庭を考える上で，移住後の社会経済的な変化もま

表 7-1　在留外国人（0 歳〜14歳）の推移

| | 1986 | 1990 | 1995 | 2000 | 2005 | 2010 | 2015 | 2021 |
|---|---|---|---|---|---|---|---|---|
| 在留外国人 | 867,237 | 1,075,317 | 1,362,371 | 1,686,444 | 2,011,555 | 2,134,151 | 2,688,288 | 2,760,635 |
| うち 0 歳〜14歳 | 177,181 | 153,710 | 162,442 | 179,183 | 187,698 | 190,843 | 194,420 | 243,526 |
| 韓国・朝鮮 | 151,311 | 120,948 | 92,967 | 67,216 | 50,293 | 38,221 | 27,575 | 19,972 |
| 中　国 | 11,400 | 13,422 | 24,226 | 31,280 | 34,031 | 45,553 | 61,420 | 81,708 |
| ブラジル | 249 | 2,682 | 17,239 | 38,583 | 45,990 | 40,315 | 29,828 | 32,740 |
| フィリピン | 727 | 1,806 | 4,697 | 8,453 | 15,002 | 20,000 | 22,090 | 25,590 |
| 米　国 | 5,096 | 4,827 | 4,932 | 5,120 | 4,768 | 4,269 | 3,718 | 3,566 |

出所：在留外国人統計（各年版）をもとに筆者作成。

た考慮しておく必要があります。たとえば，ブラジル籍，フィリピン籍，ペルー籍の場合，渡日にあたって母国での学歴や職歴が考慮されず，ブルーカラーの職に携わるケースが多いことが指摘されています（新藤，2021）。こういった就業形態の場合，経済的に不安定であるだけでなく，就業時間も不規則であること等から，親は子どもや学校に関心を向けたくても向けられないこともあるでしょう。

　多文化を生きる子どもの気持ちに寄り添おうと，自分自身が子どもの頃に言葉もわからない異国に暮らすことを想像してみることもあるでしょう。しかし，先にも述べたとおり紛争など日本で生活している私たちには想像もつかない体験を有している可能性があることを留意しておく必要があります。子どもを理解し，寄り添おうとする気持ちが大切な一方で，安易にわかったつもりになるのではなく，自分にはわからないことがあることを認めた上で，なお理解しようと努めることが，個々の多様な背景に寄り添うことにつながると思います。

### （3）統計からみる多文化を生きる子どもの現在

　多文化を生きる子どもの多様性について，法務省の在留外国人統計を見てみましょう。表 7-1 は，1986（昭和61）年から2021（令和 3 ）年までの 0 歳〜14歳までの在留外国人の子どもの推移をまとめたものです。

　2021年12月の調査において，約280万人の方が日本で生活しており，このうち，0 歳〜14歳までの子どもの数は約24万人になります。国籍別にみると，最も多いのが，「中国」の子どもで，次いで，「ブラジル」の子ども，「フィリピン」の子どもと続きます。今日では多国籍化が進み，2021年の統計では 0 歳〜

14歳の子どもの国籍は163か国におよびます。こうした統計資料からも，多文化を生きる子どもたちの著しい増加とその背景の多様化を窺い知ることができるでしょう。

　いよいよ次から，多文化を生きる子どもが直面する困難について，特に学校教育場面に注目して説明していきたいと思います。


## （4）多文化を生きる子どもの困難

### ① ことばの困難

　1989（平成元）年に出入国管理及び難民認定法（入管法）の一部が改正されたことを機に，渡日してきた人が増え，日本語を母語としない子どもが急増していきました。1991（平成3）年度から文部科学省では「日本語指導が必要な児童生徒の受入れ状況等に関する調査」を開始しています。

　表7-2は，公立学校における日本語指導が必要な児童生徒の推移をまとめたものです。日本語指導が必要な児童生徒には，外国籍のみならず日本国籍を有する子どもがいることに留意しておく必要があります。ここには海外から帰国してきた子どもや，国際結婚などで日本国籍を有している子どもなどが含まれます。2004〜2021年の17年間の間に，外国籍の子どもにおいては約2.4倍（a計），日本国籍の子どもにおいては約3.4倍（b計），全体としては約2.6倍（a＋b計）の増加となっています。

　さらに日本語指導が必要な外国籍および日本国籍の児童の母語に注目してみましょう（図7-1，図7-2）。

　外国籍の児童生徒では，ポルトガル語，中国語，フィリピノ語，スペイン語の順で多く，日本国籍では日本語，フィリピノ語，中国語，英語の順で多くなっています。いずれの場合もその他も多く，多言語化が進んでいることも留意しておく必要があります。

　「日本語指導が必要な児童生徒の受入れ状況等に関する調査」では，子どもの進路についても調査がなされています（文部科学省，2022a）。そのなかで，日本語指導が必要な高校生等の中退率は5.5％となっており，全高校生等よりも割合は高くなっています（全高校生等1.0％）。また，進路状況についても，大

表7-2　日本語指導が必要な児童生徒の数

a 外国籍

| 年度 | 小学校 | 中学校 | 高校 | 義務教育学校 | 中等教育学校 | 特別支援学校等 | a 計 |
|---|---|---|---|---|---|---|---|
| 2004 | 13,307 | 5,097 | 1,204 | | 15 | 55 | 19,678 |
| 2005 | 14,281 | 5,076 | 1,242 | | 23 | 70 | 20,692 |
| 2006 | 15,946 | 5,246 | 1,128 | | 21 | 72 | 22,413 |
| 2007 | 18,142 | 5,978 | 1,182 | | 25 | 84 | 25,411 |
| 2008 | 19,504 | 7,576 | 1,365 | | 32 | 98 | 28,575 |
| 2010 | 18,365 | 8,012 | 1,980 | | 22 | 132 | 28,511 |
| 2012 | 17,154 | 7,558 | 2,137 | | 24 | 140 | 27,013 |
| 2014 | 18,884 | 7,809 | 2,272 | | 56 | 177 | 29,198 |
| 2016 | 22,156 | 8,792 | 2,915 | 159 | 52 | 261 | 34,335 |
| 2018 | 26,316 | 10,260 | 3,677 | 184 | 41 | 277 | 40,755 |
| 2021 | 31,189 | 11,280 | 4,292 | 339 | 66 | 453 | 47,619 |

b 日本国籍

| 年度 | 小学校 | 中学校 | 高校 | 義務教育学校 | 中等教育学校 | 特別支援学校等 | b 計 | a＋b 計 |
|---|---|---|---|---|---|---|---|---|
| 2004 | 2,277 | 663 | 186 | | 5 | 6 | 3,137 | 22,815 |
| 2005 | 2,388 | 646 | 163 | | 5 | 12 | 3,214 | 23,906 |
| 2006 | 2,860 | 797 | 193 | | 5 | 13 | 3,868 | 26,281 |
| 2007 | 3,318 | 888 | 167 | | 0 | 10 | 4,383 | 29,794 |
| 2008 | 3,593 | 1,072 | 197 | | 16 | 17 | 4,895 | 33,470 |
| 2010 | 3,956 | 1,257 | 244 | | 13 | 26 | 5,496 | 34,007 |
| 2012 | 4,609 | 1,240 | 273 | | 17 | 32 | 6,171 | 33,184 |
| 2014 | 5,899 | 1,586 | 332 | | 31 | 49 | 7,897 | 37,095 |
| 2016 | 7,250 | 1,803 | 457 | 23 | 19 | 60 | 9,612 | 43,947 |
| 2018 | 7,669 | 2,071 | 495 | 42 | 42 | 52 | 10,371 | 51,126 |
| 2021 | 7,550 | 2,376 | 516 | 77 | 86 | 83 | 10,688 | 58,307 |

出所：文部科学省（各年）より小島（2021）を参考に作成。

学等に進学した生徒は51.8％と全高校生等と比較すると低く（全高校生等73.4％），就職者についても非正規就職率39.0％（全高校生等3.3％の12倍），進学も就職もしていない者の率は13.5％（全高校生等6.4％）と，いずれも全高校生等と比べ極めて難しい状況にあると言えます。2021年度の調査では，はじめて日本語指導が必要な中学生等の進路状況についての調査が行われました。高校等への進学率は89.9％で，こちらも全中学生等の進学率99.2％よりも低い状況にあります。

② 不 就 学

　文部科学省は，2019（令和元）年度に初めて全国的な「外国人の子供の就学状況等調査」を実施しました。その結果，不就学の可能性があると考えられる

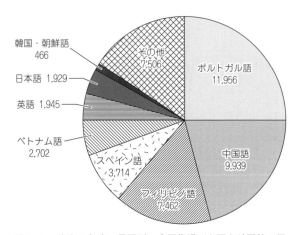

**図7-1　令和3年度　言語別日本語指導が必要な外国籍の児童生徒（47619人）**

出所：文部科学省（2022a）を基に筆者作成。

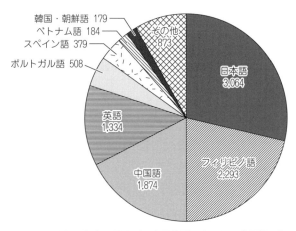

**図7-2　令和3年度　言語別日本語指導が必要な日本国籍の児童生徒（10688人）**

出所：文部科学省（2022a）を基に筆者作成。

外国籍の子どもの数は 2 万2,488人（出国・転居予定も含む）であり，学齢期の外国籍の子ども（12万3,830人）のうち，約 6 人に 1 人（18.1％）の子どもが学校に通っていない可能性がある，または就学状況を確認できていない状況にあることが明らかになりました。この結果を受け，文部科学省は，2020（令和 2 ）年 7 月 1 日に「外国人の子供の就学促進及び就学状況の把握等に関する指針」を通知し，就学促進および就学状況の把握等のために地方公共団体が講ずべき事項について示しました（文部科学省，2020）。小島（2021）は，この指針の中で，外国籍の子どもも日本国籍の子どもと同じように「学齢簿」で管理・把握することが明文化された点と，外国学校等の在籍状況と出入国記録の確認と自治体の独自調査の実施によって，各教育委員会が外国籍の子どもの就学状況を正確に把握できるようになった点が，特に注目すべき点として指摘しています。

　実際に2021年度「外国人の子供の就学状況等調査」（文部科学省，2022b）では，すべての外国籍の子どもについて学齢簿を作成している地方公共団体は85.1％（2019年度47.6％），行っていない地方公共団体は3.8％（2019年度22.1％）でした。また，「外国人の子供に関する転入等の情報の取得」や「就学案内の送付」等，就学促進の取り組みも改善されています。その結果，不就学の可能性があると考えられる外国籍の子どもの数は 1 万3,195人（出国・転居予定も含む）となり，学齢期の外国籍の子ども（13万3,310人）のうち，約10人に 1 人（9.8％）となりました。この背景には，上記の取り組みにより「教育委員会が就学状況確認の対象としていないため，就学状況が不明な者」等が大幅に減少したことが挙げられます（2021年800人，2019年度 1 万183人）。ただし，不就学649人（2019年度630人），就学状況の確認を試みたが確認できなかった者8,597人（2019年度8,658人）と，変わらず推移しており，就学状況の把握と共に，就学促進は引き続き課題となっているといえます。


③ 差別・偏見・いじめ

　多文化を生きる子どもにとって，差別，偏見，いじめは深刻な悩みです。自分自身のルーツ，容姿，言葉，さらには家族について，からかわれたり，いじられることは当人にとって耐えがたいことです。2010（平成22）年10月には，

愛知県桐生市で母親がフィリピン人である小学6年生の児童が自殺した事件がありました。その事件では，母親がフィリピン人であることへのからかい，「汚い」，「臭い」などの当人への深刻な暴力があったことが報じられています。また，今日においては，ヘイト・スピーチが社会的な問題にもなっています。金・中村・阿久澤・山本（2015）が全国の朝鮮学校9校と民族系学校1校，コリア系国際学校1校の計1,379名の在日コリアンの中高生に行ったアンケート調査によれば，全体の87％の者がヘイト・スピーチを認知しており，特定の活動団体がある民族学校に対して行った街宣については74.7％の者が「怒り」を感じ，51.2％の者が「恐怖」を感じているといいます。

　多文化を生きる子どもたちへの差別・偏見・いじめを考える際に，日本では欧米系外国人と比較してアジア系外国人に対して偏見を持ちやすいことを知っておくことは大切なことです。また，当人のルーツにかかわる国に関する話題やマスメディアの情報が一方的であったり極めて否定的であったりするなど日本と自身のルーツと関わる国との関係が不安定な場合は，差別や偏見を一層考慮しておく必要があるでしょう。

　子どもたちは「差異」に敏感です。友人関係において相手との同質性が重要になる児童期から思春期まではとりわけそうでしょう。容姿や言葉といった一見してわかる「差異」は特にターゲットになりやすいことに留意しておく必要があります。また，日本で生まれ育ち，容姿や言葉からは一見して日本人と変わらない子どもも，周りの他の子どもとの「差異」が明らかになることで仲間外れにされたり，いじめられることに不安や緊張感を感じ思い悩むこともあります。さらに，子どもの自身の対人関係おける相手との差異をめぐる葛藤は，日本人の子どもとの間のみならず，多文化を生きる子ども同士の間でも起こりうること（尹，2016）として留意しておく必要があります。

## 2　多文化を生きる子どもへの支援

### （1）日本語学習支援

　多文化を生きる子どもへの支援として，日本語学習支援が挙げられます。親

表7-3　日本語学習支援における5つのプログラム

| プログラム名 | 概　要 |
|---|---|
| サバイバル日本語 | 日本の学校生活や社会生活について必要な知識，そこで日本語を使って行動する力を付けることを目的とするプログラム。 |
| 日本語基礎 | 文字や文型など，日本語の規則的な知識や技能を学ぶためのプログラム。(A) 発音の指導，(B) 文字・表記の指導，(C) 語彙の指導，(D) 文型の指導 |
| 技能別日本語 | 「聞く」「話す」「読む」「書く」の言葉の4つの技能のうち，どれか一つに焦点を絞った学習で，小学校高学年以上，特に中学生には有効なプログラム。 |
| 日本語と教科の統合学習 | 児童生徒にとって必要な教科等の内容と日本語表現とを組み合わせて授業で学ばせる（JSLカリキュラム）。 |
| 教科の補習 | 在籍学級で学習している教科内容の復習等を，担当教師や日本語指導の支援者の補助を受けたりしながら取り組む学習。教師や支援者が子どもの母語ができる場合，母語での補助が有効。 |

出所：文部科学省，2019をもとに筆者作成。

に連れられて日本に来た子どもや，家庭内で主に母国の言葉を話す子どもの母語は母国の言葉です。そうした子どもたちにとって日本語は，日本での生活のために必要な第二の言葉になります。

　子どもたちの日本語は，「生活言語能力」と「学習言語能力」の2つの能力から捉えることができます（文部科学省，2019）。前者は1対1場面での日常的で具体的な会話をする能力で，ある程度は普段の生活の中で自然に身に付きますが，教師による支援も必要です。後者は，教科等の学習場面で求められる情報を入手・処理し，それを分析・考察した結果を伝えるような思考を支える言語で，生活の中で身に付くことはあまり期待できません。この2つの能力にギャップがある場合に，日常会話はできても（生活言語能力があっても），授業などの学習についていくことができない（学習言語能力が乏しい）ということが起こります。

　実際の日本語学習支援では，たとえば，来日年齢，背景の言語文化，来日前の学習経験，基礎学力，言葉の力（母語，日本語），学級での学習参加状況，家庭の学習環境，そして心身の発達等，多角的に把握し，一人一人の子どもに適した学習内容を考える必要があります。具体的に，文部科学省（2019）は，5つの主な「プログラム」を挙げています（表7-3）。各プログラムの実施にあたっては，一人ひとりの子どもの背景を考慮しながら，何を目標として，どのくらいの期間，どのような内容を，どのように教えるのかというコース設計

の考え方で，計画的に実施することが重要です（齋藤，2021）。

　日本語学習支援が重要であるのと同時に，子どもの母語の発達も大事なことです。親の母語は子どもが初めて出会う第一の言語で，日本語はその上に加わる第二言語であり，第一言語がよく伸びていると第二言語の習得が早く高度に伸びます（中島，2021）。2019年6月に制定された日本語教育推進法においても，第1章第3条で「幼児期および学齢期にある外国人等の家庭における教育等において使用される言語の重要性に配慮して行わなければならない」と明記されています。子どもの母語の発達状況を知っておくためには，家庭や地域コミュニティと連携をしていくことも大切です。

### （2）学校現場で確認しなければならないこと

　実際に多文化を生きる子どもやその保護者と出会ったとき，学校ではなにを確認する必要があるでしょうか。

　越智（2021）は，子どもおよび保護者に確認すべき事項と，学校側が子どもと保護者に説明すべき事項について次のとおりまとめています。子どもと保護者に確認すべき事項としては，① 児童生徒の名前，② 校内で使用する名前（名札など使用する名前の表記），③ 生年月日，④ 国籍，⑤ 家庭内言語，⑥ 家族構成，⑦ 現住所，⑧ 連絡先（保護者は日本語でのやりとりが可能か，難しい場合，通訳をしてくれる親戚や知人がいるか，緊急時の連絡先），⑨ 食物アレルギーや運動制限の有無等，健康上配慮が必要なこと，⑩ 成育歴（出生国，滞在国，滞在期間，保育園・幼稚園・学校に通った期間，渡日の時期），⑪ 日本語の学習歴，⑫ 今後の予定（日本の学校に進学するつもりか，帰国の予定），⑬ 宗教上の配慮が必要なこと等です。

　たとえば，名前については英語的な発音をどのように表記するか（例：Paul をパウロかポールか）も保護者や本人の意思を尊重しながら決める必要があります（文部科学省，2019）。また，宗教的な判断による禁忌は，国や地域，宗派的な理由からさまざまに異なります。服装（戒律によって肌や髪を見せないようにする必要がある子もいます）や食事（食べてはいけない食材，食器や食事方法，食前・食後の挨拶，断食等），学校生活に関わること（お祈り，写真撮

表7-4　25市町の特別支援学級における外国籍・外国つながる・日本人生徒の在籍状況

| | 全児童生徒 (a) | ①外国籍 (b) | ②外国つながる (c) | ③日本人児童生徒 (d) | 特別支援学級在籍者 (e) | ①外国籍 (f) | ②外国つながる (g) | ③日本人児童生徒 (h) | (b)に占める(f)(f/b) (%) 外国籍 | (c)に占める(g) (c/g)(%) 外国つながる | (d)に占める(h) (d/h)(%) 日本人 |
|---|---|---|---|---|---|---|---|---|---|---|---|
| 小学校 | 230,652 | 6,463 | 2,199 | 221,990 | 5,587 | 370 | 102 | 5,115 | 5.72% | 4.64% | 2.30% |
| 中学校 | 116,921 | 3,066 | 854 | 113,001 | 2,353 | 127 | 32 | 2,194 | 4.12% | 3.75% | 1.94% |

注1：三浦（2020）が文部科学省「外国人児童生徒等における特別支援教育等の状況に関する整理表・調査票」をもとに作成。
注2：三浦（2020）では，日本国籍の外国につながる子どもを，外国つながると表記している。
出所：三浦，2020より一部抜粋。

影等），学習内容や学校行事に関わることで工夫する必要があることについて本人と保護者に確認しましょう（青木，2021）。

　次に学校側が子どもと保護者に伝えておく必要がある事項として，①日本の学校制度，②学校行事，③1日の流れ，④登下校，⑤給食，⑥宿題，⑦費用，⑧身なり，⑨持ち物，⑩学校で購入する教材等です。欠席・遅刻の際の連絡，連絡先の変更時の連絡，転校や帰国する際の連絡，心配なことがあれば学校に相談することなども伝えておく必要があります。

## （3）発達支援

　多文化を生きる子どもの発達障害に関する支援も大事なことです。表7-4に示されるように，特別支援学級に在籍する多文化を生きる子どもは大幅に増えています。三浦（2020）が，文部科学省が開示している「外国人児童生徒等における特別支援教育等の状況に関する整理表・調査表」をもとに，25市町の特別支援学級における外国につながる子ども（外国籍と日本国籍）と日本人の子どもの在籍率を調べた結果，小中学校どちらの特別支援学級についても，外国籍の児童生徒の在籍率が最も高く，次いで日本国籍の外国につながる児童生徒，日本人の児童生徒の順でした。

　しかし，「日本語力の問題」と「発達障害」の線引きは非常に難しい問題であることが多くの研究で指摘されています。たとえば，多文化を生きる子どもの場合，文化的背景の違いに起因する形で学習困難をはじめとする各種困難が引き起こされている場合が多くあります（二井・綾利，2013）。ADHDを例に挙げるならば，多文化を生きる子どもの落ち着きなく周りをみる状況は，日本語

理解が十分でないために，視覚的に情報を得ようとしているものである可能性があります（黒葛原・都筑，2011）。アセスメントのために用いる心理検査についても，日本語版の知能検査の項目は，日本の文化に基づいて標準化されています。そのため，母国版の知能検査を実施する場合や，日本語と母語の複言語での実施をする場合には結果に違いが生じることがあり，ときに誤判定が起こることもあります。松田・中川（2018）は，6名の日系ブラジル人児童（うち5名は発達障害の疑いがあるとされ，特別支援学級または通級指導を受けている）に，ポルトガル語と日本語の言語検査と知能検査（WISC-Ⅳ）を実施したところ，知能指数（IQ），行動観察共に障害がないと思われる者が2名いたことを報告しています。

　多文化を生きる子どものアセスメントツールを開発する必要性が指摘され，そうした研究は進んでいるものの，現状，決定版となるものはない状況です。上記のことを配慮しながら一人一人の子どものニーズを多職種で連携しながら見極めて共に支えていくことが大切です。

## 3　多文化を生きる子どもに寄り添い共に生きる

　多文化を生きる子どもに寄り添い共に生きることを考えるとき，日本文化の「あたりまえ」が，その子どもにとっては「あたりまえ」ではなく，新しいことであったり見知らぬことであることを想像し，理解することが必要です。そのとき大切なのは，相手側の文化や背景への理解のみならず，日本文化の「あたりまえ」についても立ち止まって考え，理解を深めることです。多様性が尊重され，共生の視点が強調される一方で，たとえば，日本には「郷に入れば郷に従え」という諺があります。支援者自身が日本文化の「あたりまえ」に無自覚である場合には，知らず知らずのうちに自身にとって馴染み深い物差しでの判断に陥ってしまうかもしれません。たとえば，コミュニケーションひとつにしても，日本は欧米と比べて，間接的で抽象的なコミュニケーションを美徳とし，アイコンタクトも避ける傾向があります（Meyer, 2014　田岡監訳・樋口訳 2015）。異なるコミュニケーションスタイルの文化圏の方との間では，ときに

相手の言い方が強く感じられたり，あるいは相手にこちらの意図が十分に通じないこともあるかもしれません。多文化共生においては，お互いの間にある「あたりまえ」の違いについて語り合い，丁寧に自己紹介を重ねていく必要があると思います。

---

**学習課題**

（1）多文化を生きる子どもの現状を知り，日本文化の中での「あたりまえ」のことをいくつか挙げ，どのような困難があるのかをまとめましょう。

（2）これまで学んだことを基に，多文化を生きる子どもや保護者に対してどのような支援ができるかをまとめましょう。

---

**引用文献**

青木由香（2021）．Ｑ4宗教の違いに合わせて学校でできる支援はありますか？（お祈り，給食，服装等）　小島祥美（編著）Ｑ＆Ａでわかる外国につながる子どもの就学支援「できること」からはじめる実践ガイド（pp.71-75）　明石書店

法務省（各年版）．在留外国人統計

　　https://www.moj.go.jp/isa/policies/statistics/toukei_ichiran_touroku.html（2022年11月12日）

小島祥美（2021）．外国につながる子どもをめぐる教育30年間の動向　小島祥美（編著）Ｑ＆Ａでわかる外国につながる子どもの就学支援「できること」からはじめる実践ガイド（pp.12-27）　明石書店

金尚均・中村一成・阿久澤麻理子・山本崇記（2015）．在日コリアンをめぐる社会問題に関するアンケート評価．2015年度龍谷大学人権問題研究委員会助成研究プロジェクト報告書　ヘイトスピーチによる被害実態調査と人間の尊厳の保障

黒葛原由真・都築繁幸（2011）．外国人ADHD児の学習行動に関する分析　障害者教育・福祉学研究, 7, 59-73.

松田真希子・中川郷子（2018）．外国にルーツをもつ児童の発達アセスメントと言語の問題について——発達障害と一時的リミテッド状況の鑑別のための調査研究——　金沢大学留学生センター紀要, 21, 29-42.

松丸未来（2016）．児童の場合　野田文隆・秋山剛（編著）あなたにもできる外国人へのこころの支援（pp.41-50）　岩崎学術出版社

Meyer, E. (2014). *The Culture Map*. （メイヤー E. 田岡恵（監訳）　樋口武志（訳）

(2015).異文化理解力　英治出版)

三浦美恵子（2020）.特別支援学級における外国人児童生徒の在籍状況に関する一考
　　察　宇都宮大学国際学部研究論集, *50*, 205-219.

文部科学省（2019）.外国人児童生徒受入れの手引き　文部科学省総合教育政策局男
　　女共同参画共生社会学習・安全課
　　https://www.mext.go.jp/a_menu/shotou/clarinet/002/1304668.htm（2022年11月
　　12日）

文部科学省（各年版）.日本語指導が必要な児童生徒の受入れ状況等に関する調査
　　https://www.e-stat.go.jp/stat-search/files?page=1&toukei=00400305&tst
　　at=000001016761（平成14年〜平成30年度）（2022年11月12日）

文部科学省（2020）.外国人の子供の就学促進及び就学状況の把握等に関する指針
　　https://www.mext.go.jp/a_menu/shotou/clarinet/004/1415154_00003.htm（2022
　　年11月12日）

文部科学省（2022a）.日本語指導が必要な児童生徒の受入れ状況等に関する調査（令
　　和3年度確定版）
　　https://www.mext.go.jp/b_menu/houdou/31/09/1421569_00004.htm（2022年11
　　月12日）

文部科学省（2022b）.外国人の子供の就学状況等調査（令和3年度）
　　https://www.mext.go.jp/b_menu/houdou/31/09/1421568_00002.htm（2022年11
　　月12）

中島和子（2021）.子どもの母文化を尊重し，母語を伸ばすことの重要性　小島祥美
　　（編著）Ｑ＆Ａでわかる外国につながる子どもの就学支援「できること」からは
　　じめる実践ガイド（pp.46-56）　明石書店

二井紀美子・緩利誠（2013）.外国人児童生徒支援に資するアセスメントの枠組みの
　　提案——不就学児調査を通して——　生涯学習・キャリア教育研究, *9*, 1-12.

越智さや香（2021）.Ｑ3本人や者保護者と最初に出会ったときに確認すべきことを
　　教えてください　小島祥美（編著）Ｑ＆Ａでわかる外国につながる子どもの就学
　　支援「できること」からはじめる実践ガイド（pp.66-70）　明石書店

齋藤ひろみ（2021）.多様な言語文化背景をもつ子どもたちの日本語学習支援—発達
　　に応じて学習・社会への参加を促すということ　小島祥美（編著）Ｑ＆Ａでわか
　　る外国につながる子どもの就学支援「できること」からはじめる実践ガイド
　　（pp.37-45）　明石書店

新藤慶（2021）.外国人の子どもを対象とした貧困研究の成果と教育実践上の課題
　　群馬大学教育実践研究, *38*, 287-296.

鵜川晃・野田文隆（2016）.難民・難民認定申請者では　野田文隆・秋山剛（編著）

あなたにもできる外国人へのこころの支援（pp.41-50）　岩崎学術出版社

尹成秀（2016）．在日コリアン青年の対人関係における体験　教育心理学研究, *64*
(4)，492-504.

（尹　成秀）

# 第8章

# 貧困を生きる子どもを知る

　　現在の日本では，17歳以下の子どもの13.5%（約7人に1人）が貧困
の状態にあります。貧困は家庭や子どもの生活を脅かし，親の心身の不
調や子どもの教育への意欲低下などを招いた結果，子どもの心身の健康
や教育の機会に影響を与えます。これらの問題は，子どもの将来にも影
響を及ぼし，将来的に家庭を持ったとしても，また貧困に陥る可能性が
高まるという世代間連鎖を引き起こします。このような社会構造の中で
は貧困の状態にある子どもが自らの力で貧困から脱出しようとすること
は難しいことと言えるでしょう。そのため，貧困の問題には，まずは社
会全体で取り組む必要があるのです。
　　本章では日本の貧困の現状や問題点を理解し，貧困の世代間連鎖を断
ち切るために，私たち一人ひとりがどのような取り組みをすることがで
きるかを考えていきます。

## *1*　貧困を生きる子どもの理解

### （1）貧困の定義と日本の現状

　貧困という言葉を聞いて，みなさんはどのようなことをイメージするでしょ
うか。貧困とはお金がなくて生活に困っている状態，つまり，食事を満足にと
ることができない，身なりを整えることができない，住むところに困っている
など，衣食住に支障をきたしている状態と考えるかもしれません。貧困には絶
対的貧困と相対的貧困という2つの考え方があります。絶対的貧困とは所属す
る社会の生活水準に関係なく，人が生活をするために必要な衣食住を最低限満
たす程度以下の状態とされ，相対的貧困とは所属する社会の「普通」の生活水
準から一定の距離以内が維持されているか，つまり，健康的で文化的な生活を
基準にするものです（阿部，2008；所・小林，2019）。

表8-1　2000年以降の等価可処分所得の中央値と貧困線（単位：万円）

| | 2000年 | 2003年 | 2006年 | 2009年 | 2012年 | 2015年 | 2018年 |
|---|---|---|---|---|---|---|---|
| 可処分所得の中央値 | 274 | 260 | 254 | 250 | 244 | 244 | 253 |
| 貧困線 | 137 | 130 | 127 | 125 | 122 | 122 | 127 |

出所：厚生労働省，2019をもとに筆者作成。

　それでは貧困や「普通」の生活水準とはどのような基準で判断されるのでしょうか。貧困の状態を見る基準として，OECD（経済開発協力機構）が示す貧困線があります。貧困線とは，いわゆる手取り収入（総所得から税金や社会保険料等の拠出金を引いたもので「可処分所得」という）を世帯人員の平方根で割った金額（これを「等価可処分所得」といい，計算上，世帯人員一人当たりに配分される金額）の中央値の半分の値のことで，この貧困線を下回る世帯員の割合を相対的貧困率といいます（等価可処分所得＝可処分所得÷√世帯人員）。

　日本の現状を「国民生活基礎調査」（厚生労働省，2019）から見てみると，2018（平成30）年の貧困線は127万円です（表8-1）。先ほど，貧困線は等価可処分所得の中央値の半分の値と説明をしました。中央値とはすべてのデータを小さい順に並べた時，ちょうど真ん中にある値のことです。つまり，全世帯員の等価可処分所得を小さい順に並べると，ちょうど真ん中にくる253万円が「普通」の生活水準，その半分である127万円以下が「普通」の生活水準から一定の距離以上離れている状態と想定されるのです。

　次に，2018（平成30）年の相対的貧困率を見てみると全体では15.4%，17歳以下の子どもの割合は13.5%（約7人に1人）です（表8-2）。また，「子どもがいる現役世帯」は「大人が二人以上」の世帯員では10.7%に対して，「大人が一人」の世帯員では48.1%と高くなっており，ひとり親家庭の方が貧困率が高いことがわかります（表8-3）。さらに，ひとり親家庭の世帯所得に関して，父子家庭と母子家庭を比較すると母子家庭の方が世帯所得が低いことが示されています（嵯峨，2019）。

　これらのことは，すべての世帯に当てはまることではありませんが，世帯員の構成によって所得に差が生じる可能性があり，子どもは親の所得を基に生活をしているため，その影響下にあることが理解できます。

表 8-2　相対的貧困率と子どもの貧困率 （単位：％）

|  | 2000年 | 2003年 | 2006年 | 2009年 | 2012年 | 2015年 | 2018年 |
|---|---|---|---|---|---|---|---|
| 相対的貧困率 | 15.3 | 14.9 | 15.7 | 16.0 | 16.1 | 15.7 | 15.4 |
| 子どもの貧困率 | 14.4 | 13.7 | 14.2 | 15.7 | 16.3 | 13.9 | 13.5 |

出所：厚生労働省，2019をもとに筆者作成。

表 8-3　子どもがいる現役世帯の貧困率 （単位：％）

|  | 2000年 | 2003年 | 2006年 | 2009年 | 2012年 | 2015年 | 2018年 |
|---|---|---|---|---|---|---|---|
| 大人が一人 | 58.2 | 58.7 | 54.3 | 50.8 | 54.6 | 50.8 | 48.1 |
| 大人が二人以上 | 11.5 | 10.5 | 10.2 | 12.7 | 12.4 | 10.7 | 10.7 |

出所：厚生労働省，2019をもとに筆者作成。

## （2）貧困が子どもに与える影響

　貧困の状態にある家庭での生活は，子どもにどのような影響を与えるのでしょうか。たとえば，みなさんはお金に困った場合，どうするでしょうか。借りるという方法をとることもありますが返済するあてがなければ，生活を切り詰めることになるでしょう。生活を切り詰める場合，支出の優先順位を考え，娯楽や装飾品，人付き合い，子どもの場合は塾や習い事を我慢することになり，ひいては，食事の質を落としたり量や回数を減らしたり，また，生活に必要な日用品（例：生理用品など）の支出を削ったり，光熱費がかからないよう冷暖房を使わないようにしたり，病気になったりケガをしたとしても医療機関にかからないといったことが挙げられます。日本はすべての国民が健康保険に加入するという国民皆保険という制度のある国ですが，親の保険料の滞納等により，保険証を持たない子どもがいることも知っておくべき現状です（阿部，2008）。このように貧困は子どもの現在の生活を脅かし，そのことが生きるために必要なこと，つまり，自分の命を守ることや自分を大切にすること，さらに，自分に対する価値観や存在意義といった自己肯定感にまで影響を及ぼしていくのです。

## （3）貧困の世代間連鎖

　貧困は子どもの現在の生活だけでなく，将来にも影響を及ぼすといわれています。このことについて，阿部（2008，2012）は子ども時代の貧困が大人にな

った後も継続して影響を与えることを示唆しています。これは貧困の家庭に育った子どもが大人になっても低い生活水準の中にあり，自分の家庭をもったとしても貧困が継続すること，さらにその家庭に生まれた子どもも貧困の影響を受けるという世代間連鎖が生じる可能性をも意味しています。貧困の世代間連鎖はなぜ起きるのでしょうか。貧困の世代間連鎖を断ち切るために，そのメカニズムについて考えていきましょう。

### ① 貧困と教育の機会

　経済的な事情により子どもが十分な教育を受けられず，大人になってから安定した職に就けず貧困が継続し，また次の世代も同様のことが繰り返されるという世代間連鎖は想像に難くないでしょう。貧困と教育の機会の関連について，日本の現状として，ひとり親家庭の方が貧困率が高いことを説明しましたが，その影響により，ひとり親家庭の子どもはそうでない家庭の子どもと比較すると高等学校や大学等への進学率が低いことが示されています（内閣府，2020）。大学等への進学で子どもの可能性や将来のすべてを論じることはできませんが，貧困と教育の機会に関連があることは否めません。そして，貧困が教育の機会の格差を生み，教育の機会の格差が貧困を生じさせるという社会構造の中では，貧困の状態にある家庭の子どもが自らの力のみでその状態から脱出することは困難なことであるといえます。

　しかし，貧困と教育の機会の関連は単なるお金の問題ではないのです。山野（2019）は，貧困によって生じる親の心身の不調，自己効力感の低下，子どもの教育への意欲の低下が，子どもの心身の状態を悪くさせたり，学習理解に支障を生じさせたり，自己効力感を低下させることを明らかにしています。つまり，親は日々の暮らしを守ることに精一杯で，身体的にも精神的にも厳しい状況にあり，余裕をもつことができないため，子どもの教育にまで力を注ぐことが難しくなるのでしょう。このように貧困の世代間連鎖は，貧困というお金の問題によってもたらされる親の状況が，子どもの学習理解や，学習や学歴に対する意欲に影響して生じている問題と考えられるのです。

## ②　貧困と社会参加

　貧困により人付き合いといった社会参加の機会を制限することも出てくるでしょう。その結果，社会的孤立を招く可能性が出てきます。そして，社会的孤立により，人付き合いによってもたらされるコミュニケーション力やソーシャルスキルの低下にもつながる可能性があるのです。山野（2019）は貧困による親の社会的孤立が子どもの経験の格差を生じさせるだけでなく，人間関係を形成する上で必要なスキルにまで影響を及ぼすことを明らかにしています。これもまた貧困によってもたらされる世代間連鎖といえるでしょう。

## ③　貧困と児童虐待

　貧困や貧困によってもたらされる親の心身の不調は児童虐待に関連します。貧困が育児ストレスを高めること，そして，そのストレスに対処しようとした結果，しつけと称した身体的虐待，育児への抵抗感としてのネグレクト，暴言や面前 DV 等の心理的虐待が起こるのです（阪無，2021）。つまり，貧困が親を追い詰め，児童虐待にまで発展していく可能性があるのです。児童虐待は子どもの自尊心を低下させたり，他者と人間関係を築くことに困難さが生じたり，自傷行為を行ったり，不登校になる等，子どもの心に大きな影響を与えます。その児童虐待の背景の一つには貧困があることも知っておくべき事実です。

## ④　貧困とヤングケアラー

　昨今，ヤングケアラーの問題が取り沙汰されています。ヤングケアラーとは本来，大人が担うと想定されている家事や家族の世話や介護（たとえば，幼い兄弟の世話，障害や認知症などの家族の見守り）などを日常的に行っている子どものことで，厚生労働省の委託調査によると中学 2 年生5.7％，全日制高校 2 年生4.1％，定時制高校 2 年生8.5％がヤングケアラーであるという結果が出ています（三菱 UFJ リサーチ＆コンサルティング，2021）。また，同調査ではヤングケアラーは，学校の欠席・遅刻・早退が多いこと，忘れ物が多い，宿題や課題ができていないといった学校生活や学習の機会に影響が出たり，人付き合いを断ることが多いといった社会参加が制限されていることも報告されています。

家事や家族等の世話・介護により学校に行っていない状況はネグレクトと捉えられます。これらの背景には経済的な事情があることが推測され，これまで述べてきたとおり，教育の機会や社会参加の制限は，貧困の世代間連鎖を生じさせる要因となります。

　このように貧困という経済的な事情が親に対してさまざまな影響を与え，それが子どもへと引き継がれていくという世代間連鎖の中で，貧困の状態にある家庭やその子どもが自らの力のみで，貧困から脱出することは困難なことだと言えます。仮に，貧困の問題を家庭や個人の問題と捉えるのであれば，それは社会的排除といえるのではないでしょうか。
　子ども一人一人が，どのような家庭に生まれ育ったとしても，社会の中で生きていく力を身に付け歩んでいけるように，社会全体がこの問題に対する意識を変え，取り組んでいく必要があるのです。

## 2　貧困を生きる子どもへの支援

　ここでは，貧困の状態にある家庭や子どもに対する学校や地域社会での支援の在り方について学んでいきます（以下，教職員，福祉や心理など支援に携わる者を「支援者」と表記します）。

### （1）学校現場での取り組み

　学校教育には，子どもが社会の中で生きていく力を育むという役割があります。たとえば，教科教育であったとしても，単に新しい知識や技能を身に付けさせることだけを目的としているのではなく，考える力，集中して物事に取り組む力，表現をする力，嫌なことや苦手なことであってもチャレンジする姿勢を育みます。このことに関して，植阪・植竹・柴（2021）はつまずいたとしても自分で自分を助けられる自立した学習者を育てることの重要性と，そのためには学び方の支援と学習に対する考え方の支援が必要であることを指摘しています。さらに，これらはすべての子どもにいえることですが，貧困の状態にあ

る家庭は，余裕のなさから，将来につながる教育を行うことが難しいことも述べています。教育とは本来，家庭で行われるものと学校で行われるものが相まって子どもの成長を促します。しかし，貧困の状態にある家庭はこれまで述べてきたとおり，その機能を十分に果たすことが難しい状況にあります。そして，それが子どもの学校での学習態度や意欲，学習理解に影響を及ぼし，教育の格差につながり，貧困の世代間連鎖を生じさせてしまうのです。そのことを踏まえ，家庭に対しては必要なサポートをすることで機能をもてるようにすること，そして，子どもに対しては根気よく丁寧な指導を行っていく必要があります。

　また，学校ではクラスメイトや同級生と共に生活をすることで，多様な価値観に出会ったり，協力することや多様性を尊重すること等，さまざまなことを経験的に学びます。その中で，コミュニケーション力やソーシャルスキルを身に付けていくことが重要です。鈴木（2019）は貧困の中で育つということは，さまざまな機会が剝奪された状態で育つということであり，常識と世間が想定している行動を学ぶ機会がなかった，あるいは，常識的な振舞では生き抜いてこられなかった可能性を示唆しています。そのような事情を汲みながらも，学校では人との関わりの温かさや大切さを伝え，人間関係形成や維持のために必要なスキルを支援者が自ら実践しながら教えていくことが重要です。

　一方で，貧困の状態にある家庭の子どもは現在の生活が「普通」であると思っているかもしれません。しかし，教職員や他の子どもたちとの関わりを通して，視野を広げることも大切です。そして，周囲の人たちの力を借りながらも，現在の生活とは違う将来を切り開くことができるということを伝えましょう。学校はすべての子どもが社会の中で生きていく力を育むために重要な役割を果たしていくのです。


### （2）社会としての取り組み

① 地域社会の取り組み

　現在，自治体やNPO法人を中心に子どもの貧困の問題に対してさまざまな取り組みがなされています。たとえば，子ども応援ネットワーク埼玉では，地域の人たちと協力をし，子ども食堂や無料学習塾，プレイパークなどの「こど

もの居場所づくり」に取り組み，県内に小学校の数と同じ800カ所の設置を目指しています。また，江戸川区では食の支援員が家庭に出向き，買い物から調理片付けまで行う「食事支援ボランティア派遣事業「〜できたて食べてね〜おうち食堂」」や，区内のお弁当屋さんが手作りのお弁当を届ける子ども配食サービス事業「KODOMOごはん便」を行っています。このような取り組みは，自治体や運営団体，学校，地域が貧困の家庭と子どもを中心に考え，互いの立場や役割を超えて関わる中で実現していくのです（鈴木，2019）。

　また，実際の支援に際しては，そこに伴う人間関係やコミュニケーションが重要になります。たとえば，食事の提供においても，人と食事を囲む温かさや，そこで生まれる会話といった人と人との交流が真に支えていくことになります。このようにして，貧困の状態にある家庭やその子どもを孤立させないようにすることが大切です。

② 国の施策

　社会的な取り組みの1つとして，国としての取り組み（法律・施策）も学習しましょう。日本の貧困の現状から，すべての子どもの現在および将来が生まれ育った環境によって左右されることなく，心身ともに健やかに成長し，教育の機会均等を図るため「子どもの貧困対策の推進に関する法律」（平成25年6月成立，平成26年1月施行，令和元年6月改正）が制定され，子どもの貧困対策に関する基本的な方針等を定めた「子供の貧困対策に関する大綱〜日本の将来を担う子供たちを誰一人取り残すことがない社会に向けて〜」が作成されました。これには，(1)貧困の連鎖を断ち切り，全ての子供が夢や希望を持てる社会を目指す，(2)親の妊娠・出産期から子供の社会的自立までの切れ目のない支援体制を構築する，(3)支援が届いていない，又は届きにくい子供・家庭に配慮して対策を推進する，(4)地方公共団体による取り組みの充実を図るという基本方針が記されています。そして，学校は地域に開かれた子どもの貧困対策のプラットフォームと位置付けられ，貧困により苦しい状況にある子どもを早期に発見し，早期に生活支援や福祉制度支援につなげる体制づくりや地域や関係機関との連携強化が求められています。さらに，教育の機会の格差への対策と

して，高校中退を防止するための支援や中退後の継続的なサポートの強化，大学等進学に対する教育機会の提供についても記されています。法律等の制定が社会の意識を変えることに役立つことを切に願います。

## 3　貧困を生きる子どもに寄り添い共に生きる

　ここでは，私たちが貧困の状態にある家庭や子どもに寄り添い共に生きるという視点から，支援者の構えについて考えていきます。

　まず，支援者は日本の貧困の現状とこの問題の本質を理解する必要があります。これまで述べてきたとおり，日本は子どもの約7人に1人が貧困の状態にあり，身近な問題であることがわかります。また，子どもは学習への意欲や学習の理解度の低さ，学校の欠席・遅刻・早退，場合によっては非行といった形でSOSを出してくるかもしれません。支援者は，子どもの行動の背景にはどのような問題があるのかを見極めることが重要です。

　また，問題の本質とは，貧困とは経済的な事情に端を発し，その家庭に育つ子どもの現在の生活，心身の健康，教育の機会に影響を与え，社会的孤立や社会的排除という問題を引き起こし，世代間連鎖となって次の世代に引き継がれていくということです。また，そのため，貧困の状態にある家庭の子どもが自らの力のみで貧困の状態から抜け出すことは難しく，社会で取り組まなければならない問題であることを理解しましょう。

　これらを理解した上で，その家庭や子どもの立場に立ち，配慮しながら支援の方法を検討し関わり続けることが重要です。たとえば，貧困の状態にあってもお金のことは誰かに相談しづらかったり，援助を申し出にくいという気持ちもあるでしょう。このことは生活保護の捕捉率（生活保護の受給条件を満たす者のうち，どのくらいの割合の人が実際に受給しているか）が20%にも満たない現状からも推測できます（鈴木，2019）。このように経済的に困難な状況にあっても助けを‘求められない’，‘求めづらい’，‘求めない’という心理を汲む必要があります。支援者は，この問題の本質を理解した上で，大切なことは，家庭やその子どもの現在の生活と将来を守ることであり，経済的な支援を受け

ることは必要なことであるという姿勢を示すことが重要です。

　また，貧困の状態に身を置く子どもは，貧困の状態を「普通」の生活と捉えているかもしれません。そのため，困っているという認識が薄かったり，助けを求めるという発想には至らない可能性もあります。この場合，子どもにとって大切な家族や家庭への批判，価値観の押しつけにならないように配慮しながら，関わっていくことが重要です。

　一方で，支援者もお金のことは，とりわけプライベートなことのため，他の家庭に対して経済的に困難な状況だろうと感じても立ち入りづらいという気持ちがあるのではないでしょうか。しかし，支援者のこのような気持ちが結果的に社会的孤立や社会的排除を成立させてしまっているのかもしれません。そのことを理解し，支援者は「何か困っていることはありませんか。よろしければお話いただけませんか」「何かお手伝いできることはありませんか」と声をかけていくことが重要になります。

　このように貧困の状態にある家庭とその子どもが貧困から脱出する力を身に付けていくために，まずは社会的な理解と支援が先に立つ必要があります。それでは，この問題を知った私たちには何ができるでしょうか。そのことを考え続け，できることを行動に移していきましょう。

---

**学習課題**

（1）日本の貧困の現状を知り，貧困はどのような問題をもたらすかを貧困の世代間連鎖という視点からまとめましょう。

（2）貧困の状態にある子ども自身に対してどのような支援ができるか，また，私たちは社会の一員として，貧困の問題にどのように取り組むことができるかをまとめましょう。

---

**引用文献**

阿部彩（2008）．子どもの貧困——日本の不公平を考える——　岩波新書

阿部彩（2014）．子どもの貧困Ⅱ——解決策を考える——　岩波書店

江戸川区　食の支援事業（子ども食堂・食事支援事業）

https://www.city.edogawa.tokyo.jp/e077/kosodate/kosodate/kosodateshien-jigyo/syokunosien.html（2022/07/01）

厚生労働省（2019）．国民生活基礎調査

三菱UFJリサーチ＆コンサルティング（2021）．令和2年度　子ども・子育て支援推進調査研究事業　ヤングケアラーの実態に関する調査研究報告書

内閣府（2020）．令和3年版　子供・若者白書

中島佳世（2020）．子どもの放課後を支える包摂的な教育環境形成　第3節　全国で広がる子どもの居場所づくりと学習支援　松田恵志（監修）入江優子・加瀬進（編著）子どもの貧困とチームアプローチ――"見えない""見えにくい"を乗り越えるために――（pp.163-171）　書肆クラルテ

嵯峨嘉子（2019）．生活と貧困　I　ひとり親世帯の子どもおよび親の生活　山野則子（編著）子どもの貧困調査――子どもの生活に関する実態調査から見えてきたもの――（pp.85-101）　明石書店

埼玉県　こども応援ネットワーク埼玉
https://kodomoouen.pref.saitama.lg.jp/（2022/07/01）

阪無勇士（2021）．虐待に気づき関わる　村上香奈・山崎浩一（編著）子どもを支援する教育の心理学（pp.163-180）　ミネルヴァ書房

鈴木晶子（2019）．社会・地域を変える生活困窮者自立支援法と子どもの貧困対策法を目指して　吉住隆弘・川口洋誉・鈴木晶子　子どもの貧困と地域の連携・協働（pp.17-29）　明石書店

所道彦・小林智之（2019）．貧困概念とはく奪指標　山野則子（編著）子どもの貧困調査――子どもの生活に関する実態調査から見えてきたもの――（pp.33-48）　明石書店

植阪友理・植竹温香・柴里実（2021）．教育心理学と実践活動　貧困家庭の子どもへの心理学を活かした学習支援――認知カウンセリングの発送を活用したある施設での実践から――，教育心理学年報，*60*，175-189.

山野則子（2019）．3つのキャピタルの関連　山野則子（編著）子どもの貧困調査――子どもの生活に関する実態調査から見えてきたもの――（pp.49-60）　明石書店

（村上香奈）

# 第9章

# 多様な性を生きる子どもを知る

　あなたが考える「性（Sexuality）」の当たり前とは何でしょうか。本章では「性自認（自分の性が何かという認識）」という言葉が出てきます。「えっ，性は生物学的に決まっているのでは？」と思ったあなたはチャンスです。当たり前だと思っていることが当たり前ではないと捉え直す，つまり，「エポケー」せざるを得ないからです。エポケーとは，哲学用語で判断停止，中止，留保という意味です。学問は人間世界を捉え直すツール，つまりエポケーの道具です。

　本章では，あなたが普段捉えている性をエポケーし，子どもたちの発達に寄与する考え方に出会います。性について「こういうことで子どもたちは生きづらさを感じているんだ！」という具体例を知り，多様な性を生きる子どもたちが心身ともに健康に生きていくための，私たちなりの支援の具体を一緒に見つけ，支える旅に出ていきましょう。

## *1*　多様な性を生きる子どもの理解

### （1）多様性に対する無知（Ignorance of Diversity）

　現在，性は「身体，感情的な愛着と愛，セックス，ジェンダー，ジェンダーアイデンティティ，性的指向，性的親密さ，快楽と生殖についての理解と，これらの関係性を含む，人間であることの中核として理解される可能性がある」（ユネスコ，2017）と説明されています。このユネスコの説明を読んで，性とは何かということがイメージできますか。近年，性は，身体やセックスだけをさす概念から広がりをみせ，人間の生き方そのものを表現するための豊かな概念として捉えられるようになりました。「性」は人間の多様性を表現する観点になってきたのです。

　ただ同時に，多様な人間の性を表現する基準は，どのように性を捉え，どの

ような言葉で分類して考えるのかによって変わってきます。生物学的に，社会文化的に，心理的に，宗教的に，政治的に，法的に，倫理的に，歴史的に分類していくと，性の捉え方は様々に異なるものです。たとえば，時代や国が異なれば，同性愛が「罪」である場合や，そうでない場合があったり，15歳で出産することが「当然」である場合や，そうでない場合があったりするでしょう。

　私たちが見ている世界は，私たちがつくってきた基準で形作られています。私とあなたは違う人間ですが，「人間」という基準で捉えれば同じ生き物になります。また，同じ私であっても，違う基準で見たら異なって分類されます（たとえば，「日本人」「女性」「妻」「次女」「ドラマー」「大学教員」「足のサイズ22センチ」……）。どのように線引きするかによって見えが変わる，つまり，人間の分類は，社会文化的な基準（物差し）によって構成されるものなのです。

　単なる人為的な基準に過ぎないとしても，社会的な基準による分類は，大多数の人たち（マジョリティ）が当てはまる枠組みをつくり，そのことで，その基準からこぼれてしまう少数の人たち（マイノリティ）を生みます。時にこうした分類の問題で，傷つけたり，生きづらさを感じさせたりすることがあるのです。たとえば，性自認が「男性」でも「女性」でもない人は，男女の基準で分けられたトイレ使用の際に，困ることがあるでしょう。人間は多様である，と言いながら，そのことに気づいていない「多様性への無知」が，当事者を傷つけてしまうことがあります。たとえば，車椅子ユーザーは，約200万人（全人口の約2％）いることを知らなければ，車椅子が入りにくい建物を作ったり，買い物しにくい店内の配列にしたり，彼らにとっての生きづらさを作ってしまう可能性があります。

## （2）性に関する生きづらさや困難さの具体例

　これまで，人間を分類する基準は私たち自身が作ったものであり，社会文化的な物差しに過ぎないと説明しました。それでも，この物差しは，分類するだけでなく生きづらさを作ってしまう力を秘めています。単に分類だけの問題に帰属することはできないことですが，性について生きづらさや困難さを抱えている子どもたちは，いじめや不登校，引きこもり，自傷行為，自殺企図といっ

た課題を抱えているケースが多いことが示されています（日高，2008；中塚・江見，2004）。たとえば，第二次性徴によって変化していく自分の身体の性別と心の性別が合致しない子どもは，自分の性器や胸，喉仏を傷つけてしまう場合があります。自分が男性であること，女性であることを受け入れられない時，当事者にとっては吐き気を催すほどの苦痛になることがあるのです。他にも，同性愛者を自認する子どもは，恋愛＝異性愛という前提の会話を聞いたり，映像やポスターを見たりするだけで自分を否定された気持ちになる場合があります。マイノリティに分類される人たちは，マジョリティの言動に当事者を傷つける意図があろうとなかろうと，直接・間接的に自分を否定された気持ちになりやすく，その結果，自己肯定感を下げることになります。マイノリティだと感じることが自己の否定に感じるのでしょう。

　こうした性に関するアイデンティティはどのように形成されていくのでしょうか。私たち人間は，表9-1のとおり，成長の過程で性についてさまざまな要素を学習し，発達していくと言われています。つまり，私たち自身の学習環境によって，性への捉え方が異なって当然だといえるわけです。特に思春期は，「自分とは誰か」や「自分とは何か」というアイデンティティに関することを考えやすい時期で，性は，この問いを考える上で欠かせない要素です。自分が男性なのか女性なのか，そもそも男性とは何か，女性とは何か，自分は誰を好きなのか，自分に好きという気持ちはあるのか，といった性に関する要素で自身のアイデンティティが揺らぐことがあります。そうした子どもたちのアイデンティティの揺らぎに寄り添い，より良い発達を支えていくことが，大人に求められている役割なのです。

　ここでは日常生活の中で「性」が立ち現れる場面で，子どもたちがどのような生きづらさや困難さを感じるのか，12の架空のシーンで説明します。「このようなことが起きているのか」と思ったあなたは，あなた自身がマジョリティの側に立って物事を見ている可能性があるかもしれません。「こういう場面で傷つく人がいるかもしれない」ということを知ることで，「多様性の具体の引き出し」を増やしてください。逆に，「そうそう，こういうことあるんだよね」と思ったあなたは，こんな風に取り上げないと見逃されることなのだと，マジ

表9-1　性の発達の多様性

| | 概念または信念 | アイデンティティまたは自己知覚 | 嗜好 | 行動上の役割 |
|---|---|---|---|---|
| 生物学上/分類上の性別 | ジェンダーについての知覚，ラベリング，永続性 | 男性もしくは女性，という主観的な感覚または自己 | 男性あるいは女性になりたいと願うこと | 個人のジェンダーについての身体的属性の表示（服，体型，髪型），異性装，性転換症 |
| 活動や興味関心（おもちゃ，遊び，職業，家庭の役割や仕事） | おもちゃや活動などについてのジェンダー・ステレオタイプあるいは信念の知識 | ジェンダーに関連した活動や興味関心の自己知覚 | おもちゃやゲーム，活動の好み | ジェンダーでタイプ分けされた遊び，活動，職業や達成課題に従事すること |
| 個人−社会の属性：個人の特性，社会的行動，能力 | 個性と望ましい社会的行動についてのジェンダー・ステレオタイプまたは信念の知識 | 自分自身の特性や能力の知覚（自己評価質問表による） | ジェンダーと関連した属性を持つことへの好みと願い | ジェンダーでタイプ分けされた特性（攻撃性，依存性）や能力（数学）の表示 |
| 社会的関係性：仲間や友人，恋人の性別とその遊びの質 | ジェンダーに基づいた人間関係の規範についての概念 | 友人関係，交際関係，性指向についての自身のパターンの自己知覚 | 性別またはジェンダーに基づく社会的関係についての社会的相互作用や社会的判断の好み | 性別またはジェンダーに基づいて他者と社会的活動に従事すること（同性の仲間との遊び） |
| 様式や表象：身振り，発話パターン（テンポ），容姿，身体イメージ | ジェンダーに関連した表象や様式の知覚 | 非言語的な様式の特徴と身体イメージについての自己知覚 | ジェンダーでタイプ分けされた様式的・表象的事物または個人の特性についての好み | ジェンダーでタイプ分けされた言語的・非言語的行動の顕在化 |
| ジェンダーに関連する価値 | ひとつの性別やジェンダー役割がもう一方より価値があるという知識 | 集団アイデンティティに関連した自己知覚 | 内集団/外集団のバイアス，先入観，平等主義役割に対する態度 | 内集団/外集団の差別 |

出所：Diane et al., 2006をもとに筆者作成（「男女」二値のまま翻訳）。

ョリティの現実認識の有り様について考えてほしいです。

①「男女」の二値が可視化されるシーン

1-1　名前を呼ばれるシーン

　自分の身体や心の状態を受け入れられない子どもにとっては，自分のアイデンティティである「名前」を呼ばれるだけで辛い場合があります。さらに性別を特定する「くん」「ちゃん」といった呼称を嫌がることがあります。逆に家

166

族に虐待を受けていて「名字」を呼ばれることが苦痛な子どもがいる場合にはどうしたら良いでしょうか。子どもたちは本当に多様なのです。

## 1-2　トイレに行くシーン

　性別違和（身体的性別と心理的性別が合致しない状態）を認識している子どもたちは，普段のトイレ使用で困ることがあります。「自分は（心理的性別は）女性なのに，（身体的性別が男性なので）男子トイレに入らなくちゃいけない。かといって，個室には入りづらい」「自分は（心理的性別は）男性だから，（身体的性別と合致している）女子トイレにそもそも入りたくない」といった場合，トイレが空いている授業中にこっそり行っていることがあるかもしれません。また，たとえば，見た目は「女性」で制服は「男性用」を着用して通学している場合，公衆の場で「どちらのトイレに入れば良いのかわからないし，多目的（多機能）トイレがないと本当に困る」といったことがあります。

## 1-3　グループ分けや廊下や校庭に並ぶシーン

　保育園や幼稚園では「男の子」「女の子」を基準にグループを作ったり，学校では移動教室で廊下に並んだり，全校集会で校庭に集まったりする際，「男女」を基準として分けられる場合があります。「自分は男子／女子なのに，女子／男子のグループに入らなければならない」あるいは「自分の性別は男子でも女子でもないのに，どちらかに並ばなければいけない」といったようなことで苦痛を感じている子どもがいるかもしれません。

## 1-4　制服／髪型の規定に関する校則に従うシーン

　制服のズボンやスカートを履く，髪を短く切っていなければならない，あるいは伸ばさなければならないということを苦痛に感じ，生きづらさを感じている子どもがいます。近年，制服についてはどちらでも好きな方を選んで良いとする学校が増えつつあるようです。そもそもなぜ，制服は二種類で，それぞれの性別がわかるように作られているのでしょうか。多くの学校では校則によって服装や持ち物が決められています。あまり知られていないことですが，校則

は「絶えず積極的に見直さなければならない」（文部科学省，2010，2022）ものとして位置付けられています。

## ② 身体を見られるシーン

### 2-1　体育の着替えのシーン

　性別違和を認識していたり，第二次性徴による身体的な変化に心理的な発達が追いつけなかったり，自分の身体に違和感を覚えている子どもにとっては，他者に自分の身体を見られるのは苦痛かもしれません。特に水泳の時間は，身体のラインが出やすい水着を着用する必要があるので，「体育嫌い」を誘発する要因になります。2023（令和5）年2月現在，ジェンダーレスの水着を採用する学校が出始めましたが，男性用のスクール水着は上半身の露出したものが一般的であり，苦痛を感じている子どもがいるかもしれません。そもそも性に関してだけでなく，自分の身体にコンプレックスを抱えている子どもは（大人も）少なくはないでしょう。相手に身体を見られる，身体について注目される場面そのものが，どんな子どもに対しても（大人であっても）傷つける可能性を含んでいます。

### 2-2　宿泊体験学習の入浴のシーン

　「1-2　トイレに行くシーン」でも記載しましたが，性別違和を認識している子どもは，社会の中にある施設が「男女」の二値で分けられていることで生きづらさを感じています。宿泊体験学習の入浴のシーンでは，「男湯」「女湯」で分けられていることに加えて，「自分の身体を見られる」というリスクもあります。同性に恋愛感情を抱く「同性愛者」の場合，好きな人が同じクラスにいたら，「一緒に入浴する」ことになるのでそのことが生きづらさを感じさせる場合があるのです。

　また，身体が先天的に非定型発達である性分化疾患（DSDs）の子どもは，「自分の身体について何か言われたらどうしよう」と，全裸を他人に見られることに不安があり，宿泊体験学習そのものに参加することをためらうことがあるかもしれません。

## 2-3　健康診断を受けるシーン

　眼科や歯科とは異なり，脱衣を伴う内科の健康診断は男子，女子に別れて実施することが多いでしょう。性別に違和感を覚えている子どもは，「男女」に分かれること自体に抵抗があるだけでなく，自分が望まない性別で身体を医者に晒すことに苦痛を感じる場合があります。子どもによっては「健康診断がある」と聞いた時点で学校に行けなくなり，不登校につながる場合があります。

## ③　恋愛や結婚，出産に関するシーン

### 3-1　交際の話をするシーン

　「彼氏ができたか？」「彼女ができたか？」という恋愛の話をすることで傷つく子どもたちがいます。「自分は同性が好きなのに……」といった同性愛者の自覚がある場合や，「同性も異性も恋愛対象なんだけど……」といった両性愛者を自覚する子どもは，「彼氏」「彼女」といった限定的な言葉で傷つくのです。「男の子が好き」な「男の子」が「好きな女の子のタイプは？」と聞かれた場合，「（男の子が好きなことは普通じゃないんだ……）」と自分を否定するきっかけになることがあります。

### 3-2　アイドルの話をするシーン

　子どもによっては「人は誰でも誰かを好きになる」という価値観を押し付けられることによって，生きづらさを感じる場合があります。たとえば，他人に恋愛感情を抱かないといわれるアセクシュアルの子たちは，自分は男性／女性には興味がないのに，「男性／女性アイドルグループの○○がかっこいい／可愛い」という会話の中で「誰が好き？」と問われ，答えられないことで苦しくなったり，「えー好きな芸能人いないの？（好きな芸能人がいないことは変だよという内言を読みとる）」と言われて，傷ついてしまうことがあります。「周りは当たり前のように振る舞っているように見えること」に対して，「自分は出来ていない？」「自分は普通じゃない？」という認識を抱き，そのことで不安を抱え，本人は辛く苦しい状態に追い込まれるのです。

### 3-3　結婚して子どもを作るという話をするシーン

　DSDs の人たちは先天的に赤ちゃんを作れない場合があります。そうしたことが原因で「パートナーができないかもしれない」「好きな人の子どもを産めないのは辛い」と悩んでいるかもしれません。

　身体的に定型発達であり，生物学的に子どもを作ることが可能でも，同性カップルの場合は，パートナーと同性であることから，子どもをもつことについて大きな障壁があるでしょう。そもそも2023年2月現在の日本ではパートナーシップ制度が始まりつつも，法的に同性同士の婚姻は認められていないことが当事者たちの生きづらさを生み出しているともいわれています。

### ④「らしさ」が強調されるシーン

### 4-1　話し方や振る舞いについて指摘されるシーン

　「男性らしくあれ」「女性らしくあれ」という圧力は，何気ない日常で作用します。たとえば「男性らしくあれ」ということが強調されるのはどんな時でしょうか。「女の子」の集団の中に1人だけ「男の子」が混じり，「女の子たち」と一緒に「女らしい」話し方で話し，「かわいい」「ピンク」のものを身に付けている時，「なんだよ，お前，女に混じりやがって。女っぽい喋り方で女物なんか持って，気持ち悪いな」と指摘されたら，その「男の子」は「男性」であることを理由に「自分らしさ」を否定されることになります。男子の中には，「男性らしくあれ」という社会的圧力によって生きづらさを感じている子どもたちがいるのです。

　一方で，「女性らしくあれ」ということを強調され，そのことで苦痛を感じる子どもたちがいます。「膝を閉じて座りなさい，女の子なんだから」「女の子なんだから大人しくしていなさい」といわれたら，「女」であることを理由に，自分の振る舞いを否定されることになります。

### 4-2　服装や化粧について指摘されるシーン

　近年，ジェンダーレスの服や化粧品が販売されるようになってきましたが，社会的に男性らしい服装，女性らしい服装があり，身体的性別に合致した服装

や化粧をすることが求められることで，生きづらさを感じる子どもがいます。「1-4　制服／髪型の規定に関する校則に従うシーン」でも説明しましたが，制服や髪型は典型的な例でしょう。身体的性別は男性であっても，ピンク色のフリルがついた服を着たい，スカートを履きたい，化粧をしたい，20歳になったら振袖を着たい，という思いをもっている子どもにとっては，自由にその欲求を表現できないことが生きづらさを生み出しているのです。

　自分の「身体の性」と同じ態度や行動を他者に求められると，そこに違和感を覚え，苦痛を感じる子どもたちがいます。

　本項で紹介した12のシーンは，性に関する生きづらさや困難さを感じる子どもの「個人内の問題」と捉えられるかもしれませんが，他者との関わりの中で「性」が顕在化したことによる「個人間にある問題（社会モデル）」です。つまり，多様な他者と関わって生きる社会では必ず起こる問題だといえます。

## 2　多様な性を生きる子どもへの支援

　ここでは，性に限らず，他者に対して「意図を持って攻撃せず」「意図しない傷つけを行わず」，互いが安心して過ごせる環境を作るためには，どのような関わり方が求められているのかについて考えていきましょう。本節では学校現場をフィールドに，「教師」の在り方を前提に話を進めていきますが，読者の皆さんの置かれた立場や環境の中だったらどうだろう，とそれぞれの立場に置き換えて読み進めていってください。

### （1）多様な性に関する知識を得る

　これまで説明してきたとおり，「多様な人がいるということへの無知（Ignorance of Diversity）」は，子どもたちを支援していく上で大きな弊害となります。どんな子どもも，一人の人間であり，人間とはそれぞれ異なっているという前提を理解しようと日々努めることが大切です。表9-2では，多様性に対する無知が引き起こすトラブルを避け，「知」を増やすことを目的として，性を

① 身体の性，② 心の性，③ 性的役割，④ 性的指向の４つに分類して説明しました。これは子どもの生きづらさを説明するための便宜上のものであり，それぞれのカテゴリの中にも多様な人がいます（たとえば「身体の性」の「定型発達」に該当する人たちであっても，一例として性器の形やサイズは異なります）。繰り返しになりますが，あなたという人間が二人はいないように，目の前にいる子どもたちもたった一人の人間であり，それぞれ異なっているという前提を忘れないでください。性は個人間の社会的な対話であらわになることだからこそ，対話的に学んでほしいと願っています。

### （2）安心して過ごせる環境づくり

　多様な性を生きる子どもにとって，自分が「他の人と違うかもしれない」ということを打ち明けるのは非常に困難です。自分の性に関するマイノリティ性を打ち明けないでも安心して過ごせるなら，それに越したことはないでしょう。最も理想的な環境は，すべての子どもが，自分が「少数者の枠組みの中にいる」というマイノリティ性をそのままに，他者に打ち明けてわかってもらわずとも，安心して過ごせることです。性に関する自分のマイノリティ性を他者に打ち明けることを「カミングアウト」といいますが，当事者のほとんどは「笑われるかもしれない」「否定されるかもしれない」といった不安から，カミングアウトすることができません。そのため，学校現場では「このクラスには，性について悩む子はいない」と考えてしまいがちです。

　どのクラスにもマイノリティの子どもがいる可能性を考慮すれば，「そのような子どもはいないから大丈夫」という学級経営を行っていると，「どんな子どもも安心して過ごせる」というクラスの雰囲気づくりが醸成されません。「他者が傷つくことを平気で言う」クラスと，「他者を思いやる発言ができる」クラスでは，子どもたちの生きづらさや困難さは大きく異なります。性に限らず，どんな悩みごとを抱えていても，「今日もこのクラスの一員でよかった」と思えるような環境づくりが重要になります。

　教師は，何気ない一言で子どもの人生を変える存在です。教師の発言や態度によって，子どもが心の傷を負わないようにするために，どんなことに気をつ

表9-2　多様な性に関する4つの分類

| 基準 | マジョリティ | マイノリティ | 備考 |
|---|---|---|---|
| 身体の性<br>（生物学的性：<br>Biological<br>Sex） | 定型発達 | 非定型発達<br>（DSDs） | 染色体の組み合わせ，性線の発達の程度，性ホルモンの分泌量，内性器・外性器の発達などの状態によって「男性」か「女性」かを決めているので，先天的に非定型的な状態である場合はDSD（性分化疾患：Disorders of Sex Development／身体の性のさまざまな発達：Differences of Sex Development）と呼ばれる。注意すべき点は，DSDs当事者のほとんどは「男性」あるいは「女性」のどちらかの性自認を持っており，「心の性」とは全く別の問題であること（ヨヘイル，2018）である。 |
| 心の性<br>（性自認：<br>Gender<br>Identity） | 身体的性と一致 | トランスジェンダ，<br>Xジェンダー，<br>クエスチョニング | 身体の性と心の性が一致していないことに違和感があることは「性別違和（Gender Dysphoria）」といわれている。性別違和の状態に苦痛を感じ，性別適合手術が必要な場合，専門家による診断によって「性同一性障害（GID：Gender Identity Disorder）」という診断名がつく（詳細は日本精神神経学会が定める「性同一性障害に関する診断と治療のガイドライン（第4版改）」を参照のこと）。手術そのものは20歳以上でなければ行えないが，身体の発達を投薬によって抑制するホルモン療法は15歳から行うことが可能である（2022年3月時点）。 |
| 性的役割<br>（Gender<br>Role） | マジョリティに期待される役割をパフォーマンスする | マジョリティに期待される役割をパフォーマンスしない | 性的役割とは，いわゆる「男らしさ」「女らしさ」のことで，態度や行動パフォーマンスによって可視化される。例えば，名前，言葉づかい，振る舞い，他者との関わり方，服装，髪型，化粧，持ち物など。そもそも，自分らしさ，学生らしさ，社会人らしさ，といったように「らしさ」はどのようなカテゴリにも存在する。具体的な「らしさ」に対する感覚は，人によって異なるはずだが，社会的に期待されるパフォーマンスの積み重ねが時に人を縛り，窮屈に感じさせるだけでなく，その当事者を深く傷つけてしまうことがある。 |
| 性的指向<br>（Sexual<br>Orientation） | 異性愛 | 同性愛（ゲイ・レズビアン），両性愛，パンセクシュアル，アセクシュアル，ウーマセクシュアル，マセクシュアル | 性的指向とは，性的な感情や欲求がどういう対象に向かうのかということで，生涯に渡って変化することはないとする考え方や，途中で変化することがあるとする考え方がある。特に思春期は，第二次性徴という身体の変化に伴って，心も大きく変化する時期であり，身近な同性の友人に対して恋愛感情を抱くことはあるだろうし，そもそも恋愛感情とは何かということで悩む子どもたちがいて然るべきだろう。 |

注：網掛け部分は，いわゆるLGBTQといわれる人たちのカテゴリ。
出所：筆者作成。

けたら良いでしょうか。この問いに正解はなく，常に皆で問い合う価値のある
ものです。少なくとも，もし，子どもがあなたに話をしてくれたら，まず「話
してくれてありがとう」という態度を必ず示しましょう。

### （3）「アウティング」の危険性と「情報共有」の可能性の理解

　注意しなければならないのは，「アウティング」です。アウティングとは，
本人の許可なしに，当事者の性に関する内容を他者に話してしまうことで，当
事者が「アウティング」と判断した時点で，それはアウティングになります。
自治体によっては条例で「アウティング」を禁止しているところがあります
（東京都国立市，三重県など）。アウティングの問題点は，本人の許可なく他者
に話したことで，周りの人の振る舞いが変化し，結果として本人が傷つけられ
るような環境が構成されてしまうことです。こうした「アウティング」の問題
は，特に注意が必要です。

　一方で，学校現場では，教師同士の「情報共有」によって，子どもの支援が
適切に行われる可能性が大いにあります（文部科学省, 2010, 2022）。むしろ，
教師同士が連携し，適切な情報共有を行うことは推奨される教育的支援のあり
方です。たとえば，子どもが担任にだけ，自分の性についてカミングアウトを
したとします。担任はその事実を信頼できる養護教諭に話し，養護教諭はその
事実を心の中に留めておきました。ある日，その子どもが保健室を訪れ，主訴
として「頭が痛い」と伝えたとします。担任からその子どもの情報を得ていた
養護教諭は「頭が痛くなるのは，心の悩みからくることもあるんだけど，何か
心配なことがあるの？」と話をふります。これにより，子どもは「実はね
……」と自分の性の悩みについて話を始めることができました。もし，担任が
養護教諭に情報共有をしていなければ，その子どもの悩みは永遠に打ち明けら
れることはなかったかもしれません。ただし，担任が養護教諭に話したことで，
その子どもを傷つけるような結果が生じた場合，「アウティング」と認定され
るかもしれません。子どもに対する支援としての「情報共有」の可能性と，
「アウティング」の危険性については，十分に理解し工夫する必要があります
が，一体，情報共有とアウティングはどこが違うのでしょうか。守秘義務と個

人情報の取り扱いは，教師になる上で大切なことですので，これらの違いについて考えてみてください（詳細は「生徒指導提要」第6章（文部科学省，2010，2022）を参照のこと）。

### （4）つながり続ける

　子どもの生きづらさや困難さに気づけないこともあるでしょう。そうした場合，教師は，子どもたちと「つながり続ける」ことが最も重要になります。特に思春期は，心の状態が変化しやすいものです。性に関して悩んでいる子どもは，自傷行為経験率が2〜4倍高く，メンタルヘルスが不調である傾向が明らかになっています（日高，2020）。誰にも相談できず，自分自身を含めて誰にも自分を認めてもらえず，孤立してしまうからだと考えられます。

　子どもによっては「ただ話を聞いて欲しいだけ」という場合がありますし，「この苦しみをどうにかしたい」と具体的な支援を求めてくる場合があります。前者の場合には，受容的な態度で傾聴しましょう。その場で評価したり，アドバイスをしたり，何か解決策を決める必要はなく，その子どもが安心して自分らしくいられるように，つながり続けることが教師の役割です。

　後者の場合には，継続的に話を聞き，スクールカウンセラーや専門機関につなぐことで困難さの解消を目指すことが必要になります。養護教諭や管理職，担任や生徒指導担当といった少人数でチームを組んで対応する場合や，学校全体で情報共有して取り組む必要がある場合があります。そうした時，たとえば「トイレ使用について先生たちで検討したいから，他の先生に話して良いかな」と確認を取ってから，教師間で連携して対応すると良いでしょう。具体的な対応については文部科学省HPに掲載してある「性同一性障害や性的指向・性自認に係る，児童生徒に対するきめ細かな対応等の実施について（教職員向け）」を検索して，参考にしてください。原則として報告・連絡・相談を徹底しましょう。

　デジタルネイティブ世代は，わからないことや不安なことがあるとインターネットで検索する場合が多いようです。ネットリテラシーが未成熟な子どもが科学的でないネットの情報を鵜呑みにし（直接ネットにアクセスせずとも先輩

や友人の噂話から間接的に),「私は〇〇なんだ」と思い込むことがあります。そのことで自分の気持ちがスッキリしたり,安心したりすることはとても大事なことです。

しかし,「自分とは誰か」ということに悩み,精神的に不安定な状態になるのは,「性」に関する課題だけが原因とは限りません。くれぐれも,支援する側の教師が「子どもの本当の課題」を見失わないように,つながり続けて,支えていきたいものです。

ただし,「性」に関して取り扱うことが得意でない場合には,積極的にあなた自身が関わる必要はありません。これは「積極的に関わらないという関わり」であって無関心とは異なります。なぜなら,苦手なことに取り組んだ結果,取り返しのつかない傷を子どもに負わせてしまう(最悪の場合には命を落としてしまう)可能性があるからです。最も大切なことは子ども自身の命と安全です。児童支援専任教諭やスクールカウンセラー,養護教諭や専門機関と連携し,情報共有しつつ,その子どもにとって最善の方法を選択しましょう。

ここまで,具体的な支援方法についてまとめてきましたが,冒頭でも述べたとおり,子どもは多様です。ここで挙げた事例に当てはまる場合もあれば,当てはまらない場合もあります。大切なことは,目の前にいるすべての子どもが安心して「自分らしく」社会に位置付いていられるように対話し,支え,つながり続けることです。

## 3　多様な性を生きる子どもに寄り添い共に生きる

### (1) 養護教諭を真似しよう!

養護教諭は,子どもたちと関わり,つながり続けるプロです。子どもたちの成績を評価する立場ではなく,ただただ子どもたちの幸せと健康を願っています。もちろん養護教諭にも多様性はありますが「児童生徒が生涯にわたって健康な生活を送るために必要な力を育成する」(文部科学省,2017)ことが職責であり,そのプロなのです。養護教諭以外の教師が「そうではない」ということがいいたいのではなく,養護教諭と子どもたちの関わり方から学べることが沢

山ある，ということです（詳細は文部科学省の「現代的健康課題を抱える子供たちへの支援〜養護教諭の役割を中心として〜」を参照のこと）。

　養護教諭は職業的スキルとして，どんな子どももまず受容します。子どもの言い分を聞き，情報収集しながら子どもが自分の健康について主体的に考えられるような足場かけをし，子どもとつながり続けるのが得意です。

## （2）レジリエンスを一緒に育むチームワークをしよう！

　レジリエンス（resilience）とは，重大な逆境やリスクの中で良好な適応を果たすことであり，本人の個人的能力だけでなく，周囲の大人たちが有形無形に与えている資源と本人が相互作用した結果によるもの（ウンガー，2015）のことです。言い換えれば，性に関する生きづらさを抱えている子どもが誰かに心を傷つけられた時，あなたがその子どもの味方であると伝え，それらを態度や行動で示し，関わり・つながり続けることで，子どもの心の傷を回復させようとすることです。そうした経験をさせることは，子どもが生涯にわたって孤立しない，「あの時，先生がいてくれたから」と安心感を与える教育的配慮です。

　人間は，誰しもが必ずといっていいほど傷つく経験をします。それは不条理な理由によるものもあるでしょう。その時，傷つけた相手の「不完全さ」を当事者自身が引き受ける必要はありません。相手が不完全であることは，当事者を傷つけて良い理由には全くなりませんが，心が傷ついたとき，当事者はその傷を回復させることに集中すべきですし，これから先も同じように誰もが傷つく経験をするかもしれないのですから，そうした「傷ついた時」の環境に適応できるような訓練（その環境から離れる，逃げることも含めて）を学校という守られた場所で，教師と共に行っておくべきです。性に限らず，社会で起こりうる不条理に適応する学習は，残念ながら必要なのです。

　同時に，教師としてできることは，周りの子どもたちも一緒に支えることです。子どもたちは悪意をもって，自分とは異なる相手を傷つけるのでしょうか。それとも自分たちの正義のために，異なる相手を攻撃するのでしょうか。すべての子どもたちにとって生きづらさを最小限にする教育的配慮とは何か，それを常に，対話的に考えていきましょう。

性について生きづらさや困難さを感じる子どもたちが存在し続ける限り，性に関する社会的な環境はこれからも成熟の余地があるでしょう。だからこそ，そうした逆境を跳ね除けられるような環境を，皆で一緒に育てることができれば，子どもたちの健康な発達を支えられるのではないでしょうか。

### （3）即興で共同する練習をしよう！

多様な性を生きる子どもたちだけでなく，多様な人生を歩んでいく子どもたちが社会に出ていくために，多様な他者と共同する練習は欠かせません。お互いが安心して関わり合えるかどうかは，日々の積み重ねが大事ですが，同時に，人生は即興です。即興で他者とやりとりし，やりとりがうまくいくように支える練習を，クラスで日常的に練習しましょう。たとえば，インプロ・ゲームが有効です（郡司，2019）。インプロ・ゲームとは，演劇のトレーニングの一つとして用いられる手法で，支援的で創造的な学習環境構築のためのツールとして有効であるもの（Lobman & Lundquist, 2007）として，教育現場で活用されるようになってきています。

たとえば，ロブマンらが同書で挙げた「どこまで数えられるかな？」という遊びを紹介します。① 全員が力を合わせて10まで数えます。② 誰かが「1」と言ってはじめ，続いて別の人が「2」と言うようにして，10まで数えます。③ もし，二人以上の人が同時に数を数えてしまったら，はじめからやり直しです。すぐにうまくいかなくても，何度もやってみることがおすすめです。自分だけでは成功できない即興での協力を体験できるでしょう。4人以上集まったらぜひ，試してみてください。ゲームを通してみんなで即興で共同することの面白さを，普段から実践できたら良いですね。

### （4）健康で持続可能な未来を一緒に育もう！

「自分は他の人とは違うかもしれない」と悩んでいる子どもたちは，身近にロールモデルとなる人がいない可能性があります。そのことで，将来に対する不安が募り，「自分は生きている価値がない」と考えやすくなります。そうした子どもが適切に安心して生きていくためには，傷ついた子どもと一緒に回復

していけるようなレジリエンスが育った環境の中で，「どんな大人になっていくのか」ということを一緒に考えてくれる大人の存在が必要不可欠です。将来に希望が持てる映画や本を一緒に探したり，子どもの話をただ聞いたりしながら，健康で持続可能な大人になりたい気持ちを一緒に育んでいきましょう。

　性について悩む子どもたちは，「仲間がいない」「孤立しやすい」という弱みにつけ込まれやすく，犯罪被害に遭う場合がありますので，決して子どもを孤立させないように注意してください。

### （5）「性」とは何かをエポケーし続けよう！

　冒頭で説明した，「性」は分類によって見方が変わるという話を思い出してください。本章では便宜上，「男性」「女性」という基準で説明をしてきました。また，身体，心，性的役割，性的指向といった観点を用いて性を捉えてきました。人間の世界は，人間が分類し，名づけたもので溢れています。性に関する「言葉」もエポケー（捉え直し）し続けることで，子どもたちの生きづらさを解消できるようになるでしょう。学問は現在の分類が「それで良いのか？」ということをエポケーするための装置です。未来は性別を表す言葉が100を超えているかもしれないし，逆に現在よりもっと少なくなっているかもしれませんね。検索語の使用頻度を経年のグラフで見ることができる Google Trend で「LGBT」という用語の検索をすると，10年前にはほとんど使用されていませんが，その後急速に増えています。明日は誰にもわかりません。この不確実な世界を生きているからこそ，ドキドキしたり，不安になったり，落ち着かなかったりします。不確実なものを不確実なものとして受け止める耐性を身に付け，性を捉えなおし続ける旅に子どもたちと一緒に出られたら，10年後，20年後の未来はより良い社会になっているかもしれません。皆さんの教師としての旅がより充実し，豊かなものになりますように，応援しています。

┌─ **学習課題** ─────────────────────────────────┐

（1）「1　多様な性の理解」の「（2）性に関する生きづらさや困難さの具体例
　　（pp.168～173）」で紹介した12の場面について，それぞれどのような具体的な支
　　援ができるのかを話し合ってみましょう。その際，伝えたいポジティブなフレー
　　ズを考えてみましょう。

（2）あなたが，多様性に無知（Ignorance of Diversity）の状態であっても，他
　　者を決して傷つけたりしない方法にはどのようなものがあるでしょうか（何かに
　　ついてわからないまま，間違えないでパフォーマンスできる方法とは）？　その
　　方法を話し合い，実際にそのシーンをパフォーマンスしてみましょう。

└──────────────────────────────────────────┘

**引用文献**

Google Trend https://trends.google.co.jp/trends/?geo=JP（2022年3月31日閲覧）

郡司菜津美（2019）．教員養成におけるインプロ　香川秀太・有元典文・茂呂雄二
　　（編）パフォーマンス心理学入門——発達と共生のアート——（pp.173-190）　新
　　曜社

日高庸晴（2008）．ゲイ男性のセクシュアリティ　日本性科学会雑誌, 26（2）, 124.

日高庸晴（2020）．LGBTsの学齢期におけるライフイベントとメンタルヘルス　スト
　　レス科学, *34*(4), 240-254.

Lobman, C. & Lundquist, M. (2007). Unscripted Learning: Using Improv Activities
　　Across the K-8 Curriculum.Teachers College Press.

文部科学省（2010）．生徒指導提要

文部科学省（2022）．生徒指導提要（改訂版）

文部科学省（2016）．性同一性障害や性的指向・性自認に係る，児童生徒に対するき
　　め細かな対応等の実施について（教職員向け）

文部科学省（2017）．現代的健康課題を抱える子供たちへの支援～養護教諭の役割を
　　中心として～

中塚幹也・江見弥生（2004）．思春期の性同一性障害症例の社会的，精神的，身体的
　　問題点と医学的介入の可能性についての検討　母性衛生, *45*(2), 278-284.

日本精神神経学会（2018）．性同一性障害に関する診断と治療のガイドライン（第4
　　版改）

Ruble, Diane N., Martin, Carol Lynn, and Berenbaum, Sheri A. (2006). Gender Devel-
　　opment Chapter14. In Damon, William, and Lerner, Richard M. (Eds.), *Handbook
　　of Child Psychology Volume 3: Social, Emotional, and Personality Development*

*6th edition* (pp.859-932), Wiley.

ヨヘイル（2018）．性分化疾患／インターセックスの体の状態を持つ人々へのスティ
　　グマがもたらす当事者の困難──オランダの調査報告書の分析から──　日本性
　　科学会雑誌，*36*(2)，143-143.

ユネスコ　浅井春夫・艮香織・田代美江子・渡辺大輔（訳）（2017）．国際セクシュア
　　リティ教育ガイダンス──教育・福祉・医療・保健現場で活かすために──　明
　　石書店

ウンガー，M.　松嶋秀明・奥野光・小森康永訳（2015）．リジリアンスを育てよう
　　──危機にある若者たちとの対話を進める6つの戦略──　金剛出版

（郡司菜津美）

## コラム3　学校現場における多様性への配慮
### ～ちがいをめぐるこころの働きについて考える～

　すずと，小鳥と，それからわたし
　みんなちがって，みんないい。
　　　　　　　　―『金子みすゞ童謡集』より

　金子みすゞの有名な「わたしと小鳥とすずと」は，一人ひとりみんなにあるちがいは，お互いに真似することができない素晴らしいことであることを伝えてくれます。この詩が私たちのこころに響くのは，私たちが生きる日本文化の中では，ちがいが尊重されにくく，寂しさや歯がゆさやあるためかもしれません。ここでは学校現場における多様性への配慮を考える上で，「ちがい」をキーワードに考えてみたいと思います。

　小学校・中学校・高等学校いずれの学校現場においても，いじめの態様として最も多いのは「冷やかしやからかい，悪口や脅し文句，嫌なことを言われる」です（文部科学省，2021）。容姿や言葉，行動，家庭環境，ジェンダー，民族など，自分と相手との間にあるちがいを面白おかしく取り上げ，冷やかしやからかいが生じることは想像に難くないでしょう。

　発達心理学の観点から考えると，思春期の友人関係において，相手とのちがいがテーマとなり，相手と同じであることが親密な関係を築く上で重視されます。しかし，例えば，すでに5歳の幼児において，外見や言語等のちがいに気づき，ちがいを理由に相手を拒否したりなど排

他的な言動がみられることが指摘されています（佐藤，2004, 2012）。このことと関連して，いじめに関する研究の中でも，畠山・山崎（2003）は，幼稚園年長児において，いじめと認知できる事例があることを報告しています。これらの知見は，人生のより早期の段階でも，ちがいが人間関係で問題になることを示唆しています。子どもの人間関係において，なぜ，ちがいが問題となるのでしょうか。ここでは，私たちの生きる日本文化の視点から考えてみたいと思います。

　私たちが生きる日本文化は，「和」や「つながり」を大切にし，なにかをするときには「みんな」が強調される傾向があります。そして，和やつながりを乱しかねない異質なものには，「郷に入れば郷に従え」と同じであることを押しつけ，それに従わなければ「村八分」や「出る杭は打たれる」ことになり，排除されてしまいます。きたやま（2021）は，精神分析の立場から，こうした日本文化にみられる同類幻想，同調圧力によって，集団に入れない異質な少数者がのけ者にされることも起こりやすくなり，自分がみんなに同調できず溶け込めないと，すぐにまわりから変わりもの扱いされる不安に陥りやすくなるのではないかと論じています。つまり，和やつながりを重んじるからこそ，自分だけがそこから排除され部外者になってしまう不安に襲われや

すいのです。

　さらに，日本には「表と裏」の文化が
あり，和やつながりを維持するためのコ
ミュニケーションには，表（公的な）の
コミュニケーションと，裏（私的な）の
コミュニケーションがあります。しかし，
「陰口」，「学校裏サイト」という言葉が
意味するように，裏のコミュニケーショ
ンでは，必ずしも表のルールや規範が通
じるとはかぎりません。とりわけ，ちが
いの排除は見えやすい学校（表）よりも，
ネットやSNSなど，本人からは見えに
くい裏でいつのまにか進んでいることが
多いと言えるでしょう。そのため，自分
の知らないところで，なにか言われては
いないだろうか，仲間外れにされていな
いだろうかと，不安に襲われやすいので
す。また，裏のコミュニケーションに参
加したり巻き込まれる中で，次は自分が
排除されやしないかと不安に思い，その
場から抜け出せなくなってしまうことも
あるでしょう。

　このようにちがいをめぐるこころの働
きをみてみると，排除のプロセスには，
排除する側にも排除される側にも，不安
が存在することが窺えます。今日，学校
現場では多様性への配慮として，様々な
取り組みが行われています。そうした取
り組みを公的に進める上，その裏にある
私たちの文化におけるちがいの捉え方，
ちがいをめぐるこころの働きについて，
胸に留めておくこともまた大切ではない
でしょうか。

引用文献

畠山美穂・山崎晃（2003）．幼児の攻
　撃・拒否的行動と保育者の対応に関す
　る研究—参与観察を通して得られたい
　じめの実態— 発達心理学研究，14
　（3），284-293.
金子みすゞ著・矢崎節夫編（1984）．わ
　たしと小鳥とすずと—金子みすゞ童謡
　集— JULA出版局
きたやまおさむ（2021）．ハブられても
　生き残るための深層心理学 岩波書店
文部科学省（2021）．令和3年度 児童生
　徒の問題行動・不登校等生徒指導上の
　諸課題に関する調査結果について
　https://www.mext.go.jp/a_menu/
　shotou/seitoshidou/1302902.htm
　（2022年11月12日）
佐藤千瀬（2004）．国際児に対する保育
　者の捉えと日本人園児の実態のずれ—
　A幼稚園の3歳児クラスの集団形成過
　程を通して— 学校教育学研究論集
　東京学芸大学大学院連合学校教育学研
　究科編，10，1-14.
佐藤千瀬（2012）．2幼児の前偏見の生
　成と低減の可能性 加賀美常美代・横
　田雅弘・坪井健・工藤和宏編 多文化
　社会の偏見・差別 形成のメカニズム
　と低減のための教育 pp37-56.

（尹 成秀）

# 第IV部

# すべての子どもが
# 自分らしい生き方を実現するために

# 第10章

# 自分らしい生き方を実現する多様な学びの場

　　　　　　特別支援教育では，「子どもたちの自立と社会参加に向けた主体的な
　　　　　取組を支援する」という視点を大切にしています。このことは，即ち子
　　　　　ども一人一人の「願い」や「意思」を尊重し，自分らしい生き方を支え
　　　　　る教育が特別支援教育であるということを意味しています。
　　　　　　我が国のインクルーシブ教育システムにおける支援の対象は，学校教
　　　　　育の段階に限定せず，乳幼児期における育児・保育の段階や学校卒業後
　　　　　の職業生活や地域生活を含み，生涯のライフステージを通して，一人一
　　　　　人の教育的ニーズに応じた支援が行われます。新しいシステムでは，就
　　　　　学先の決定手続きや学びの場の選択においてもこれまでの特殊教育制度
　　　　　とは大きく変わっています。本章では，子どもたちが主体的に「今と将
　　　　　来」の生活に向かうための新しい学びのシステムについて解説し，学齢
　　　　　期における本人および保護者を支える仕組み，さらには「多様な学びの
　　　　　場」を支える支援体制について整理していきます。

## 1　特別支援教育における多様な学びの場

### （1）共生社会の形成に向けたインクルーシブ教育システムの構築

　我が国では，2011（平成23）年に障害者権利条約を踏まえて障害者基本法が
改正され，「可能な限り障害者である児童及び生徒が障害でない児童及び生徒
と共に教育を受けられるよう配慮」すること等が新たに規定されました。

　2012（平成24）年中央教育審議会では，こうした国際的な動向や法改正を背
景に「共生社会の形成に向けたインクルーシブ教育システム構築のための特別
支援教育の推進（報告）」をまとめ，我が国が目指す取り組みの方向性を示し
ました。

　報告では，誰もが相互に人格と個性を尊重し支え合い，人々の多様な在り方

を相互に認め合える全員参加型の社会の中で，障害者等が積極的に社会に参加・貢献していくことができる共生社会を目指すことが，最も積極的に取り組むべき重要な課題であることが述べられています。

　インクルーシブ教育システムにおいては，同じ場で共に学ぶことを追求するとともに，個別の教育的ニーズのある幼児児童生徒に対して，自立と社会参加を見据えて，その時点で教育的ニーズに最も的確に応える指導を提供できる多様で柔軟な仕組みを整備することが重要であり，小学校・中学校における通常の学級，通級による指導，特別支援学級，特別支援学校といった，連続性ある「多様な学び場」を用意しておくことが必要であるとしています。

　特別支援教育は，共生社会の形成に向けたインクルーシブ教育システム構築のために必要不可欠なものであるとし，以下3つの考え方に基づいて発展させることが提言されました。

---

　1）障害のある子どもが，その能力や可能性を最大限に伸ばし，自立し社会参加することができるよう，医療，保険，福祉，労働等との連携を強化し，社会全体の様々な機能を活用して，十分な教育が受けられるよう，障害のある子どもの教育の充実を図ることが重要である。

　2）障害のある子どもが，地域社会の中で積極的に活動し，その一員として豊かに生きることができるよう，地域の同世代の子どもや人々の交流等を通して，地域での生活基盤を形成することが求められている。このため，可能な限り共に学ぶことができるよう配慮することが重要である。

　3）特別支援教育に関連して，障害者理解を推進することにより，周囲の人々が，障害のある人や子どもと共に学び合い生きる中で，公平性を確保しつつ社会の構成員としての基礎を作っていくことが重要である。次代を担う子どもに対し，学校において，これを率先して進めていくことは，インクルーシブな社会の構成につながる。

---

　ここでは，障害のある子どもと障害のない子どもが，できるだけ同じ場で共に学ぶことを目指すこととし，その場合，それぞれの子どもが，授業内容がわかり学習活動に参加している実感・達成感をもちながら，充実した時間を過ごしつつ，生きる力を身に付けることができるための環境整備をすることが必要であると提言されています。我が国では，インクルーシブ教育システムの構築

に向けた短期的な目標として，就学相談・就学先決定の在り方に係る制度改革
の実施，教職員の研修等の充実，「合理的配慮」等の環境整備を掲げ，これら
の取り組みを経て，2014（平成26）年障害者権利条約の批准に至りました。本
節では，特別支援教育における就学指導について，経緯を踏まえて解説します。

## （2）生涯の育ちを支えるシステムへ

　就学指導の在り方については，これまでもさまざまな視点で協議されてきま
した。「21世紀の特殊教育の在り方について～一人一人の教育的ニーズに応じ
た特別な支援のあり方について～（最終報告）」（文部科学省，2001〔平成13〕年）
では，これからの特殊教育は，障害のある児童生徒等の視点に立って一人一人
のニーズを把握し，必要な支援を行うという考えに基づいて対応を図る必要が
あるとして，以下の5項目を基本的な考え方を示しました。

---

　1）ノーマライゼーションの進展に向け，障害のある児童生徒等の自立と社会参加
　　を社会全体として，生涯にわたって支援する。
　2）教育，福祉，医療，労働等が一体となって乳幼児期から学校卒業後まで障害の
　　ある子ども及びその保護者等に対する相談及び支援を行う体制を整備する。
　3）障害の重度・重複化や多様化を踏まえ，盲・聾・養護学校等における教育を充
　　実するとともに，通常の学級の特別な教育的支援を必要とする児童生徒等に積極
　　的に対応する。
　4）児童生徒の特別な教育的ニーズを把握し，必要な教育的支援を行うため，就学
　　指導の在り方を改善する。
　5）学校や地域における魅力と特色ある教育活動等を促進するため，特殊教育に関
　　する制度を見直し，市町村や学校に対する支援を充実する。

---

　報告は，障害のある者と障害のない者が同じ社会に生きる人間としてお互い
を正しく理解し，共に助け合い，支え合って生きていくことが大切であるとす
るノーマライゼーションの理念の実現に向けた提言であることが特徴です。こ
れからの特殊教育が目指すものは，障害のある児童生徒等が，主体的に社会参
加しながら地域社会の一員として，生涯にわたってさまざまな人々と交流し，
心豊かに生きていくことができるようにするためには，教育，福祉，医療，労

働等の各分野が一体となって社会全体として，支援していく体制を整備することが必要であると述べられています。

　特別支援教育がスタートする以前の特殊教育では，盲・聾・養護学校や特殊学級などの特別な学びの場において，障害の種類，程度に応じた教育が行われてきました。しかし，児童生徒等の障害の重度・重複化や多様化および社会の変化等を踏まえ，一人一人の能力を最大限に伸ばし，自立や社会参加するための基盤となる「生きる力」を培うためには，障害のある児童生徒の視点に立って特別な教育的ニーズを把握し，必要な教育的支援を行うという考え方への転換が図られました。

　就学については，適切な条件が整えられる場合には，通常の教育において対応することを可能にする手続きが必要であり，障害の種類，程度の判断だけでなく，地域や学校の状況，児童生徒への支援の内容，本人や保護者の意見等を総合的な観点から判断し，小学校，中学校において適切な教育を受けることができる合理的な理由がある特別な場合には，小学校，中学校へ就学させることができるような就学手続きへの見直しが協議されました。

　その後の「今後の特別支援教育の在り方について（最終報告）」（文部科学省，2003〔平成15〕年）では，障害のある子どもの一人一人の教育的ニーズに応じた適切な教育的支援が強調され，自立と社会参加を目指すためには，可能な限り自らの意思および力で社会や地域の中で生活していくために，教育，福祉，医療等さまざまな側面から適切な支援を行うことを基本的視点とし，以下3項目の具体的な取り組みが提言されました。

---

1）「個別の教育支援計画」（多様なニーズに適切に対応する仕組み）

　障害のある子どもを生涯にわたって支援する観点から，一人一人のニーズを把握して，関係者・機関の連携による適切な教育的支援を効果的に行うために，教育上の指導や支援を内容とする「個別の教育支援計画」の策定，実施，評価（「Plan － Do － See」のプロセス）が重要。

2）特別支援教育コーディネーター（教育的支援を行う人・機関を連絡調整するキーパーソン）

　学内，または，福祉・医療等の関係機関との間の連絡調整役として，あるいは，

---

保護者に対する学校の窓口の役割を担う者として学校に置くことにより，教育的支援を行う人，機関との連携協力の強化が重要。
3）広域特別支援連携協議等（質の高い教育支援を支えるネットワーク）
　地域における総合的な教育的支援のために有効な教育，福祉，医療等の関係機関の連携協力を確保するための仕組みで，都道府県行政レベルで部局横断型の組織を設け，各地域の連携協力体制を支援すること等が考えられる。

　この報告は，「一人一人の教育的ニーズ」に応じた教育を実現するために本人の主体的な取り組みを支援することを前提にしている点が特徴です。また，支援の対象は学校教育の段階に限定せず，乳幼児期における育児・保育分野や学校卒業後の職業生活を含めた生涯のライフステージにおいて，本人および保護者に対する相談および支援を行う体制の整備が具体的に示されました。
　「個別の教育支援計画」は，幼稚園，保育園からの就学への移行，学齢期，そして就労への移行を円滑に行うための重要なツールとして機能させることが求められました（詳細は第11章で解説）。このことは，特別支援教育が，本人主体の「学び」や「育ち」をライフステージに応じて支える教育であることが示されたといえます。さらに，「個別の教育支援計画」を実現可能にするためには，特別支援教育コーディネーターの配置や地域における支援体制のネットワークを構築し，組織的な体制の中で本人と保護者のみならず関係する支援者を支援するための取り組みが重視されました（詳細は本章第2節で解説）。

### （3）学びの場を決定する新しい仕組み

　就学指導においては，乳幼児期を含め早期からの教育相談や就学相談を行うことにより，本人と保護者に十分な情報を提供することが求められます。事前に保護者を含めた関係者が，子どもの教育的ニーズと必要な支援について共通理解を深め，どのような学びの場を提供することが望ましいかを考えていきます。その際，本人および保護者と市町村教育委員会，学校等が，教育的ニーズと必要な支援について，個別の教育支援計画を適切に活用しながら合意形成を図っていくプロセスが必要です。本項では特別支援教育における就学決定の仕組みがどのように協議されてきたのかについて，これまでの経緯を踏まえて解

説します。

　「共生社会の形成に向けたインクルーシブ教育システム構築のための特別支援教育の推進（報告）」（中央教育審議会，2012年）では，就学基準に該当する障害のある子どもは特別支援学校に原則就学するという従来の就学先決定の仕組みを見直し，障害の状態，本人の教育的ニーズ，本人・保護者の意見，教育学，医学，心理学等専門的見地からの意見，学校や地域の状況等を踏まえた総合的な観点から就学先を決定する仕組みとすることが適当であるということが提言されました。市町村教育委員会は，本人・保護者に対し十分情報提供をしつつ，本人・保護者の意見を最大限尊重し，学校等と教育的ニーズについての合意形成を行うことを原則としながら，最終的には市町村教育委員会が決定するという新たな仕組みが示されました。

　この提言を受けて2013（平成25）年には学校教育法施行令の一部が改正され，第22条3に該当する障害のある子どもは，特別支援学校に就学するといった原則が改められ，障害の状態のみならず，教育上必要な支援の内容や地域における教育の体制整備の状況等の変化によって，特別支援学校・小中学校間の「転学」の検討を開始できることになりました。また，2013年の障害者基本法の改正では，障害者である児童および生徒並びにその保護者に対し十分な情報の提供を行うとともに，可能な限りその意向を尊重しなければならないことが第16条（教育）第2に示されました。これにより，本人および保護者の立場に立って学びの場を決定する就学手続きの法的根拠が明確となりました。

　こうした法整備を背景に，さまざまな困難さのある子どもたちに対し，就学前段階から本人および保護者に寄り添った支援を行うことが求められるようになり，就学後の学びの場も固定することなく，子どもの困難さの状況や学校環境の整備，支援体制によって柔軟に対応できるようになりました。

　「障害のある子供の教育支援の手引き～子供たち一人一人の教育的ニーズを踏まえた学びの充実に向けて～」（文部科学省，2021〔令和3〕年）（以下，「教育支援の手引き」と言う。）には，通常の学級における指導から通級指導による指導を加えた学びの場への変更，通級による指導の終了から通常の学級における指導への学びの場の変更，特別支援学級から通常の学級における指導と通級

による指導を組み合わせた学びの場への変更，小学校（特別支援学級）から特別支援学校への進学，特別支援学校から小学校（通常の学級）への転学，小学校（通常の学級）から特別支援学校への転学の事例が紹介されています。このような学びの場の見直しは，関係者による会議などにおいて，子どもの状況を適切に評価しながら，個々の教育的ニーズの整理と必要な支援の内容を検討した上で行われます。その際は，子どもの学習や生活を支える合理的配慮を含む支援を充実させることによって，連続性ある多様な学びの場を確保していくことが必要です。

文部科学省は2013（平成25）年9月1日付「学校教育法施行令の一部改正について（通知）」（25文科初第655号）の中で，これまで多くの市町村教育委員会に設置されていた「就学指導委員会」について，その後の一貫した支援についても助言を行うという観点から，「教育支援委員会」といった名称にすることが適切であると提言しました。「教育支援の手引き」には，以下8項目の機能の拡充を図ることが示されています。

●障害のある子供の障害の状態等を早期から把握する観点から，教育相談担当者との連携により，障害のある子供の情報を継続的に把握すること。
●就学移行期においては，教育委員会と連携し，本人及び保護者に対する情報提供について助言を行うこと。
●教育的ニーズと必要な支援の内容について整理し，本人及び保護者に対する情報提供について助言を行うこと。
●教育的ニーズと必要な支援の内容について整理し，個別の教育支援計画の作成について助言を行うこと。
●市町村教育委員会による就学先決定に際し，事前に総合的な判断のための助言を行うこと。
●就学先についての教育委員会の決定と保護者の意見が一致しない場合において，市町村教育委員会からの要請に基づき，第三者的な立場から調整を行うこと。
●就学先の学校に対して適切な情報提供を行うこと。
●就学後ついても，必要に応じて学校や学びの場の変更等について助言を行うこと。
●合理的配慮について，その提供の妥当性や関係者間の意見が一致しない場合の調整について助言を行うこと。

　教育支援委員会は，就学の時点での子どもの教育的ニーズに最も的確に応える指導を提供できる学びの場を判断するだけでなく，就学後の学びの場を出発点に可能な範囲で小学校段階6年間，中学校段階3年間の子どもの育ちと学校や学びの場の柔軟な見直しの方向性についてもある程度見通しながら判断を行うことが必要です。さまざまな困難さのある児童および生徒の学びを支えるためには，子どもの状態や教育環境に応じて最も適切な学びの場の提供を検討する教育支援委員会が重要な役割を担っています。

## 2　多様な学びの場を支える支援体制

### （1）多様な学びの場の整備

　特別支援教育体制では，通常の学級，通級による指導，特別支援学級，特別支援学校といった多様な学びの場における環境整備の充実を図ることが必要です。特に通常の学級においては，少人数学級や複数教員による指導体制を進めることや障害の特性に応じた指導方法の工夫改善によるきめ細かな対応によって，一人一人の教育的ニーズに応じた教育の実現が求められています。

　通級による指導においては，通常の学級に在籍する障害のある児童生徒は通級指導教室が設置されている他の学校に通学する必要があるため，心身の負担や移動時の学習の保障がされないなどの課題が指摘されています。そのため，教員の巡回による指導等を行うことにより自校で通級による指導が受けられる機会を増やす等，教員体制の充実を含めた環境整備の充実を図ることやICT・遠隔技術等の活用によって在籍の学校で専門的な指導が受けられるような取り組みを進めることが今後ますます求められています。

　一方で，障害のある児童生徒が通常の学級に在籍し，教育的ニーズに応じた適切な配慮や学習内容の習熟に応じた指導等の工夫によって，通常の学級での指導を行いつつ，必要な時間に特別な場で教科指導や障害等による学習上および生活上の困難を改善・克服するための指導を可能にする「特別支援教室（仮称）」の構想が示されました。この構想は「特別支援教育を推進するための制度のあり方について（答申）」（文部科学省，2005〔平成17〕年）に示されていま

同じ場で共に学ぶことを追求するとともに，個別の教育的ニーズのある児童生徒に対して，自立と社会参加を見据えて，その時点で教育的ニーズに最も的確に応える指導を提供できる，多様で柔軟な仕組みを整備することが重要である。小・中学校における通常の学級，通級による指導，特別支援学級，特別支援学校といった，連続性のある「多様な学びの場」を用意しておくことが必要。

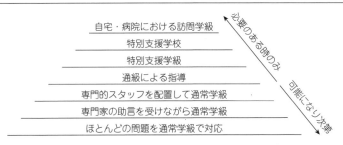

**図10-1　日本の義務教育段階の多様な学びの場の連続性**

出所：『共生社会の形成に向けたインクルーシブ教育システム構築のための特別支援教育の推進（報告）』参考資料4から抜粋。

す。

　これからの特別支援教育は，多様な学びの場を充実させ，各年齢段階によって変化する個々の教育的ニーズに応じた指導・支援を可能にする弾力的なシステムを検討していくことが望まれます。そのためには，合理的配慮の提供によって，困難さを軽減できる学習環境に調整することが重要です。

　図10-1は，日本の義務教育段階における多様な学びの場の連続性を示しています。現在，学齢期の児童生徒の数が減少する傾向にありながらも，特別支援教育に関する理解や認識の高まり，障害のある子どもの就学先決定の仕組みに関する制度の改正等によって，通常の学級に在籍しながら通級による指導を受ける児童生徒が大きく増加しました。また，特別支援学級や特別支援学校に在籍する児童生徒の数も増加している状況にあり，それぞれの学びの場の充実を図ることや，障害のある子どもの教育的ニーズの変化に応じて柔軟に学びの場を変えられるよう，教育課程が円滑に接続することによる学びの連続性の実現を図る取り組みが期待されています。

## （2）一人一人の学びを支える支援体制

　「特別支援教育」への制度転換が図られた2007（平成19）年，文部科学省は「特別支援教育の推進について（通知）」（19文科初等125号）の中で，特別支援教育の全校的な支援体制を確立し，発達障害を含む障害のある子どもの実態把握や支援方策の検討等を行うため，校内に特別支援教育に関する委員会として「校内委員会」を設置することを示しました。同時に，各学校の校長は，特別支援教育のコーディネーター的な役割を担う教員として「特別支援教育コーディネーター」を指名し，校内分掌に明確に位置付けることが明示されました。小学校学習指導要領（平成29年）第１章総則には，「障害のある児童などについては，特別支援学校等の助言又は援助を活用しつつ，個々の児童の障害の状態に応じた指導内容や指導方法の工夫を組織的かつ計画的に行うものとする。」と示され，さらに総則解説には，各学校の校長を責任者として特別支援教育の体制を充実させ，効果的な学校運営に努める必要があるとしています。中学校学習指導要領解説総則編（平成29年）および高等学校学習指導要領解説総則編（平成30年）においても同様の内容が示されています。

### ①　校内委員会の役割

　「校内委員会」は，校長のリーダーシップの下，全校的な教育支援体制を確立し，さまざまな学習上または生活上の困難のある児童生徒の実態把握や支援内容の検討を行う重要な役割を担っています。「発達障害を含む障害のある幼児児童生徒に対する教育支援体制整備ガイドライン～発達障害等の可能性の段階から，教育的ニーズに気づき，支え，つなぐために～」（文部科学省，2017〔平成29〕年）（以下，「ガイドライン」と言う。）には，校内委員会の設置と運営を以下のように整理しています。

---

**校内委員会の役割の明確化と支援までの手順の確認**

●児童等の障害による学習上又は生活上の困難の状態及び教育的ニーズの把握。

●教育上特別の支援を必要とする児童等に対する支援内容の検討。
　（個別の教育支援計画の作成・活用及び合理的配慮の提供を含む。）

●教育上特別の支援を必要とする児童等の状態や支援内容の評価。

---

●障害による困難やそれに対する支援内容に関する判断（※）を，専門家チームに
　求めるかどうかの検討。
●特別支援教育に関する校内研修計画の企画・立案。
●教育上特別の支援を必要とする児童等を早期に発見するための仕組み作り。
●必要に応じて，教育上特別の支援を必要とする児童等の具体的な支援内容を検討
　するためのケース会議を開催。
●その他，特別支援教育の体制整備に必要な役割。
　　　　　　　　　※障害の有無の判断を校内委員会や教員が行うものではない。

　ガイドラインによれば，校内委員会の組織および構成は，管理職，特別支援
教育コーディネーター，主幹教諭，指導教諭，通級担当教員，特別支援学級担
任，養護教諭，対象の児童等の学級担任，学年主任等，校長の判断により構成
することになっています。

## ② 特別支援教育コーディネーターの役割

　「特別支援教育コーディネーター」は，在籍するすべての子どもたちの実態
把握に努め，特別な支援を必要とする子どもの存在やその状態を確かめること
や，必要に応じて困難さを軽減するための援助方法や指導の工夫について考え
るなどの支援を行います。校内支援の他に，医療機関や福祉機関との医療的ケ
アの必要な子どもへの対応のために学校外の関係機関と連携協力するなど，一
人一人のニーズに応じた教育を展開するための柔軟な支援体制を進めていくこ
とが必要です。各学校においては，障害のある子どもの発達や障害の理解およ
び支援方法に関する専門的知識を有し，さらには本人および保護者に対しては
カウンセリングマインドをもって対応できる教員がコーディネーターを務める
ことが求められています。

　また，コーディネーターは特別支援教育の推進のために，校内研修会を企画
したり，自ら専門性の高い研修を受講したりすることによって，継続的に教員
の特別支援教育に関する理解と専門性を向上させることが必要です。以下，4
つの役割を示します。

> 【役割】
> ●学校内の関係者や関係機関との連絡調整
> 　特別支援教育コーディネータは，学校内の関係者や教育，医療，保健，福祉，労働等の関係機関との連絡調整，保護者との関係づくりを推進します。
> ●各学級担任からの相談状況の整理
> 　特別支援教育コーディネータは，各学級担任からの相談に応じ，助言又は援助等を行います。
> ●巡回相談員や専門家チームとの連携
> 　特別支援教育コーディネータは，巡回相談員及び専門家チームとの連携を図ります。連携に基づいて，個別の教育支援計画等や支援内容の改善につなげていきます。
> ●学校内の児童等の実態把握と情報収集の推進
> 　特別支援教育コーディネータは，学校内の児童等の実態を把握するための校内体制構築や，研修の実施を推進します。
>
> 　　　　　　　　　　　　　　　　　　　　　※ガイドラインより抜粋

　このように，特別支援教育では多くの関係者によって支えられています。特別支援教育コーディネーターと共に校内支援体制を外部からサポートする巡回相談員や専門家チームも重要な役割を担っています。

③　巡回相談員の役割と求められる資質・技能
　巡回相談員は，各学校を巡回し，教員に対して教育上特別の支援を必要とする児童生徒に対する支援内容・方法に関する支援・助言を行うことを目的とし，教育委員会・学校等に配置された専門的知識を有する指導主事・教員等が担当します。以下，主な役割と資質・技能を示します。

> 【役割】
> ●対象となる児童等や学校の教育的ニーズの把握と支援内容・方法に関する助言
> ●校内における教育支援体制づくりへの助言
> ●個別の教育支援計画等の作成への助言や協力
> ●専門家チームと学校の連携の補助
> ●校内での実態把握の実施への助言　等
> 【求められる資質・技能】

●特別支援教育に関する知識や技能

●発達障害を含む障害に関する知識

●発達障害を含む障害のある児童等の理解と対応に関する知識

●児童等の実態の把握やアセスメントに関する知識や技能

●学校の組織や運営及び障害のある児童等への校内の教育支援体制についての知識

●コンサルテーションやコーチングなど教師への支援に関する知識と技能

●地域資源の状況を把握したり，地域の関係機関との連携を行うための知識や技能

●個人情報の取り扱いに関する知識　等

※ガイドラインより抜粋

　このように巡回相談員に求められる資質・技能は幅広く，他職種と連携した効果的な支援方略を提供できるよう，さまざまな分野の専門性を高めることが求められています。

④　専門家チームの役割

　専門家チームは，各学校に対して障害による困難に関する判断，望ましい教育的対応等についての専門的意見を示すことを目的として，教育委員会等に設置された組織です。以下，主な役割と構成メンバーの例を示します。

【役割】

●障害による困難に関する判断

●児童等への望ましい教育的対応についての専門的意見の提示

●校内における教育支援体制についての指導・助言

●保護者，本人への説明

●校内研修への支援　等

【構成】専門家チームのメンバー（例）

●教育委員会の職員

●特別支援学級担任や通級担当教員

●通常の学級の担任

●特別支援学校の教員

●心理学等の専門家

●医師・理学療法士・作業療法士・言語聴覚士　等

※ガイドラインより抜粋

　専門家チームは，教育委員会や特別支援教育センター等に設置されますが，対象となる児童生徒の状態や学校のニーズに応じて随時チームが参集し，対応しています。主な役割は，障害による困難に関する「判断と助言」です。ガイドラインには「知的能力・認知能力の評価」「学習面・行動面の評価」「福祉的・医学的な評価」といった観点によって判断することを示しています。子どもの困難な状態や必要な支援内容は，年齢段階による成長や発達の状態によって変化していくことから，障害による困難が判断されなかった場合は，定期的な見直しを行うことができる体制を作っておくことも重要です。

　「判断」を行う際は，根拠を明確に示し，学校および家庭において実行できる支援の手がかりや配慮についても合わせて「助言」することが求められます。

## （3）特別支援学校によるセンター的機能

　特別支援学校は，特殊教育から特別支援教育への転換と同時に新たなセンター的機能が位置付けられています。「学校教育法等の一部を改正する法律（平成18年法律第80号）」によって，学校教育法第74条には，「特別支援学校においては，第72条に示す特別支援教育の目的を実現するための教育を行うほか，幼稚園，小学校，中学校，義務教育学校，高等学校又は中等教育学校の要請に応じて，第81条第1項規定する児童，生徒又は幼児の教育に関し必要な助言又は援助を行うよう努めるものとする。」と規定されています。

　盲・聾・養護学校では，1999（平成11）年告示の盲・聾・養護学校学習指導要領に「地域の実態や家庭の要請等により，障害のある児童生徒又はその保護者に対して教育相談を行うなど，各学校の教師の専門性や施設・設備を活かした地域における特殊教育に関する相談のセンターとしての役割を果たすよう努めること」が示されており，すでにさまざまな形で，地域の小・中学校教員や保護者に対する教育相談等の取り組みが進められてきました。

　こうした実績を背景に，これまで蓄積してきた専門的な知識や技能を生かし，地域における特別支援教育のセンターとしての機能の充実を図ることが提言されてきました。

　「特別支援教育を推進するための制度の在り方について（答申）」（文部科学省，

2005〔平成17〕年）には，期待されるセンター的機能として以下６項目を例示していますが，各学校の実情に応じて弾力的に対応できるようにすることが適当であるとしています。

---

●小・中学校等の教員への支援機能
　個々の幼児児童生徒の指導に関する助言・相談のほか，個別の教育支援計画の策定に当たっての支援など。
●特別支援教育等に関する相談・情報提供機能
　地域の小・中学校等に在籍する幼児児童生徒や保護者への相談・情報提供のほか，幼稚園等における障害のある幼児への教育相談など。
●障害のある幼児児童生徒への指導・支援機能
　小・中学校の児童生徒を対象とする通級による指導やいわゆる巡回による指導のほか，盲・聾学校を中心に就学前の幼児や乳幼児に対して行われてきた指導及び支援など。
●福祉，医療，労働などの関係機関等との連絡・調整機能
　個別の教育支援計画の策定に当たり，福祉，医療，労働などの関係機関等との連絡・調整など。
●小・中学校等の教員に対する研修協力機能
●障害のある幼児児童生徒への施設設備等の提供機能

---

　センター的機能を有効に発揮するためには，特別支援学校の体制整備を整えることが必要です。特別支援教育コーディネーターだけに任せるのではなく，学校組織として対応するためには，センター的機能のための組織（たとえば「地域支援部」等）を設け，校務分掌への位置付けることなどが考えられます。
　特別支援学校が地域の実情に応じて柔軟に対応するためには，各学校等で，どのようなニーズがあるのか，また活用可能な人材や組織，実践事例等を把握することによって，支援のニーズに応じた対応を行うことが望まれています。
　特に，高等学校においては，2018（平成30）年度から通級による指導が開始されたことにより，今後は高等学校の特別支援教育コーディネーターとの連携によって，障害のある生徒への支援や校内の支援体制への協力がより一層求められています。また，特別支援学校の教師は，適切な支援を行うことができるよう，障害等による困難に関する理解，実態把握の進め方，集団指導の中で行

える支援内容および個別の教育支援計画や個別の指導計画の作成に係る助言等を行うための専門性を高めていくことが求められています。助言や支援内容については，その妥当性や効果についての評価を行い，適宜改善していくことによって，地域におけるセンター的機能の充実を図ることが必要です。

### （4）これからの特別支援教育を担う教師に求められる専門性

　2021（令和3）年1月中央教育審議会は，これまでの特別支援教育を巡る状況の変化を踏まえ，インクルーシブ教育システム構築に向けた取り組みを進展させていくための方向性とその実現に向けた方策を「新しい時代の特別支援教育のあり方に関する有識者会議 報告」にまとめました。報告では，特別支援教育を担う教師の専門性の向上のため，すべての教師に求められる特別支援教育に関する資質・専門性を次のように提言しています。

　全ての教師は，障害の特性等に関する理解と指導方法を工夫できる力や，個別の教育支援計画・個別の指導計画などの特別支援教育に関する基礎的な知識，合理的配慮に対する理解等が必要である。加えて，障害のある人や子どもとの触れ合いを通して，障害者が日常生活又は社会生活において受ける制限は，障害に起因するものだけではなく，社会における様々な障壁と相対することによって生ずるものという考え方，いわゆる「社会モデル」の考え方を踏まえ，障害による学習上又は生活上の困難さについて本人の立場に立って捉え，それに対する必要な支援の内容を一緒に考え，本人自ら合理的配慮を意思表明できるように促していくような経験や態度の育成が求められる。また，こうした経験や態度を，多様な教育的ニーズがある子供がいることを前提とした学級経営・授業づくりに生かしていくことが必要である。

　この提言は，同じく中央教育審議会による『「令和の日本型学校教育」の構築を目指して～全ての子供たちの可能性を引き出す，個別最適な学びと，協働的な学びの実現～（答申）』（2021〔令和3〕年）の中でも，すべての教師に求められる特別支援教育に関する専門性として同様の内容が示されました。
　これからの特別支援教育は，通常の学級を担当する教師も含めたすべての教師が，ICFモデルに基づいて「学ぶこと」と「生きること」の困難さを理解す

る能力が求められています。このことは，子どもたち一人一人が主体的に自立と社会参加に向かう「願い」や「意思」を尊重し，必要とする支援を本人主体に考えながら支える（「寄り添う」）ことができる専門性が必要であることを意味しています（詳細は，序章を参照）。

---

**学習課題**

（1）特別支援教育体制では，就学先の決定の仕組みがどのように変わったかを話し合ってみよう。

（2）特別支援教育体制を充実させるためには，各学校（多様な学びの場）でどのような取り組みが必要かについて考えてみよう。

---

### 引用文献

文部科学省（2021）．障害のある子供の教育支援の手引き～子供たち一人一人の教育的ニーズを踏まえた学びの充実に向けて～

文部科学省（2003）．学校教育法施行令の一部改正について（通知）（平成25年9月1日25文科初第655号）

文部科学省（2013）．今後の特別支援教育の在り方について（最終報告）

文部科学省（2017）．発達障害を含む障害のある幼児児童生徒に対する教育支援体制整備ガイドライン～発達障害等の可能性の段階から，教育的ニーズに気づき，支え，つなぐために～

21世紀の特殊教育の在り方に関する調査研究協力者会議（2001）．21世紀の特殊教育の在り方について～一人一人の教育的ニーズに応じた特別な支援のあり方について～（最終報告）　文部科学省

特別支援教育の在り方に関する調査研究協力者会議（2003）．今後の特別支援教育の在り方について（最終報告）　文部科学省

中央教育審議会（2012）．共生社会の形成に向けたインクルーシブ教育システム構築のための特別支援教育の推進（報告）　文部科学省

中央教育審議会（2005）．特別支援教育を推進するための制度の在り方について（答申）　文部科学省

中央教育審議会（2021）．新しい時代の特別支援教育のあり方に関する有識者会議　報告　文部科学省

（中村　晋）

# 第11章

# 自分らしい生き方を実現する一人一人の学び

　　特別支援教育では，小学校，中学校，高等学校，特別支援学校のほか，訪問教育を含めて「多様な学びの場」が整備されています。そこでは，対象となるすべての子どもたちに対して「個別の教育支援計画」と「個別の指導計画」を作成し，一人一人の教育的ニーズに応じた支援を行うことが求められています。学習指導要領には，児童生徒の実態に応じて弾力的に教育課程の編成を工夫することによって「学びの連続性」を重視した対応ができることを示しています。「個別の教育支援計画」と「個別の指導計画」は，連続性ある学びを実現し，多様な学びの場をつなぐための重要なツールとしての役割があります。

　　本章では，学習指導要領における二つの計画の位置付けと機能，作成から活用までのプロセスや自立活動の指導における「個別の指導計画」内容の取扱いについて解説し，自分らしい生き方を実現するための一人一人の学びについて考えていきます。

## *1*　一人一人の教育的ニーズに応じた教育を知る

### （1）「教育的ニーズ」について

　特別支援教育では，さまざまな学習や生活に困難さのある子どもの教育的ニーズに応じた指導や支援を行います。教育的ニーズは，子ども一人一人の状態や特性および心身の発達等を把握して，具体的にどのような特別な指導内容や教育上の合理的配慮を含む支援が必要とされるかということを検討することで整理されます。

　本章では，教育的ニーズに応じた支援がどのように行われているのかについて，「個別の教育支援計画」と「個別の指導計画」の二つの計画について解説し，子どもの主体的な学びを実現するための「願い」や「意思」を尊重した指

導・支援について整理していきます。

## （2）今とこれからの学びを支える計画

### ① 個に応じた支援計画作成に至る経緯

　障害のある子ども一人一人のニーズに応じた支援については，2002（平成13）年に策定された「障害者基本計画（第2次）」（内閣府）の中でその必要性が初めて提言されました。本計画では，子どもの発達段階に応じて，関係機関が適切な役割分担の下，一人一人のニーズに対応して適切な支援を行う個別の支援計画を策定し，効果的な支援を行うことが示されました。

　ここでの支援は，障害のある子どもと，子どもを支える保護者に対し，乳幼児期から学校卒業後まで一貫して計画的に教育や療育を行うなど，効果的な相談支援体制の構築を図ることを目指しました。こうした国の障害者政策を背景に，卒業後を見通して本人を支える特別支援教育の体制が整備されていきました。

　2018（平成30）年には，文部科学省厚生労働省による「家庭と教育と福祉の連携「トライアングル」プロジェクト」（平成30年）の報告を踏まえ学校教育法施行規則が改正され，第134条2（平成30年追加）が新設されました。ここでは，障害のある子どもが地域で切れ目なく支援を受けられることを目指して「校長は，特別支援学校に在籍する児童等について個別の教育支援計画（学校と医療，保健，福祉，労働等に関する業務を行う関係機関及び民間団体との連携の下に行う当該児童等に関する長期的な支援に関する計画をいう。）を作成しなければならない。」と示され，さらに「校長は，個別の教育支援計画を作成するにあたっては，当該児童等又はその保護者の意向を踏まえつつ，あらかじめ関係機関等と当該児童等に関する必要な情報の共有を図らなければならない。」ことが規定されました。なお，第134条2の規定は，特別支援学級および通級による指導を受けている児童生徒についても準用されており（第139条2，第141条2），これにより，特別支援教育の対象となるすべての子どもに対する個別の教育支援計画の作成が，学習指導要領に加えて法規上義務付けられたことになります。

206

## ② 学習指導要領における二つの計画の位置付け

　2009（平成21）年に告示された特別支援学校学習指導要領では，特別支援学校に在籍するすべての児童生徒に「個別の指導計画」と「個別の教育支援計画」の作成と活用が義務付けられました。その後，特別支援教育の推進によって通常の学級に在籍する学習上または生活上の困難のある児童生徒への支援体制の充実が図られた2017（平成29）年改訂の小学校学習指導要領では，第1章総則の中で，二つの計画が明確に位置付けられました。以下，総則から抜粋します。

---

小学校学習指導要領　第1章総則
第4　児童の発達の支援　2　特別な配慮を必要とする児童への指導
（1）障害のある児童などへの指導
　エ　障害のある児童などについては，家庭，地域及び医療や福祉，保健，労働等の業務を行う関係機関との連携を図り，長期的な視点で児童への教育的支援を行うために，個別の教育支援計画を作成し活用することに努めるとともに，各教科等の指導に当たって，個々の児童の実態を的確に把握し，個別の指導計画を作成し活用することに努めるものとする。特に，特別支援学級に在籍する児童や通級による指導を受ける児童については，個々の児童の実態を把握し，個別の教育支援計画や個別の指導計画を作成し，効果的に活用するものとする。

---

　「個別の指導計画」と「個別の教育支援計画」の作成については，中学校および高等学校においても，総則および総則解説の中に同じ内容が記載されました。高等学校においは，発達障害を含む障害のある生徒が一定数入学していることを前提に，小学校や中学校で特別支援教育を受けてきた子どもの指導や合理的配慮の状況等を，高等学校に適切に引き継ぎ，高等学校においても生徒一人一人の障害の状態等を踏まえた教育的ニーズに応じて合理的配慮を含む支援を充実させることが求められています。

　このように，2009（平成21）年改訂の学習指導要領ですでに義務付けられ，作成と活用が位置付けられていた特別支援学校の児童生徒に加えて，小中学校の特別支援学級に在籍する児童生徒や通級による指導を受ける児童生徒（高等学校は通級による指導のみ）に対しても二つの計画を全員に作成することにな

りました。通常の学級に在籍する特別な支援が必要な児童生徒に対しても活用に努めることと明記されたことにより，二つの計画は，特別支援教育における一人一人の教育的ニーズに応じた指導・支援を充実させるためのツールとしての重要な機能を果しています。

## 2　ライフステージをつなぐ「個別の教育支援計画」

### （1）「個別の教育支援計画」とは何か

　「個別の教育支援計画」は，長期的な視点で関係機関との連携を図りながら障害等のある子どもを支援する教育計画です。計画の策定は，日々の学習や家庭生活，地域生活の中で生じる制約や困難を改善・克服するために，本人および保護者の意向や将来の希望などを踏まえて検討されます。計画の立案においては，在籍校のみならず，家庭，医療機関における療育事業および福祉機関における児童発達支援事業において，実際にどのような支援が必要であるか，支援の目標を立て，それぞれが提供する支援の内容を具体的に記述し，支援の内容を整理したり，関連付けたりするなど，関係機関の役割を明確にすることが必要です。

　計画の立案過程において，一人一人が抱える困難さの背景や支援の方向性を検討し，持てる力を発揮できる環境へと調整するための手がかりを得るためには，ICF モデルを活用することが有効です。また，子どもたちの「学びにくさ」や「生きにくさ」を改善・克服していくためには，本人が何をどのように学びたいのか，現在と将来の社会へどのように参加していきたいのかといった「願い」や「意思」を反映させた計画を作成することが大切です。

　小学校，中学校等においては，児童生徒に対する支援の目標を長期的な視点から設定するこれらの計画について，全教職員によって共通理解を図りながら学校が教育課程の編成の基本的な方針を明らかにする必要があります。さらに，在籍校において提供される教育的支援の内容については，教科等横断的な視点から個々の児童生徒の障害の状態等に応じた指導内容や指導方法の工夫を検討する際の情報として「個別の指導計画」に活用していくことが重要です。教職

員が「個別の教育支援計画」の情報を共有することは，児童生徒一人一人に対して，どのような学びの場や「合理的配慮」の提供が必要であるかを検討したり，共通理解を図ったりするためにも重要な手続きです。

「個別の教育支援計画」が活用される範囲は，校内における指導・支援および他機関との連携といった「現在」をつなぐ横軸の活用から，就学前から就学時，学齢期から進路先の移行に至る「ライフステージ」をつなぐ縦軸に活用されます。縦軸と横軸の切れ目ない支援に活用する際には，多くの関係者が個別の教育支援計画に関与することから，保護者の同意を前提に得るなど個人情報の適切な扱いに十分留意することが求められます。

「個別の教育支援計画」は，就学前から学齢期，進級・進学や就労といった児童生徒のライフステージに応じて適時・適切な連携が求められます。そのため，各年齢段階において適切な教育的支援を効果的かつ効率的に行うため教育上の指導や支援の具体的計画の作成，実施，評価，改善（Plan-Do-Check-Action）のプロセスを通して，教育的ニーズの的確な把握と，支援内容や方法をよりよいものに改善していくことが必要です。そこでは，実態把握から，実態に即した指導目標の設定，目標達成に向けた具体的な支援内容の明確化，実際の指導の評価に基づく，計画の見直しといったサイクルによって，定期的に計画が更新されます。特に，児童生徒に対して提供される「合理的配慮」の内容については，「個別の教育支援計画」に本人と保護者が求める配慮として明確に記し，確実に次の学びの場における支援者や指導者に引き継ぐことが重要です。

## （2）「個別の教育支援計画」の作成と活用の実際

「個別の教育支援計画」は，教育委員会や各学校等が地域の実情に応じて書式が検討されており，統一されたものはありません。

文部科学省が2021（令和3）年に例示した「個別の教育支援計画」は，「プロフィールシート」と「支援シート」（図11-1）で構成されています。「プロフィールシート」には，氏名や学校名の個人情報の他，障害の状態，教育歴，諸検査や関係機関に関する情報が記載され，年度ごとに更新されていきます。一

個別の教育支援計画の参考様式

【支援シート（本年度の具体的な支援内容等）】

1．本人に関する情報

①氏名

| （フリガナ） |
| --- |
| |

②学年・組

| |
| --- |
| |

③担当者

| 担任 | 通級指導教室担当 | 特別支援教育<br>コーディネーター | | |
| --- | --- | --- | --- | --- |
| ○○○○ | ●●●● | □□□□ | | |

※　本計画の作成（Plan）・実施（Do）・評価（Check）・改善（Action）にかかわる全ての者を記入すること。

④願い

| 本人の願い | |
| --- | --- |
| 保護者の願い | |

⑤主な実態

| 学校・家庭<br>でのようす | 得意なこと<br>好きなこと | |
| --- | --- | --- |
| | 苦手なこと | |

※「苦手なこと」の欄には、学校生活、家庭生活で、特に支障をきたしている状況を記入すること。

2．支援の方向性

| ① | 支援の目標 | |
| --- | --- | --- |

| ② | 合理的配慮を含む支援の内容 |
| --- | --- |
| | |
| | |
| | |
| | |
| | |
| | |

※　（上段：青枠）必要な合理的配慮の観点等を記入、選択すること。

（下段：白枠）上段の観点等に沿って合理的配慮を含む支援の内容を個別具体に記入すること。

| ③ | 支援の目標に<br>対する関係機<br>関等との連携 | 関係機関名 | 支援の内容 |
| --- | --- | --- | --- |
| | | | |
| | | | |

## 図11-1　個別の教育支援計画の参考様式挿入

出所：文部科学省ホームページ（https://www.mext.go.jp/a_menu/shotou/tokubetu/material/1340250_00005.htm.2022年3月1日参照）

３．評価

| | |
|---|---|
| ① 支援の目標の評価 | |
| ② 合理的配慮を含む支援の内容の評価 | |

※年度途中に評価する場合も有り得るので、その都度、評価の年月日と結果を記入すること。

４．引継ぎ事項（進級、進学、転校）

| | |
|---|---|
| ① 本人の願い | |
| ② 保護者の願い | |
| ③ 支援の目標 | |
| ④ 合理的配慮を含む支援の内容 | |
| ⑤ 支援の目標に対する関係機関等との連携 | |

５．備考（特に配慮すべき点など）

| |
|---|
| |

６．確認欄

このシートの情報を支援関係者と共有することに同意します。
　　　　年　　　月　　　日
保護者氏名

このシートの情報を進学先等に引き継ぐことに同意します。
　　　　年　　　月　　　日
保護者氏名

方，「支援シート」には，年度ごとに具体的な支援目標，支援方法，評価等が記載されます。「支援シート」の「１．本人に関する情報」に示す「④ 願い」の項目では，現時点で本人と保護者が願うことを記入します。ここで重要なことは，現在，どのような学習や生活を希望するか，さらには２，３年先や卒業後の将来に向けてどのような希望があるかなど，本人や保護者の「願い」を丁寧に聞き取り，担任と相談しながら明記することです。学校でどのような学習をしたいか，本人が願う現在の学校や地域での生活，将来の社会参加の姿など，直接本人から聞き出された情報は，今後の支援の内容を方向づけ，「願い」の実現に向けた合理的配慮を検討するために重要です。「⑤ 主な実態」の項目では，学校や家庭の様子から支援の内容を検討する際の手掛かりとなる得意なことや好きなことなどを記入します。好きなことの情報は，主体的に学習参加するための手立てを検討する際に役立てることができます。また，苦手なことの情報は本人の学習や対人関係等のつまずきを理解する上でも大切な情報です。

　「２．支援の方向性」の項目では，① 支援の目標，② 合理的配慮を含む支援の内容，③ 支援の目標に対する関係機関等との連携，以上の３つの観点で整理しています。作成者は，本人と保護者とともに「願い」を実現するための配慮について考えていきます。ここでは，前年度の「合理的配慮」を継続して提供することを合意形成していたり，年度初めに本人や保護者から支援の内容に関する意思の表明があって合意形成したりする場合も，その時点で本人の教育的ニーズを踏まえたものとなるよう，支援の方向性に対する共通理解を図りながら決定していくことが必要です。

　「① 支援の目標」の項目は，児童生徒の支援目標を長期的な視点から設定し，計画に示された目標を踏まえて関連する各教科等の「個別の指導計画」において，具体的な指導の目標や手立ての検討に活用されます。

　「② 合理的配慮を含む支援の内容」の項目は，後述する「合理的配慮」の３観点11項目を参考にしながら，支援目標の達成に必要な手立てとして，本人および保護者と合意形成した具体的な配慮を記入します。

　「３．評価」の項目は，設定した支援目標に対する指導が行われた教科等の指導形態と指導の成果を記入するとともに，「合理的配慮」が効果的に本人の

支援につながったかを評価し，継続した配慮の必要性を判断したり，提供される合理的配慮の課題について検討したりすることが必要です。同時に，一人一人の発達の程度や適応の状況等を勘案し，「個別の指導計画」と関連させながら，教育的な支援の内容を柔軟に見直していくための共通理解を図ることが求められます。「個別の教育支援計画」は，年間を通して担任等の指導者による定期的な評価と教育相談や関係者による支援会議や面談等を通して，評価と改善が行われます。その際は，本人の「願い」や「意思」に基づいて提供された合理的配慮の評価に留まらず，計画通りに指導や支援が実施できているかという観点で「個別の教育支援計画」全体を評価していきます。

　「4．引き継ぎ事項（進級，進学，転校）」の項目に示される内容には，次年度に担任や学校等が変わっても本人に必要な支援や，今後も希望する「合理的配慮」を記入することによって，切れ目なく確実に引き継ぐことが重要です。自分から意思の表明が難しい児童生徒にとっては，将来，他者に必要な配慮や支援を伝えられるよう支援するためにも，現在提供されている支援の記載内容が大切な情報となります。

　「6．確認欄」は，本人と保護者が「個別の教育支援計画」に同意した旨を明記するために設けることが考えられますが，地域の実情や，電子化等への対応などを踏まえ，柔軟に対応することが望ましいとされています。

## （3）主体的な学習参加を支える「合理的配慮」と「基礎的環境整備」

　特別支援教育を充実させるためには一人一人の教育的ニーズに応じて「合理的配慮」を提供することが欠かせません。「障害者の権利に関する条約」（以下，障害者権利条約）第24条（教育）では，障害者の教育の権利を認め，この権利を差別なしに，かつ，機会の均等を基礎として実現するため，障害者を包含する教育制度（インクルーシブ教育システム；inclusive education system）等を確保することとし，その権利の実現にあたり確保するための一つとして，個人に必要とされる「合理的配慮」が提供されること，と示されています。

　中央教育審議会は，このような国際的な動向を背景に2012（平成24）年に「共生社会の形成に向けたインクルーシブ教育システム構築のための特別支

教育の推進（報告）」の中で学校教育における「合理的配慮」を定義しました。さらに、「合理的配慮」の否定は、障害を理由とする差別に含まれるとされていることに留意する必要があります。本項では、「合理的配慮」と「基礎的環境整備」について、前記の報告を踏まえて解説します。

　「合理的配慮」の決定と提供に当たっては、一人一人の障害の状態や教育的ニーズに応じて決定されるものであり、各学校が、その時点での子どもの興味・関心や学習上または生活上の困難、健康状態等の把握を行う必要があります。また、本人と保護者の参画による「個別の教育支援計画」の話し合いを通して、「合理的配慮の観点」を踏まえ、可能な限り合意形成を図った上で決定し、提供されることが望ましいとされています。

　一方で「合理的配慮」の決定においては、各学校の設置者および学校が体制面、財政面をも勘案し、「均衡を失した」または「過度の」負担について、個別に判断することが必要です。合意形成を図る際は、本人が必要とする配慮に対して、何を優先して提供する必要があるかなどの共通理解を図りながら決定することが求められています。

　「合理的配慮」の充実を図る上では、その基礎となる教育環境の整備が欠かせません。報告では、必要な財源を確保した上で、国、都道府県、市町村、学校がインクルーシブ教育システム構築に向けた取り組みとして、以下の「基礎的環境整備」の充実を図っていくことが必要であると提言しています。「基礎的環境整備」は、多くの児童生徒に共通する配慮であり、個別に提供される「合理的配慮」の土台と考えられます。

　「合理的配慮」は、児童生徒の学習上または生活上の困難さの状態等に応じて提供されるものであり、多様かつ個別性が高いものであることから、報告では3観点11項目に整理しています。ただし、困難さの状態や病状が変化する場合もあることから、時間の経過により必要な支援が異なることに留意する必要があり、ICFモデルを活用しつつ、子どもたちが抱える困難な状態を環境因子や個人因子と関連付けながら捉え、本人がどのような配慮を必要としているかを話し合いの中で検討していくことが望まれます。

**合理的配慮の観点（3観点11項目）**

① 教育内容・方法
　①-1教育内容
　　①-1-1　学習上又は生活上の困難を改善・克服するための配慮
　　①-1-2　学習内容の変更・調整
　①-2教育方法
　　①-2-1　情報・コミュニケーション及び教材の配慮
　　①-2-2　学習機会や体験の確保
　　①-2-3　心理面・健康面の配慮
② 支援体制
　②-1　専門性ある指導体制の整備
　②-2　幼児児童生徒，教職員，保護者，地域の理解啓発を図るための配慮
　②-3　災害時等の支援体制の整備
③ 施設・設備
　③-1　校内環境のバリアフリー化
　③-2　発達，障害の状態及び特性等に応じた指導ができる施設・設備の配慮
　③-3　災害時等への対応に必要な施設・設備の配慮

基礎的環境整備（8観点）
　① ネットワーク形成・連続性ある多様な学びの場の活用
　② 専門性ある指導体制の確保
　③ 個別の教育支援計画や個別の指導計画の作成等による指導
　④ 教材の確保
　⑤ 施設・設備の整備
　⑥ 専門性ある教員，支援員等の人的配置
　⑦ 個に応じた指導や学びの設定等による特別な指導
　⑧ 交流及び共同学習の推進

　「合理的配慮」は，すべての児童生徒が学習や生活の障壁をなくし，公平に教育を受けるための大切な権利です。重要なことは，周囲から与えられる配慮ではなく，本人が求める配慮を提供するということです。支援者は，合意形成のプロセスで何よりも本人の「願い」や「意思」を尊重し，主体的に学習や生活に向かうことができるように支えていくという姿勢をもつことが必要です。

　また，こうした支援は障害種や程度に関係なく，すべての子どもに保証されなければなりません。重い重複の障害があり，身体を動かすことや意思の伝達に困難さのある子どもであっても同様です。そのためには，第一に子ども自身がどのような配慮があれば学習や生活に参加できるのかを知り，喜びや楽しみを感じながら学び，生活する機会と経験の場をつくることが必要です。子どもを支える関係者は，困難さのある子どもを支援するためのあらゆる手立てを考え，提供し，子ども自身が「できること」「わかること」を実感できる経験を保証することです。支援を受けることによって自分は「できる」「わかる」という経験の積み重ねがあって初めて自分自身に必要な配慮について考えることができます。

　なお，学校教育における「合理的配慮」についての理解を深めたい場合は，国立特別支援教育総合研究所が管理する「インクル DB（インクルーシブ教育システム構築支援データベース）が参考になります。

## 3　一人一人の学びを支える「個別の指導計画」

### （1）「個別の指導計画」とは何か

　「個別の指導計画」は，障害のある児童生徒のほか，学習上や生活上の困難のある児童生徒の実態に応じて適切な指導を行うために作成されます。学校の教育課程を具現化し，個々の指導目標や指導内容および指導方法を明確にして，きめ細かな指導をするために必要なツールです。

　小学校学習指導要領解説（平成29年）には，総則のほか，各教科等の指導における「指導計画の作成と内容の取扱い」にも「障害のある児童などに対する学習活動を行う場合に生じる困難さに応じた指導内容や指導方法の工夫を計画的，組織的に行うこと」と示されています。この記載内容は，中学校および高等学校学習指導要領においても同様です。現行学習指導要領からは，通常の学級に在籍する障害のある児童生徒の各教科等の指導においても，適切かつ具体的な「個別の指導計画」の作成に努めることとなりました。

　「個別の指導計画」の作成の手順や様式については，それぞれの学校が児童

生徒の実態や各教科および自立活動等の特質を踏まえて，指導上最も効果の上がるように工夫して作成します。中高等学校等の担任は，各教科等の担任と情報を共有したり，翌年度の担任に引き継いだりすることが求められています。

## （2）「個別の指導計画」の作成と活用の実際

「個別の指導計画」の作成と活用については，小学校，中学校，高等学校学習指導要領解説総則編の中に同様の内容が示されています。以下，その内容を踏まえて解説します。

## ① 各教科等の指導における「個別の指導計画」

特別支援学校では，児童生徒の障害の状態や特性および心身の発達の段階等並びに学習の進度等を考慮して，基礎的・基本的な知識・技能の習得に重点を置いた計画が必要です。学習内容を確実に身に付けることができるよう，学校の実態に応じて，指導方法や指導体制の工夫改善に努めることが求められます。その際は，一人一人の実態に応じて個別指導を重視するとともに，グループ指導，繰り返しの指導，学習内容の習熟の程度に応じた学習，児童生徒の興味・関心等に応じた課題学習，補充的な学習や発展的な学習などの学習活動を取り入れることや，教師間の協力による指導体制を確保するなど，指導方法や指導体制の工夫改善により，個に応じた指導の充実を図ることが重要です。

特別支援学級では，各教科の一部または全部を，知的障害者である児童生徒に対する教育を行う特別支援学校の各教科に替えた場合，知的障害者である児童生徒に対する教育を行う特別支援学校の各教科の各段階の目標および内容を基にして，一人一人の実態等に応じた具体的な指導目標および指導内容を設定することが必要です。

通級による指導では，他校において，学校間および担任教師間の連携の在り方を工夫し，個別の指導計画に基づく評価や情報交換等が円滑に行われるよう配慮する必要があります。

## ② 自立活動の指導における「個別の指導計画」

　自立活動の指導においては，個々の児童生徒の障害の状態や特性および心身の発達の段階等の的確な把握に基づいて指導すべき課題を明確にすることが必要です。6区分27項目で示される自立活動の内容の中から，それぞれに必要とする項目を選定し，それらを相互に関連づけながら具体的な指導内容を設定します。「個別の指導計画」の作成の手順や様式は，それぞれの学校が児童生徒の障害の状態や発達の段階等を考慮し，指導上最も効果の上がるように検討することが求められます。小中高等学校および特別支援学校学習指導要領には概ね以下の手順の一例が示されています。

---

個別の指導計画の作成の手順

① 個々の児童生徒の実態（障害の状態，発達や経験の程度，生育歴等）を的確に把握する。

② 実態把握に基づいて指導すべき課題を抽出し，課題相互の関連を整理する。

③ 個々の実態に即した指導目標を明確に設置する。

④ 小学部・中学部学習指導要領第7章第2の内容（6区分27項目）の中から，個々の　指導目標を達成するために必要な項目を選定する。

⑤ 選定した項目を相互に関連づけて具体的な指導内容を設定する。

---

　自立活動の内容（6区分：健康の保持，心理的な安定，人間関係の形成，環境の把握，身体の動き，コミュニケーション）は，人間として基本的な行動を遂行するために必要な要素と障害による学習上または生活上の困難を改善・克服するために必要な要素を挙げ，それらを分類・整理したものです。したがって，6区分に示す内容は，実際の指導を行う際の「指導のまとまり」を意味しているわけではないことに留意する必要があります。

　たとえば，視覚障害のある児童が，白杖を操作して安全に歩行することを目標にした場合，タッチテクニックやスライド法によって屋外の触覚情報等を通して環境を把握することが必要です（「環境の把握」区分）。また，道に迷った場合，近くにいる人に尋ねたり，危険が予想される場所では援助を求めたりするなど，コミュニケーションの技能も求められます（「コミュニケーション」区分）。一人での歩行が可能になり自信がつけば，「心理的な安定」区分にもつ

ながります。このように，それぞれの区分の項目が相互に関連し合いながら困難さが改善・克服されていくことを理解し，支援の方法を検討します。

　「個別の指導計画」の実施の過程においては，常に児童生徒の学習状況を評価し，指導の改善を図ることが求められています。評価に基づいて見直された計画によって，児童生徒にとって適切かつ妥当な指導が展開できるよう「計画（Plan）」－「実施（Do）」－「評価（Check）」－「改善（Action）」のサイクル（以下，「PDCA サイクル」という）を確立し，評価と改善を繰り返すPDCA サイクルを継続することが必要です。

　なお，自立活動の指導における具体的事例は「特別支援学校学習指導要領解説自立活動編」（平成30年）第7章に示す「実態把握から具体的な指導内容を設定するまでの例示」および「障害のある子供の教育支援の手引き～子供たち一人一人の教育的ニーズを踏まえた学びの充実に向けて～」（文部科学省，令和3年）を参照することでより理解が深まります。

## 4　願いの実現に向けた一人一人の学び

### （1）自分らしく生きることを支える自立活動

　自立活動の指導は，本人が「主体的」に障害による学習上または生活上の困難を改善・克服することを目指しています。この目標は，「生きることの困難さ（障害）」を本人主体に捉える ICF モデルの考え方が反映しています。本人を取り巻くさまざまな環境要因によって，その人が望む社会参加の困難さは変化します。共生社会の実現には，生きにくさを感じている多様な人たちが抱えるさまざまな障壁を周囲が取り除くことと同時に自らが取り除くこと（自らが働きかけること）が重要です。自立活動の指導は，困難さのあるすべての子どもたちがより学びやすい環境，生活しやすい環境へと主体的に働きかける力を育むことによって「自分らしい生き方」の実現を目指します。

　特別支援学校学習指導要領（小学部・中学部）第7章自立活動第3には，「個別の指導計画の内容の取扱い」について，以下のように示しています。

## ① 自ら環境を整える

> 　個々の児童又は生徒が，活動しやすいように自ら環境を整えたり，必要に応じて周囲の人に援助を求めたりすることができるような指導内容を計画的に取り上げること。
> 　　　　　　　　　　　　　　　　　　　　　　　（第7章第3の2の（3）のエ）

　自己の困難さの理解を踏まえて周囲に求める環境を自分自身で判断し，依頼ができることは，将来の社会参加の場において，「合理的配慮」の意思表明ができるようになるためにも重要な学習となります。

## ② 自己選択・自己決定を促す

> 　個々の児童又は生徒に対し，自己選択・自己決定する機会を設けることによって，思考・判断・表現する力を高めることができるような指導内容を取り上げること。
> 　　　　　　　　　　　　　　　　　　　　　　　（第7章第3の2の（3）のオ）

　児童生徒が指導の目標を自覚し，主体的に改善・克服するための方法等について，自らが選び，決めたこと実行する経験は，自身の学びを深め，確実な習得を図ることにつながるだけでなく，進路先や将来の社会参加の仕方を自らが選択していく力を育むことにもつながります。

## ③ 自立活動を学ぶことの意義について考える

> 　個々の児童又は生徒が，自立活動における学習の意味を将来の自立や社会参加に必要な資質・能力との関係において理解し，取り組めるような指導内容を取り上げること。
> 　　　　　　　　　　　　　　　　　　　　　　　（第7章第3の2の（3）のカ）

　自立活動の学習が，将来の自立や社会参加にどのように役立つのかを児童生徒自身が理解し，学ぶことの意味に気づくことが大切です。自分にとって必要な学習であるという目的意識をもって取り組むことが，自分らしい生き方の実現につながります。

　以上のように，自立活動の指導では，一人一人が抱える困難さを主体的に改

善・克服し，今現在と将来の生活がより豊かになることを目指した学習を行います。自分らしい生き方を実現するためには，自らが「合理的配慮」の意思を表明できるような力を育むことが大切です。

## （2）意思決定を支える

障害者基本法第11条には，障害者の自立と社会参加の支援等のための施策の総合的かつ計画的な推進を図るための「障害者基本計画」の施策が位置付けられています。第4次計画（平成30年）には，「意思決定支援の推進」の中で「自ら意思を決定すること及び表明することが困難な障害者が障害福祉サービスを適切に利用できるよう，本人の自己決定を尊重する観点から，意思決定支援ガイドラインの普及を図ること等により，意思決定の支援に配慮しつつ，必要な支援が行われることを推進する。」と示されました。

「障害福祉サービス等の提供に係る意思決定支援ガイドライン」（厚生労働省，2017〔平成29〕年）では，「意思決定支援とは，自ら意思を決定することに困難を抱える障害者が，日常生活や社会生活に関して自らの意思が反映された生活を送ることができるように，可能な限り本人が自ら意思決定できるよう支援し，本人の意思の確認や意思及び選考を推定a し，支援を尽くしても本人の意思及び選考の推定が困難な場合には，最後の手段として本人の最善の利益を検討b するために事業者の職員が行う支援の行為及び仕組みという」と示されています（下線は筆者による）。

「意思決定支援」では，下線a，bが示すように，支援を受けながら本人が決めることと同時に，それができない場合には，本人に代わって決定することが含まれます。ガイドラインに示される意思決定が必要な場面には，日常生活や社会生活のさまざまな場において，意思が尊重された生活経験の積み重ねが重要であると示されています。

自己選択や自己決定が困難な児童生徒に対しては，自立活動の指導によって「支えられた自己選択と自己決定」の学習経験を保証することが重要です。特別支援教育では，対象となるすべての子ども自らが「選択する機会」と，「決定する経験」，さらには言葉以外の代替手段を活用しつつ「表明する機会」と，

そのことを「実現する経験」を積み重ねることを通して，今と将来の「自分らしい生き方」に向かうことができるように支援することが必要です。また，特別支援教育を担う教師には，子どもに等しく与えられた権利を擁護すること（アドボカシー）と同時に，子ども自らが権利を表明したり，主張したりする（セルフ・アドボカシー）スキルの獲得を支援することが求められています。

---

**学習課題**

（1）各学校における「基礎的環境整備」の違いは，「合理的配慮」の提供にどのような影響を与えるかについて話し合ってみよう。
（2）「合理的配慮」の具体例について調べ，障害などによるさまざまな困難さに応じて必要とされる支援内容について考えよう。

---

### 引用文献

厚生労働省（2017）．障害福祉サービス等の提供に係る意思決定支援ガイドライン

国立特別支援教育総合研究所（2022）．インクルDB（インクルーシブ教育システム構築支援データベース）

　http://inclusive.nise.go.jp（2022年3月1日）

文部科学省（2018）．特別支援学校学習指導要領解説自立活動編（幼稚部・小学部・中学部）

文部科学省（2021）．新しい時代の特別支援教育の在り方に関する有識者会議報告）

文部科学省（2021）．障害のある子供の教育支援の手引き～子供たち一人一人の教育的ニーズを踏まえた学びの充実に向けて～

文部科学省（2021）．個別の教育支援計画の参考様式について（事務連絡）

中央教育審議会（2012）．共生社会の形成に向けたインクルーシブ教育システム構築のための特別支援教育の推進（報告）　文部科学省

中央教育審議会（2021）．「令和の日本型学校教育」～全ての子供たちの可能性を引き出す，個別最適な学びと，協同的な学びの実現～（答申）

内閣府（2018）．障害者基本計画（第4次）

（中村　晋）

# 第12章
# 自分らしい生き方を実現する心理的支援

　本章のテーマである「自分らしい生き方を実現する心理的支援」とはどのようなものでしょうか。特別な支援が必要な子どもの中には，思いをうまく言葉にできず，その結果，さまざまな困難が生じていることがあります。こうした子どもへの支援においては，支援者が子どもの心（心理面）に関心を向け，子どもの思いを尊重した上で，自分らしい生き方が実現できるような心理的支援を検討する必要があります。

　本章では，まず，特別な支援が必要な子どもへの心理的支援について説明します。次に，心理的支援を行う際，支援者に求められる構えについて取り上げます。さらに，具体的な事例を取り上げながら，心理的支援の実際について理解を深めることを目指します。なお，本章の事例は解釈に支障のない範囲で変更を加えています。

## *1*　子どもへの心理的支援

　子どもと支援者の出会いから，心理的支援は始まります。支援を行う際には，対象となる子どもの理解を深め，支援方針を立てる必要があります。心理的支援におけるこの過程は心理アセスメント（以下，アセスメントと表記）と呼ばれ，アセスメントを通して得られた支援方針をもとに心理的介入（心理療法やカウンセリング）が行われます。また，心理的介入を行っている間も，アセスメントは絶えず行われており，介入の効果が再評価される必要があります。本節では，特別な支援を必要とする子どもに対するアセスメントと心理的介入について説明します。

### （1）心理的支援の始まり（アセスメント）

　田中（1996）は，アセスメントを「クライエントの人格・行動とその規定要

因に関する情報を系統的に収集してクライエントに対する介入方針を決定するために作業仮説を組み立てる過程」と定義しています。より端的には，アセスメントとは，対象となる子どもに関連する情報を収集し，問題が生じている背景を理解し，それをもとに介入方針を立てる過程，といえます。

　黒田（2018）は，特別な支援を必要とする子どもの中でも，特に発達障害の子どもに対するアセスメントを，フォーマルなアセスメントとインフォーマルなアセスメントに分類しています。

　フォーマルなアセスメントとは，統計的な処理に基づき標準化され数値化された手法を用いて行われるものであり，インフォーマルなアセスメントとは自然な場面で実施されるものです。教育現場においては，前者は知能検査や発達検査など心理検査を用いたアセスメントが，後者は面接や行動観察，学業成績や提出物などを用いたアセスメントが用いられています。

　フォーマルなアセスメントで用いられる心理検査には，知能検査や発達検査，パーソナリティ検査など，さまざまな種類があります。一般的に，教育現場で実施可能な心理検査は限られており，ウェクスラー式知能検査の成人版であるWAIS（Wechsler Adult Intelligence Scale：ウェイス）や，児童版のWISC（Wechsler Intelligence Scale for Children：ウィスク）といった知能検査が用いられることが多いです。知能検査を含む心理検査を実施する際には，支援者がその検査を用いて子どものどのような側面を明らかにしたいのか，すなわち，検査の目的を明確にする必要があります。検査実施前には，検査の目的や結果の活用方法について子どもと保護者に説明し同意を得ます。一般的に，子どもは「検査」という言葉を聞くと，評価されることへの不安が生じ，緊張が高まりやすくなります。支援者は，これらの感情に配慮し，子どもが安心して検査に取り組めるようにする必要があります。

　一方，インフォーマルなアセスメントで用いられる面接や行動観察は，面接法や観察法といった手法を用いて行われます。教育現場では，教室での子どもの様子を観察することや，個別の面談，教科のノートや作品を用いた評価などが含まれます。スクールカウンセラー（SC）による個別の面接が行われることもあります。これらの手法を用いて行われるインフォーマルなアセスメントは，

フォーマルなアセスメントと異なり，標準化された手法を用いていません。そ
のため，客観性の確保が難しいこと，支援者の面接技術により結果が左右され
やすいこと，といった限界があります。一方で，日々の教育実践の中で実施し
やすいこと，数値で見出しづらい子どもの個別性を発見しやすいこと，といっ
た利点もあります。実際の支援においては，これらのアセスメントの利点と限
界を踏まえた上で，子どもの背景を理解し，特性に合わせた介入方針を立てる
必要があります。

　では，実際にアセスメントを行う際には，どのような視点が求められるので
しょうか。村上（2021）は，学校現場における発達障害の子どもに対するアセ
スメントの視点について，①困難な状況が生じている原因は何か，②どのよ
うな関わり（支援）をすれば困難な状況は改善されるのか，③子どもがもっ
ている資源は何か，④将来を見据え，今，子どもが身に付けた方が良いこと
は何か，という4つを挙げています。これらのうち，たとえば，①困難な状
況が生じている原因は何か，という視点について検討する際には，困難が生じ
やすい場面を子どもや保護者に尋ねる「面接」や，集団の中での子どもの「観
察」（インフォーマルなアセスメント）に加え，子どもの認知特性を理解する
ための「検査」（フォーマルなアセスメント）といった手法を組み合わせてア
セスメントを行い，最終的にはこれらの結果を総合し，困難との結びつきにつ
いて考えます。

### （2）心理的介入（心理療法・カウンセリング）

　アセスメントの結果，必要に応じて心理的介入（心理療法やカウンセリン
グ）が導入されます。用いられる心理療法やカウンセリングの手法は学派によ
り異なりますが，ここでは教育現場で用いられる手法をいくつか取り上げます。
　特別な支援を必要とする子どもの中でも，発達障害の子どもに対する心理的
介入手法としては，TEACCH（Treatment and Education of Autistic and Commu-
nication handicapped Children）やABA（Applied Behavioral Analysis：応用行動分
析）が挙げられます。
　TEACCHは発達障害の中でも，自閉スペクトラム症（以下，ASD）に対す

るアプローチとして開発されています。ASDの特性に合わせたわかりやすく構造化された環境を提供することで，子どもの不安を軽減し，落ち着いて生活できるよう支援することを目的としています。教育現場では，教室の物理的構造化を行うことで，子どもが，いつ，どこで，何をすべきかを視覚的に理解できるように支援します（佐々木，2008）。

　ABAは行動分析学の一領域であり，環境や個人の行動レパートリーの変化を促すことで行動変容を目指す方法論です。ABAでは先行刺激（Antecedents）─行動（Behavior）─後続刺激（Consequences）から行動を分析するABC分析（機能分析）を行い，その結果に基づいて環境や介入（周囲の関わり方）を工夫することで，適応的な行動が獲得されるよう支援します（村上，2021）。

　心理的介入には，TEACCHやABAのように行動に焦点づけたアプローチのほか，個人の内的世界に焦点づけたアプローチもあります。内的世界とは，心の中の世界のことです。こうした心理的介入は，教育現場では主にスクールカウンセラー（SC）等の心理職により実施されています。個人の内的世界に焦点づけたアプローチを用いる際には，「遊び（play）」を用いた心理療法（プレイセラピー）（Ray, 2016；小川・湯野監訳，2021）や，集団での心理療法（グループセラピー）（那須・西村，2021）が行われることもあります。

## 2　保護者への心理的支援

　子どもは多くの時間を保護者（本章では，子どもの養育に関わる主たる大人を「保護者」と表記します）と共に過ごします。そのため，支援者が保護者への支援を行うことで，子どもと保護者の関係性が変化するならば，その効用は大きいといえます。本節では，支援者が保護者への心理的支援を行う際に配慮すべき点について取り上げます。

### （1）子どもへの心理的支援を中心におくこと

　支援者は子育てについて悩みを抱える保護者に対し，心理療法やカウンセリング等の心理的支援を行うことがあります。その際，保護者自身の育ちの中で

生じた心理的課題や傷つきが明らかになることがあります。そして多くの場合，これらは保護者の養育態度や子どもとの関係性のあり方に影響を与えています。しかしながら，支援者が保護者の抱える課題に焦点づけすぎてしまうと，子どもへの心理的支援が置き去りにされてしまう可能性があります。そのため，保護者に対する心理的支援は，常に子どもへの心理的支援を中心においた上で行われる必要があります。支援者は保護者が「保護者として」心理的課題や傷つきについて考えることで，子どもの支援にどのように役立てていけるか，という視点から支援を行う必要があります。

### （2）障害受容について

「障害受容」とは，子どもが医療機関で診断を受けたのち，家族や保護者がその障害を受けとめてゆくプロセスのことです。これは，言葉にすると簡単なことであるように思えますが，そのプロセスは決して単純なものではありません。田中（2021）は，障害受容のプロセスは完成するものではなく，また完成させる必要性もないものであると述べています。こうしたプロセスは，子どもと保護者の数だけ，道のりがあると考えられます。

　限られた期間のみ支援に関わる支援者と異なり，保護者は自身の子どもと生涯にわたる長い時間を共に過ごします。障害告知を受けた保護者が，子どもの障害を心から受け入れていくプロセスは，保護者の心が尊重されるべきものであり，周囲から押し付けられるものではありません。支援者には，保護者の精神的サポートと具体的な情報の提供が求められます。

## 3　心理的支援において支援者に求められる構え

　特別な支援を必要とする子どもや保護者に対する心理的支援において，支援者の構えは重要なテーマです。支援者は，どのように居て（態度），どのように聴くか（聴き方）という点について，自覚的である必要があるでしょう。本節では，支援者の態度と話の聴き方について取り上げます。

**表12-1　ロジャーズの建設的なパーソナリティ変化がもたらされる6条件**

第1条件：2人の人間が心理的に接触している（in psychological contact）。

第2条件：一方の人間は，クライエント＊（client）と言うことにするが，不一致（incon-gruence）の状態，すなわち，傷つきやすく（vulnerable），不安の（anxious）状態にある。

第3条件：もう一方の人間は，セラピスト＊＊（therapist）と言うことにするが，この関係の中で，一致している（congruent），あるいは統合されている（integrated）。

第4条件：セラピストは，自分が無条件の積極的関心（unconditional positive regard）をクライエントに対してもっていることを体験している。

第5条件：セラピストは，自分がクライエントの内的照合枠（internal frame of refer-ence）を共感的に理解していること（empathic understanding）を体験しており，かつこの自分の体験をクライエントに伝えようと努めている。

第6条件：クライエントには，セラピストが共感的理解と無条件の積極的関心を体験していることが，必要最低限は伝わっている（communication）。

注：＊本節では，子どもと表記している。
　　＊＊本節では，支援者と表記している。
出所：Rogers（1957）を参考に筆者作成。訳出は佐治・岡村・保坂（2001）による。

## （1）支援者の態度について：① 自己一致（純粋性），② 無条件の積極的関心，③ 共感的理解

　クライエント中心療法を提唱したロジャーズ（Carl R. Rogers）は，"The nec-essary and sufficient conditions of therapeutic personality change"（1957）という論文の中で，建設的なパーソナリティ変化がもたらされる6条件について述べています（表12-1）。

　この6条件のうち，第3条件から第5条件，すなわち，① 自己一致（純粋性），② 無条件の積極的関心，③ 共感的理解は，支援者側に求められる態度条件として知られています。

　① 自己一致（純粋性）とは，支援者が子どもとの関係において，偽りのない姿でいることを指します。これは，支援者が子どもとの関係性において，自身の体験に開かれ，そこで体験される感情をそのままに感じられていることを意味します。たとえば，教育現場において子どもを支援する際に，子どもが支援者を叩こうとしたとします。その際，支援者の心には，子どもに対する恐怖や失望といったネガティブな感情が生じるかもしれません。これは一見，支援者として望ましくない感情のように思われるかもしれません。しかしながら，心理的支援において，こうした感情が体験されることは自然なことです。その

ため，支援者がその体験を否定せずに居られることが大切です。また必要に応じて，支援者の体験を子どもに伝えることもあります。先述した例であれば，暴力をふるわれることに対し，支援者が感じた恐怖を言葉で伝えます（例：「あなたが私を叩こうとすると，私は怖いなと思う。だから叩くことはやめてほしい。あなたが叩かずにいるために，どうしたらいいかを一緒に考えたい」等）。この時，支援者の体験を伝えることが心理的支援において意義があるのかを判断した上で行うこと，「私は……と思う」と支援者を主語にしたアイメッセージで伝えることが重要です。

　②　無条件の積極的関心とは，支援者が，子どもの話すことや態度，支援者が子どもに対し体験する感情等，その一つ一つに対し，関心を向けつづけるということです。子どもが一人の人間として感情や体験をもつことを尊重し，それを受容することを意味します。たとえば，先述した子どもの例であれば，支援者を叩くというネガティブな行動は制限すべきですが，叩きたいと思う感情については関心を向け続け受容します。また，ネガティブな感情表出に限らず，子どものあらゆる感情の表出に対し，支援者はそれを評価することなく，関心を向け続けます。

　③　共感的理解とは，支援者が子どもの体験に対し，共感的に理解していることです。支援者が子どもの心の世界（内的照合枠）において体験されることを正確に理解すること，と言えます。共感的理解においてロジャーズが重視しているのは，支援者が「あたかも……かのように」という感覚を失わずにいることです。すなわち，支援者は，子どもの体験について，「あたかも，自分が体験しているかのように」体験している，ということです。これは，支援者が子どもの体験に巻き込まれるのではなく，支援者である自分として居ながらも，子どもの体験に開かれていることを意味します。たとえば，「学校に通うのがつらい」と話す子どもを支援する際，支援者にも同様の経験があるとします。こうした場合，支援者側の過去の経験と，それに関連した感情が体験されやすくなります。その結果，支援者が子どもに「それほどつらいなら，登校しなくていい」と伝えることは，共感的理解ではありません。これは，支援者の過去の体験をもとに導かれた反応であり，子どもの体験をもとにしているとはいえ

ないからです。支援者は子どもの体験するつらさについて，その体験そのもの
を理解するように努める必要があります。

　なお，ロジャーズは6条件のうちの第1条件で「関係」，すなわち，支援者
と子どもの間に最低限の心理的接触（psychological contact）があることについ
て言及しています。このことからも，上述したような支援者の態度は，支援者
と子どもの関係性の上に成立するものといえます。

### （2）支援者に求められる態度について：「無知の姿勢」

　無知の姿勢（not-knowing stance），あるいは，メンタライジング的姿勢（men-
talizing stance）とは，イギリスの心理学者・精神分析家であるフォナギー（Pe-
ter Fonagy）と共同研究者によって提唱された，メンタライゼーションの視点
によるアプローチにおいて重視される支援者の態度のことです。これは，解決
志向ブリーフセラピーやナラティブ・セラピーにおいて重視される「無知の姿
勢（not-knowing position）」と本質的には同じものであり，精神状態に対する探
究心と好奇心を伴う探索的態度のことを指します（上地，2015）。すなわち，無
知の姿勢（not-knowing stance）とは，支援者が子どもの精神状態（心の状態）
についての思い込み（「わかったふり」）を捨て，それを「わからない」ものと
して受け入れ，探究心と好奇心をもって問いかけること，といえるでしょう。

　教育現場における支援者は教育や心理の専門家であることが多く，それゆえ
に知識をもつ「専門家」として子どもと関わろうとします。専門家として知識
を有しておく必要はありますが，知識に当てはめ子どもを理解することは心理
的支援とはいえません。支援者が探究心と好奇心をもって問いかけることは，
子どもが自分自身について考え，内省を深めることを助けます。

### （3）支援者の聴き方について

　支援者の聴き方は，支援者の態度と関連しています。どのように居るか（態
度）が，どのように聴くか（聴き方）を決めるといっても過言ではないでしょ
う。ロジャーズ（Rogers, 1957）の3つの条件や無知の姿勢（not-knowing
stance）の理解を踏まえると，子どもと関わる支援者に求められる態度とは，

① 支援者が自身の体験に開かれていること，② 子どもを独立した１人の個人
として尊重し，その個人が体験するあらゆる感情に関心をもつこと，③「あた
かも」という性質を失わずに理解するように努めること，④「わかったふり」
をせず探究心と好奇心をもって関わること，といえます。

　たとえば，支援者が「無知の姿勢」で関わると，支援者の聴き方はどのよう
に変化するのでしょうか。具体例をもとに考えてみましょう。ある不登校の子
どもが支援者に対し，「担任の先生に教室に行くように言われた」というエピ
ソードを語ったとします。この時，支援者の中に「不登校の子どもは教室に行
きたくないはずだ」という思い込みがあれば，支援者は「それは嫌だったね」
と応答するかもしれません。この応答は一見適切なように思えますが，支援者
の思い込みから生じているものであり，無知の姿勢とは異なるものです。無知
の姿勢に基づき，子どもの精神状態を探索する際には，「担任の先生に教室に
行くように言われて，あなたはどう思ったの？」と尋ねる方が適切であると考
えられます。このように，支援者の態度は支援者の聴き方に影響を与えるとい
えます。

## ４　心理的支援の実践例

　本節では，心理的支援の実践例としてＡ子の事例を挙げながら，アセスメ
ントや心理的介入，支援者の構えが教育現場においてどのように実践されてい
るのかを提示します。

### （１）事例の概要

　Ａ子（中３女子）はおとなしく，学級の中では目立たない生徒でした。中
学入学時より，教員の間ではＡ子の学力の低さや指示の通りにくさが指摘さ
れていました。中２の秋，Ａ子は授業中に倒れて病院に搬送されました。搬
送先の病院では，倒れたのは心理的な負荷による反応であることが確認されま
した。医師から知能検査を勧められ，病院でWISCが実施されました。WISC
の数値や発達歴，生育歴を踏まえた結果，医師から母に「軽度知的能力障害」

という診断が告げられました。

## （2）心理的支援の経過

① 担任とのコンサルテーション

　中3の4月，新しくA子の担任になった教員（B先生）は，スクールカウンセラー（SC）である筆者に，A子についてのコンサルテーションを希望しました。B先生によると，A子は中1の頃より，授業中に教員の指示がわからずぼんやりしていることや提出物が出せないことが多く，定期試験では得点できず学習の困難が目立っていたそうです。また，友人関係においては，中1の時にはA子を助けてくれる小学校からの同級生がいたものの，中2でクラスが離れて以降は孤立気味だったようです。同級生たちは，A子が約束を守らず嘘をつくので距離をとっているとのことでした。さらに進路については，A子は将来アイドルになりたいと話しており，高卒資格を取りながらアイドルのレッスンを受講できる学校を志望しているとのことでした。B先生は，中2時の担任からA子が病院で「軽度知的能力障害」の診断を受けたことを聞き，進路を見据えた個別の支援の必要性を感じていました。コンサルテーションの結果，SCが本人と保護者の面接を実施し，病院で実施した知能検査の結果も踏まえ，アセスメントを行うことにしました。

② 本人と保護者の面接

**本人との面接**：A子は友人関係がうまくいかないことに悩んでいるようでした。学習については，小学校のころから塾に通っているが勉強ができないこと，塾を欠席すると母に怒られるので仕方なく通っていることが話されました。また，A子はインターネットでアイドルの動画を見るのが好きで，動画を見ると元気をもらえるので将来はアイドルになりたいと思ったこと，進路については，学校見学には行ったものの「何をするのかよくわからない」ことが話されました。

**母との面接**：母は医師から「軽度知的能力障害」の診断告知を受けたものの，A子にどのような困難があるのかについてはよくわからないようでした。

知能検査については，小学校の教員からも勧められていたものの，「勉強が苦手なのであれば塾に通わせれば良い」と思い，受検させなかったことが話されました。進路については，本人に任せているとのことでした。

③ 知能検査の結果

母から学校に提出された WISC-Ⅳ の結果によると，A 子の FSIQ は62で，指標間に大きなばらつきは見られませんでした*。ワーキングメモリーと言語理解の値が最も低く，次いで処理速度の値が低い結果でした。検査者の観察レポートには，処理速度の数値は低いものの，一つ一つの作業は丁寧に行われていたことが記されていました。以上により，全般的な知的能力の発達は同年齢集団に比べ低い傾向にあること，ワーキングメモリーと言語理解の低さから短期記憶や言葉を使った操作において困難が生じやすいこと，処理速度の低さからスピードを求められる作業においては力を発揮しづらいこと，一方で，時間をかければミスもなく，丁寧に課題を遂行できる可能性があることがわかりました。

　　＊ WISC-Ⅳ（ウェクスラー児童用知能検査第4版）では，① 言語理解（VCI），② 知覚推理（PRI），③ ワーキングメモリー（WMI），④ 処理速度（PSI）という4つの指標に加え，全般的な認知能力を示す全検査 IQ（FSIQ）が算出されます。詳細は鈴木（2021）を参照してください。

④ アセスメント

A 子は，友人関係がうまくいかないことに対し困り感があることがわかりました。B 先生の話では，同級生には，約束を守らず嘘をつくと思われているようでしたが，A 子が意図的にこうした行動をとっているのではなく，ワーキングメモリーや言語理解の困難といった認知特性から，約束を正確に覚えられなかったり，同級生の話を理解できなかったりする可能性が示唆されました。学習面については，A 子なりに努力をしているものの成果につながらないため自信を無くしており，塾通いに関しても「母に怒られるから」と受け身的に対応している様子が見られました。

母は，医師から「軽度知的能力障害」の診断を告知されたものの，その内実

についてはよくわかっておらず，よってA子の困り感が母に認識されていな
い可能性が示唆されました。SCから母に対し「軽度知的能力障害」で生じや
すい困難や支援について説明し，母の障害受容のプロセスに寄り添いつつ，協
力を求める必要性が考えられました。

　以上により，A子に対しては，担任を中心とした学習面の支援や進路指導
に加え，心理的介入としてSCがカウンセリングを実施し，A子の対人関係上
の課題に取り組むことにしました。また母に対しては，カウンセリングを通し
て母の障害受容のプロセスに寄り添うことに加え，スクールソーシャルワー
カー（SSW）との面接を実施し，障害者手帳取得や障害者雇用等，実際的な情
報を提供することにしました。

⑤　環境調整と心理的介入

　A子は中3で，この時期から特別支援学級や通級を活用することは難しか
ったため，現在在籍している通常学級の中で実現可能な学習支援を検討しまし
た。A子と保護者の同意を得た上で，担任が学年や教科担当者にA子の実情
を伝え，授業内外での配慮を依頼しました。また，塾についてはA子の希望
もあり，個別指導の塾に変更し，負担にならない範囲で継続することにしまし
た。生活面については，SCが具体的な場面を提示しながら，同級生との間で
約束を忘れたり，話の内容を理解できなかったりした際の対応法をA子と共
に考えました。学校や家庭での環境調整とA子に対する心理的介入を実施し
た結果，A子には少しずつ心理的余裕が見られるようになり，周囲とも穏や
かに過ごせるようになりました。

　進路指導については，担任と保護者とA子の三者で再度話し合い，特別支
援学校の進路説明会に参加することにしました。説明会に参加したのち，A
子は学校の雰囲気や教員の対応，パン製作が学べる調理コースがあることを気
に入り，進学を希望するようになりました。しかしながら，母はSCとの面接
で，特別支援学校への進学を選択することに対する複雑な感情があることを話
しました。SCは母の思いを受けとめつつ，特別支援学校を選択する利点もあ
ること，A子の意思が最も重要であることを伝えました。その後も，母は不

安になることはありましたが，少しずつ支援学校への進学を受け入れられるようになっていきました。

### （3）本事例のまとめ

　中3になり「軽度知的能力障害」の診断を受けたＡ子と母に対しては，進路に向けた具体的な支援がなされる必要がありました。あわせて，Ａ子と母に対する心理的介入も求められました。学習や進路指導に対する支援については担任が中心的役割を担い，心理面についてはSCが中心に支援を実施しました。このように，ケースのアセスメントを適切に行い，Ａ子と母，それぞれのニーズを捉えた上で，ニーズに合う支援を行ったこと，担任とSCがそれぞれの役割を分担しつつ連携したことで，Ａ子を取り巻く環境が少しずつ変化し，効果的な支援につながったと考えられます。

## 5　すべての子どもが自分らしくいられるために

　特別な支援を必要とする子どもへの心理的支援において，何よりも重要であるのは，子どもの心に関心をもち，考え続ける支援者の態度であると考えられます。支援者が子どものもつ「その子らしさ」とは何かを理解し，適応に苦慮している点は共に考え，周囲の大人に協力を求め，社会で生きていく力を身に付けられるよう，心を育ててゆくことが求められます。

---
**学習課題**

（1）Ａ子の事例にあなたの立場で関わる場合，どのような心理的支援が可能でしょうか。具体的に考えてみましょう。
（2）専門家同士の関係性を構築する際，どのようなコミュニケーションが重要でしょうか。具体的に考えてみましょう。

---

#### 引用文献

上地雄一郎（2015）．メンタライジング・アプローチ入門──愛着理論を生かす心理

療法——　北大路書房

黒田美穂（2018）．公認心理師のための発達障害入門　金子書房

村上香奈（2021）．発達障害に気づき関わる　村上香奈・山崎浩一（編）子どもを支援する教育の心理学（pp.181-196）　ミネルヴァ書房

那須里絵・西村馨（2021）．グループセラピーの方法論——現代思春期の心理的発達を支援する方法として——　教育研究, *63*, 113-122.

Ray, D. (2016). *A therapist's guide to child development: The extraordinarily normal years.* London: Routledge.（小川裕美子・湯野貴子（監訳）（2021）．セラピストのための子どもの発達ガイドブック——0歳から12歳まで：年齢別の理解と心理的アプローチ——　誠信書房）

Rogers, C. R. (1957). The necessary and sufficient conditions of therapeutic personality change. *Journal of Consulting Psychology, 21*(2), 95-103.

佐治守夫・岡村達也・保坂亨（2001）．カウンセリングを学ぶ——理論・体験・実習——　東京大学出版会

佐々木正美（2008）．自閉症児のための TEACCH ハンドブック　改訂新版自閉症療育ハンドブック　学研教育みらい

鈴木宏幸（2021）．知能の心理学　村上香奈・山崎浩一（編）子どもを支援する教育の心理学（pp.101-113）　ミネルヴァ書房

田中富士夫（1996）．臨床心理学概説　新版　北樹出版

田中千穂子（2021）．障碍の児のこころ——関係性のなかでの育ち——　新版　出版舎ジグ

（那須里絵）

## コラム4 リフレーミングで見方を変えよう！

リフレーミングとは「現象・事象に対する見方や理解の仕方に関する既存のフレーム（枠組み）を変化させること」（東，2013）で元々は，家族療法における変化技法として用いられていましたが，現在，様々な心理療法で応用されています。

リフレーミングは，変化技法という名のとおり，用いることにより対象者の物事の見方が広がったり，肯定的な見方に目を向けやすくなったりすると言われています。私たちは誰しも，物事に対するフレームをもっていますが，そのフレームが変化することで，付随して生じる感情や行動の変化が期待できます。

リフレーミングの例としてよく用いられるのが，半分水が入ったコップです。このコップを見て「まだ半分も残っている」とポジティブに捉えるのか，「もう半分しかない」とネガティブに捉えるのかは，個人のもつフレームにより異なります。後者のフレームをもつ人は，残っている水の少なさに焦りをおぼえてしまうかもしれません。このように，同じ事象を体験しているにもかかわらず，個人のもつフレームが異なることにより，付随して生じる感情が異なると考えられます。

学校の現場を例に挙げましょう。あるクラスに問題行動を繰り返す生徒がいたとします。あなたは支援者として，この生徒の行動をどのように捉えるでしょうか。

もしあなたが「この生徒は，問題行動を起こすことで，私を困らせたいのだ」というフレームで捉えるならば，生徒に対する怒りの感情がわくでしょう。また，周囲から指導ができないと思われているのではないかという不安も生じるかもしれません。その結果，あなたは生徒を厳しく叱り，生徒との関係性は悪化し，ますます生徒の問題行動が増える，という悪循環におちいる可能性があります。

一方，あなたが「この生徒は，何か困っていることがあるのかしれない。問題行動は何かしらの SOS の現れかもしれない」というフレームで生徒の行動を捉えた場合を想像してみましょう。生徒が困っているという視点に立ってみると，生徒がどのようなことに困っているのか，生徒本人の思いを知りたいという好奇心が高まるのではないでしょうか。その結果，あなたは生徒の話を聞いてみようとするかもしれません。また，周囲に助けを求めやすくなるとも考えられます。

このように，同じ生徒の行動を体験したとしても，支援者がどのようなフレームを持っているかにより，付随して生じる感情が変化すると考えられます。また，支援者自身がもつフレームに気付き，それを変化させることで，生徒の行動に対する物の見方が広がるとも考えられます。

もう一つの例について，考えてみましょう。こちらは，架空事例をもとに筆者が作成した会話例です。

## 事　例

　田中家は，会社員の父，パートの母，高校1年生の長女（サヤカ），中学2年生の次女（アユミ）の4人家族です。アユミは中2の夏から不登校になりました。それ以前はいくつもの習い事をしながら学校や塾の成績は常にトップを保っていました。母は初め，不登校になったアユミを無理矢理部屋から連れ出し，登校させていました。しかし，ある朝からアユミは部屋に鍵を掛け，母が入れないようにしました。困り果てた母が相談を申し込み，父，母，長女，アユミの4名でカウンセリングを行うことになりました。

**アユミが部屋に鍵をかけたことについて話し合う場面**　Th…セラピスト

母：アユミが最近，部屋に鍵を掛けたのです。鍵を掛けると，ひきこもりになってしまうかもしれないでしょう？

サヤカ：別に鍵を掛けたからって，ひきこもりになるとは限らないよ？ママは大袈裟。ちょっとゆっくり考えなよ。

Th：アユミさんが部屋に鍵を掛けたことについて，お母様は心配されているのですね。サヤカさんは，少し待ってみたら，というお気持ちもありそう。アユミさんはどうですか？

アユミ：私は…少し，待って欲しい。

母：待って欲しいって，どのくらい待てばいいの？入試もあるし，内申が取れなかったらどうするの？

アユミ：…ママのそういうところが，嫌なんだよね…。

母：嫌って，どういうこと？私のことが

嫌いだって言いたいの？

Th：アユミさんは，今は頑張りたいけど頑張れない，1人で少し休みたいという気持ちがあるのかもしれないですね。そして，お母様には自分のつらさをわかっていて欲しい，という期待があるのかもれません。

　上記の例で，セラピスト（Th）は，母とアユミの気持ちに対し理解を示した上で，母が「私のことが嫌いなのだ」と捉えたことを「母にわかってほしいという期待があるのかもしれない」とリフレーミングしています。

　野末（2021）はリフレーミングは単に物事をポジティブに捉え直すのではなく，対象者に対する受容と共感の上で有効に成立する技法である，と述べています。上記の例のとおり，支援者が対象者（この場合，家族成員それぞれ）に対する理解を示し，その上でリフレーミングを用いることが重要であると考えられます。

　このように，リフレーミングは支援者・対象者ともに，物の見方を広げ，変化させる上で有効な方法であると言えます。

引用文献

東豊（2013）．リフレーミングの秘訣
　　──東ゼミで学ぶ家族面接のエッセンス──　日本評論社

野末武義（2021）．第4部　解説　中釜洋子（著）中釜洋子選集　家族支援の一歩──システミックアプローチと統合的心理療法──（pp.146-149）遠見書房　　　　　　　　（那須里絵）

# 索　引（＊は人名）

〈執筆者紹介〉（執筆順，執筆担当）

村 上 香 奈（むらかみ・かな）　はじめに・第8章
　　編著者紹介参照。

中 村　　晋（なかむら・すすむ）　はじめに・序章・第10章・第11章
　　編著者紹介参照。

渡 邉 正 人（わたなべ・まさと）　第1章
　　現在　鳥取大学地域学部　講師
　　主著　『障害をもつ人の心理と支援——育ち・成長・かかわり』（共著）学術図書出版
　　　　　社，2022年。

阿 部　　崇（あべ・たかし）　第2章
　　現在　東京家政大学子ども学部　准教授
　　主著　『特別支援教育　第3版——一人ひとりの教育的ニーズに応じて』（共著）福村
　　　　　出版，2019年。
　　　　　『特別支援教育時代の体育・スポーツ——動きを引き出す教材80』（共著）大修
　　　　　館書店，2016年。

金 森 克 浩（かなもり・かつひろ）　第3章
　　現在　帝京大学教育学部　教授
　　主著　『特別支援教育』（共著）ミネルヴァ書房，2019年。
　　　　　『新しい時代の特別支援教育における支援技術活用とICTの利用』（共著）ジ
　　　　　アース社，2022年。
　　　　　『支援機器を用いた合理的配慮概論』（共著）建帛社，2021年，ほか。

大 井 雅 博（おおい・まさひろ）　第3章
　　現在　帝京大学教育学部　講師
　　主著　『新しい時代の特別支援教育における支援技術活用とICTの利用』（共著）ジ
　　　　　アース社，2022年。
　　　　　「GIGAスクール端末等の有効活用に向けて」社会福祉法人日本肢体不自由児
　　　　　協会『はげみ』2022年8/9月号，ほか。

吉 井 勘 人（よしい・さだひと）　第4章
　　現在　山梨大学大学院総合研究部教育学域　准教授
　　主著　『これからの特別支援教育——発達支援とインクルーシブ社会実現のために』
　　　　　（共著）北樹出版，2022年。
　　　　　『社会的ライフスキルを育む——ソーシャルスクリプトによる発達支援』（共
　　　　　著）川島書店，2015年。

長澤真史（ながさわ・まさし）第5章
　現在　関東学院大学教育学部　講師
　主著　『子どもの社会と未来を拓く障害児教育――インクルーシブな保育に向けて』
　　　　（共著）青踏社，2021年。
　　　　『これからの特別支援教育――発達支援とインクルーシブ社会実現のために』
　　　　（共著）北樹出版，2022年。

永田真吾（ながた・しんご）第6章
　現在　山梨大学大学院総合研究部教育学域　准教授
　主著　『特別支援教育・障害児保育入門』（共著）建帛社，2020年。
　　　　『保育者のための保育実習対応ハンドブック――保育実習でのスムーズな実力
　　　　up↑を求めて』（共著）大学図書出版，2019年。

尹　　成秀（ゆん・そんす）第7章・コラム3
　現在　帝京大学文学部　助教
　主著　「在日コリアンの対人関係における体験――グラウンデッド・セオリー・アプ
　　　　ローチを用いた在日コリアン青年の語りの分析」（単著）『教育心理学研究』63
　　　　（4）429-504，2016年。
　　　　「今日の在日コリアン子弟の母文化継承に関する一考察――親子関係に着目し
　　　　て」（単著）『こころと文化』17（2）158-167，2018年。

郡司菜津美（ぐんじ・なつみ）第9章
　現在　国士舘大学文学部　准教授
　主著　『パフォーマンス心理学入門――共生と発達のアート』（共著）新曜社，2019年。
　　　　『コミュニティ・オブ・クリエイティビティ――ひらめきの生まれるところ』
　　　　（共著）日本文教出版，2022年。

那須里絵（なす・りえ）第12章・コラム4
　現在　国際基督教大学教育研究所　研究員
　主著　『子どもを支援する教育心理学』（共著）ミネルヴァ書房，2021年。
　　　　『実践・子どもと親へのメンタライジング臨床――取り組みの第一歩』（共著）
　　　　岩崎学術出版社，2022年，ほか。

阪無勇士（さかなし・ゆうじ）コラム1
　現在　昭和学院短期大学　助教
　主著　『子どもを支援する教育の心理学』（共著）ミネルヴァ書房，2021年。

藤尾未由希（ふじお・みゆき）コラム2
　現在　帝京大学文学部　助教
　主著　『ワークで学ぶ発達と教育の心理学』（共著）ナカニシヤ出版，2020年。
　　　　「顕在化しにくい発達障害の早期発見と支援に向けて」（共著）『発達障害医学
　　　　の進歩』30，2018年。

〈編著者紹介〉

村 上 香 奈（むらかみ・かな）
　　現在　帝京大学文学部 准教授
　　主著　『とても基本的な学習心理学』（共著）おうふう，2013年。
　　　　　『よくわかる心理学実践演習』（共編著）ミネルヴァ書房，2018年。
　　　　　『子どもを支援する教育の心理学』（共編著）ミネルヴァ書房，2021年。

中 村 　 晋（なかむら・すすむ）
　　現在　帝京大学教育学部 准教授
　　主著　『社会的ライフスキルを育む──ソーシャルスクリプトによる発達支援』（共編
　　　　　著）川島書店，2015年。
　　　　　『知的障害特別支援学校における「深い学び」の実現──指導と評価の一体化
　　　　　事例18』（共著）東洋館出版社，2020年。
　　　　　『自閉症児のための社会性発達支援プログラム──意図と情動の共有による共
　　　　　動行為』（共編著）Kindlc 版（電子書籍），2021年，ほか。

すべての子どもに寄り添う特別支援教育

2023年3月20日　初版第1刷発行　　　　　　　　〈検印省略〉

定価はカバーに
表示しています

編著者　村　上　香　奈
　　　　中　村　　　晋
発行者　杉　田　啓　三
印刷者　中　村　勝　弘

発行所　株式会社　ミネルヴァ書房
607-8494　京都市山科区日ノ岡堤谷町1
電話(075)581-5191／振替01020-0-8076

© 村上，中村ほか，2023　　　　　　中村印刷・坂井製本

ISBN978-4-623-09537-7
Printed in Japan

# 小学校教育用語辞典

―――――――――― 細尾萌子・柏木智子 編集代表　四六判　408頁　本体2400円＋税

●小学校教育に関わる人名・事項1179項目を19の分野に分けて収録。初学者にもわかりやすい解説の「読む」辞典。小学校教員として知っておくべき幼稚園教育や校種間の連携・接続に関する事項もカバーした。教師を目指す学生，現役の教師の座右の書となる一冊。

---

## 新しい発達と障害を考える本（全8巻）

学校や日常生活の中でできる支援を紹介。子どもと大人が一緒に考え，学べる工夫がいっぱいの絵本。AB判・各56頁　本体1800円＋税

① もっと知りたい！　自閉症のおともだち
　内山登紀夫監修　伊藤久美編

② もっと知りたい！
　アスペルガー症候群のおともだち
　内山登紀夫監修　伊藤久美編

③ もっと知りたい！
　LD（学習障害）のおともだち
　内山登紀夫監修　神奈川LD協会編

④ もっと知りたい！
　ADHD（注意欠陥多動性障害）のおともだち
　内山登紀夫監修　伊藤久美編

⑤ なにがちがうの？
　自閉症の子の見え方・感じ方
　内山登紀夫監修　伊藤久美編

⑥ なにがちがうの？
　アスペルガー症候群の子の見え方・感じ方
　内山登紀夫監修　尾崎ミオ編

⑦ なにがちがうの？
　LD（学習障害）の子の見え方・感じ方
　内山登紀夫監修　杉本陽子編

⑧ なにがちがうの？
　ADHD（注意欠陥多動性障害）の子の見え方・感じ方
　内山登紀夫監修　高山恵子編

---

ミネルヴァ書房

https://www.minervashobo.co.jp/